JN080062

366 days of Famous Architecture

歴史に名を刻む巨大建築から驚きの芸術的現代建築まで

366日の世界の名建築

はじめに

広い世界には、実にさまざまな建築があります。寒い国には寒い国の、暑い国には暑い国の、それぞれの建築が建てられています。そして歴史を遡っても、建築は常に造られ続けてきました。古代には古代の、現代には現代の、それぞれの建築があります。その一方で、建築が興味深いのは、地域や時代を遠く隔てても、同じような建築が造られたりもしている点です。それは建築が、世代を超えて受け継がれ、広い交流のなかで生み出されていく文化だからでしょう。

この本では古今東西の有名建築を紹介しています。その数は366件。1日、1件ずつ見ていけばまる1年をかけて楽しめる数です。

建築の良さを本当に理解するには、それが建っているところへ出向かなければいけません。しかし、人生は短く、すぐれた建築はあまりにも多い。すべてを訪れることは、とうてい不可能でしょう。本書を通じて、まずは世界のすぐれた建築に関心を持ってもらい、そのいくつかを実際に訪れるきっかけとなればうれしいです。

監修者　磯　達雄

人類の叡智から生まれた
366の創造物を巡る旅へ、出発！

本書の読み方

世界の名建築の捉えた美しい写真！実物同様の魅力を堪能できます。

曜日ごとに設定した7つのテーマ（「現代のすごい建築に出合う！」「建築の歴史を学ぶ！」「建築家の創造性に触れる！」「住宅とホテルを楽しむ！」「驚きの技術に着目する！」「文化施設に感動する！」「商業・業務施設の工夫を知る！」）のうち、その日の解説テーマを示したもの。各テーマの概要は5ページをご参照ください。

名建築の所在地と設計者。好きな建築家を見つけてください！

本日のテーマ 建築家の創造性に触れる！　　**12月25日**

ヘイダル・アリエフ 文化センター

360

所在地	アゼルバイジャン共和国　バクー
設計	ザハ・ハディド

もはや過去のものとなった「アンビルド」の名

　2012年にアゼルバイジャン共和国の首都バクーに建てられたヘイダル・アリエフ文化センターは、産油国として急速に発展を遂げた同国の発展の象徴として建設されました。第3代大統領ヘイダル・アリエフから施設名がとられています。

　設計はイラクの首都バグダード出身の建築家ザハ・ハディド（1950〜2016年）です。アヴァンギャルド芸術に影響を受けた「脱構築主義」を代表するハディドは、コンペで通っても奇抜すぎて実現に至らなかった建築が多いことから、「アンビルド（建築されない）の女王」ともいわれました。2012年に東京2020オリンピック・パラリンピックに向けた新国立競技場のコンペで優勝しながら、2520億円の建築コスト問題から白紙になった件は記憶に新しいところです。

　ヘイダル・アリエフ文化センターは、豊かなオイルマネーを背景に巨大で大胆な造形によって実現しました。床から壁へ、そして天井へと曲面がうねって巻き上がるような外観、建物を囲む広大な人工芝の先から遠望すると、変形した白い巻き貝のような印象です。ザハ建築ならでは生き物のような動的なデザインが、見る者を圧倒します。

もっと知りたい！ 内部に入ると、外観同様、曲線が際立った近未来的空間というイメージであり、アゼルバイジャンの伝統衣装や遺跡からの発掘品、バクーを代表する建築物のミニチュア、アゼルバイジャン内外から集めた人形など、3フロアにわたる展示を見学できます。館内にはヘイダル・アリエフ元大統領の個人史を紹介するミュージアムも開設されています。

367

世界の名建築と共に、建築にまつわる知識と教養が身につく、深くてわかりやすい解説文。

建築の教養がさらに深まる豆知識！

本書の7つのテーマ

　本書では、世界の名建築を7つのテーマで紹介しています。1日1テーマ、つまり1週間で7つのテーマを学ぶことができます。

　たとえば、2022年の場合、1月1日は土曜日になりますので、1年を通じて、土曜日は「現代のすごい建築に出合う！」、日曜日は「建築の歴史を学ぶ！」、月曜日は「建築家の創造性に触れる！」、火曜日は「住宅とホテルを楽しむ！」、水曜日は「驚きの技術に着目する！」、木曜日は「文化施設に感動する！」、金曜日は「商業・業務施設の工夫を知る！」となります。

　下記の空欄に、曜日を書き込んでから、本書を読み始めてください。

曜日　**現代のすごい建築に出合う！**　思わず「すごい！」と声を上げてしまう建築を集めました。技術の発展に伴い可能になった建築、建築家の奇想が爆発した芸術的な建築など、一度は見てみたい名建築を紹介します。

曜日　**建築の歴史を学ぶ！**　先人たちはよりよい生活を求めて試行錯誤を繰り返し、現代に残る名建築を生み出してきました。メソポタミア文明で巨大建築が生まれて以降、建築がたどってきた歴史を金字塔的名建築と共にたどります。

曜日　**建築家の創造性に触れる！**　古代から現代にいたるまで、建築の歴史を彩る巨匠たちの来歴ととともに、その作品を巡ります。お気に入りの建築家に出会うきっかけになることでしょう。

曜日　**住宅とホテルを楽しむ！**　住人や宿泊客のためによりよい住環境を追求する個人住宅やホテル。住宅の名建築から、有名建築家が携わった至れり尽くせりのホテルまで、住んでみたい＆泊まってみたい「住」の空間を紹介します。

曜日　**驚きの技術に着目する！**　アーチ構造、鉄筋コンクリート、カーテンウォール……。建築には、各時代で生み出された最新技術が注ぎ込まれ、より「すごい」建築が建てられてきました。ここでは名建築に用いられた「技術」に焦点を当てていきます。

曜日　**文化施設に感動する！**　図書館、美術館や教会などでは、設計の依頼を受けた建築家がその特性を生かして建てた代表作も多数存在します。ケンブリッジ大学歴史学部図書館、ビルバオのグッゲンハイム美術館、光の教会など、建築家の個性が発揮された名建築が目白押しです。

曜日　**商業・業務施設の工夫を知る！**　官公庁や百貨店、ショッピングモールなど、人々が集まる施設には、さまざまな集客のための仕掛けが施されています。サービスを提供する空間に隠された設計の秘密に迫ります。

※閏年の366日に対応しているため、通常の年は途中から曜日のテーマが変わります。

ブルジュ・ハリファ

001

| 所在地 | アラブ首長国連邦　ドバイ |
| 設計 | SOM |

世界一の高さ828.9mを誇る中東のタワービル

2021年現在、世界で一番高い建物となっているのが、2010年にアラブ首長国連邦の最大の都市ドバイに建設された高さ828.9mのブルジュ・ハリファです。

それまで世界一の高層ビルは2004年に建設された509.2mの台湾101でしたが、これを大きく引き離しました。その後、中国を中心に超高層建築ラッシュが続きましたが、現在第2位の上海中心も632mで、ブルジュ・ハリファが抜きんでた存在となっています。

ブルジュ・ハリファの設計を担当したのは、シカゴのウィリス・タワー（527.3m）やニューヨークのWTCタワー1（541m）での実績を持つアメリカ最大の建築事務所SOM（スキッドモア・オーウィングズ・アンド・メリル）です。

空前の高さのビルを支えるため、六角形のコア部分を三方向からの構成部分によって補強するY字型形状の「バットレス・コア」という新規構造が開発されました。この構造で建物は自身を外側から支え、ねじれを防ぐことができるといいます。

尖塔部は4,000t以上の重さを持つ構造用鋼鉄でつくられています。外側の構造は、14万2,000㎡にもおよぶ反射ガラスと、縦置き管状ファンを備えたアルミニウムおよびステンレス鋼製の窓小間パネルが用いられ、ドバイの暑さにも対応する設計になっています。

もっと知りたい！　ブルジュ・ハリファは、15階から30階までがアルマーニが経営するホテル、43階と76階のスカイロビーには、プールがあります。44階から72階、77階から108階までは個人用住居。ホテルと住居以外の場所はほとんどがオフィスですが、122階から124階にはレストラン、スカイロビー、屋内外に展望台が設置されています。

ウルのジッグラト

002

| 所在地 | イラク共和国　ウル |
| 設計 | 不詳 |

4000年前のシュメール文明に生まれた記念碑的建造物

　文明を築いた人類が最初に建てた巨大建築は、神を祀る宗教儀式のための神殿でした。

　ティグリス川、ユーフラテス川流域の古代メソポタミアにおいて、シュメール人、バビロニア人、アッシリア人らが建設した「ジッグラト」は、日乾レンガを用い数階層に組み上げられた巨大な聖塔です。「ジッグラト」とは「高い所」を意味し、最上層には神殿が置かれ、神の訪れる人工の山としてメソポタミアの諸都市に建造されたと考えられています。

　なかでもイラク南部の都市ナシリーヤ近郊の広大な平野にそびえるウルのジッグラトは、この地方に残る32基のうち、もっとも保存状態がよいものです。第一層が底面62.5m×43mで高さ11m、第二層が底面38.2m×26.4mで高さ5.7mあり、エジプト文明におけるピラミッドに匹敵します。周囲にはかつて壁がめぐらされ、構造の基礎部分には700万個のレンガが敷かれています。表面は天然アスファルトのモルタル塗りで防水加工が施され、内部から水を蒸発させる「涙穴」がうがたれています。紀元前2096年の建造物でありながら、レンガやアスファルトなど、後世につながる建材も使用されており、建築史の記念碑的建造物といえるでしょう。

もっと知りたい！　表面を覆うレンガの多くに、ウル第3王朝の初代王ウル・ナンム（紀元前2112年〜紀元前2095年）の刻印があります。ウル・ナンムはメソポタミアの覇権を握り、盛んに建築事業を行なった王で、ハンムラビ法典よりも350年早く「ウル・ナンム法典」を発布しています。巨大なレガシーというべき建造物には、強大な王の権限が必要な時代でした。

サヴォア邸

003

所在地	フランス共和国　イヴリーヌ県ポワシー
設計	ル・コルビュジエ

モダニズム建築の巨匠による個人邸宅の傑作中の傑作

　20世紀最大の巨匠といわれるスイス生まれの建築家ル・コルビュジエ（1887〜1965年）。彼がモダニズムの代表的な建築家とされるのは、1926年に提唱した「モダニズムの5原則」によるところが大きいとされます。それは「ピロティ（1階を柱だけで構成する吹き抜け空間）」「横長連続窓」「屋上庭園」「自由な平面（プラン）」「自由な立面（ファサード）」。これらの要素が洗練されたかたちですべて満たされているのが、1920年代に手がけられた住宅建築の集大成と評されるサヴォア邸です。フランスで保険会社を経営するピエール・サヴォア夫妻の依頼により、パリ郊外のポワシーに1928年から1931年にかけてつくられました。

　周囲の刈り込まれた芝生からふわりと浮き上がったような真っ白い建物は、柱部分は鉄筋コンクリートで、壁がレンガ積みになっています。ル・コルビュジエの40代は「白の時代」といわれ、サヴォア邸はこの時期の代表作になっています。

　ル・コルビュジエは建築だけでなく、家具もまたデザインしました。サヴォア邸にもソファや寝椅子（シェーズ・ロング）が置かれ、調和の取れた空間を演出しています。

もっと知りたい！　サヴォア邸は第二次世界大戦後に荒れ果てた状態になり、取り壊される寸前でした。しかし1964年、フランスの文化相アンドレ・マルローが歴史的記念建造物に指定したことで危機を免れ、2016年登録の世界遺産「ル・コルビュジエの建築作品―近代建築運動への顕著な貢献―」の構成資産になっています。

マリーナ・ベイ・サンズ

004

所在地　シンガポール共和国　シンガポール
設計　モシェ・サフディ

3棟の高層ビル屋上に飛行艇を載せたようなデザイン

　シンガポールのマリーナ・ベイに面した統合型リゾート（IR）マリーナ・ベイ・サンズは、総工費80億シンガポールドルという、カジノが入った不動産としては世界最高額を投じて完成し、2011年2月に開業しました。

　3つの超高層ビル（最高部は高さ200m、57階建て）を屋上で連結した特殊な構造で、ラスベガスのカジノリゾート運営会社が開発しました。イスラエル出身の建築家モシェ・サフディ（1938年〜）が設計し、500のテーブルと1,600のスロットマシーンが並ぶ世界最大のカジノを中心に、2,561室のホテル、7万4,000㎡のショッピングモール、多彩な高級レストラン、美術館、シアターなどを含んだ複合リゾートになっています。

　3棟のビルは屋上に載った床面積が1haある空中庭園「サンズ・スカイパーク」で繋がっており、シンガポールを一望できる観光名所となっています。この空中庭園に設けられた地上200mにある屋上プールは「世界一高い場所にあるプール」としてPRされ、庭園やジョギング用のロードも設置されています。

もっと知りたい！　マリーナ・ベイ・サンズは3棟の上に船のデッキが載ったようなデザインのため、構造計算上、タワーの1棟はピサの斜塔をしのいで垂直に対して最大傾斜約52度の傾きがあります。主にホテル棟の3つのビルには、2,500以上の客室と1万9,000㎡のアート・サイエンス・ミュージアム、1万1,000㎡の4,500人が収容できるイベント用スペースなどもあります。

ポン・デュ・ガール

005

所在地 フランス共和国　ガール県
設計 不詳

「組積アーチ」の技術で2000年以上健在なローマの水道橋

　　ポン・デュ・ガールは、1世紀に古代ローマ人によって造られた水道橋です。50km離れたユゼス近郊の水源から、ニームの街に水を運ぶための水道施設のうち、ガール川に架かる橋の部分を指し、世界遺産にも登録されています。

　　水源からニームの街までは50kmという距離ながら、傾斜がないと水が流れないため、高低差が17mついています。1kmあたり平均34cm、1cmあたり0.0034mmの傾斜を50kmにわたってつけたことになります。

　　川を渡る橋の部分は275mで、3層のアーチ構造になっています。アーチ構造とは小さな部材を円弧上に組むことによって、垂直過重を支える手法です。3階建てのアーチの列は巨大な湾曲面を持ち、6tもの石材をモルタルやセメントなど一切使わずくさび状に積み上げています。これは石造建築が多い西洋古代で最も多い「組積アーチ」といわれる技術で、2000年を経た今日でも崩れることなく保持されているのです。

　　水路は日に2万tの豊かな水量をニームに運び、その水は公共浴場や邸宅に利用されました。

　もっと知りたい！　ポン・デュ・ガールの建材の石切場は、600m離れた場所にありました。どうやって運び、高さ49mまで積み上げたのか、詳細はわかっていません。完成に要したのはわずか5年で、美しい石材の色使いやアーチ構造のデザイン性など、ローマ人の美意識を今日に伝える貴重なモニュメントになっています。

ヨーロッパ
地中海文明博物館

006

| 所在地 | フランス共和国　ブーシュ＝デュ＝ローヌ県マルセイユ |
| 設計 | リュディ・リチオッティ |

17世紀の要塞と現代建築が共鳴する博物館

　フランス最大の港湾都市マルセイユ旧港の入口に、2013年、海に浮かぶように建つヨーロッパ地中海文明博物館が完成しました。マルセイユがEUの欧州文化首都に選ばれたのを記念し、文化事業の目玉として周囲の複合施設とともに建設されました。博物館を覆うメッシュ状の構造体は、コンピューター解析によりひとつずつ形の異なるパネルを工場で製作して繋いだコンクリート・ファイバーです。日差しを遮るとともに、内側からはメッシュの隙間から地中海の眺めを堪能できます。建物本体には総量1,100㎡のコンクリートが使われ、博物館全体を覆うコンクリート・ファイバーは、軽やかさを表現する一方、海風の塩気を防ぐ効果も発揮しています。

　この博物館を手掛けたのは、フランス人の建築家リュディ・リチオッティ（1974年〜）です。メッシュ構造の外側部分にあえて黒いコンクリートを選び、近くにある1660年建造のサン・ジャン要塞のベージュ色とのコントラストを強調しました。しかも博物館とサン・ジャン要塞は、黒く細い橋で結ばれ、17世紀の要塞建築と現代建築を一体にしています。サン・ジャン要塞と博物館があるJ4埠頭全体で、ヨーロッパ地中海文明博物館を構成しているのです。

もっと知りたい！　地中海世界の歴史と文化、多民族の交流をテーマとした博物館の所蔵資料は100万点におよび、マルセイユの観光名所として人気が高まっています。館内には4つのレストランがあり、屋上のテラスからは、地中海の絶景が見渡せます。

モンジュイック通信塔

007

| 所在地 | スペイン王国　カタルーニャ州バルセロナ |
| 設計 | サンティアゴ・カラトラバ |

「聖火を捧げる選手の姿」になぞらえられた通信塔

　1992年のバルセロナ夏季オリンピックで、メイン会場になったバルセロナ市南東のモンジュイックの丘。このときにテレビ報道用の電気通信塔として建てられたのが、オリンピック公園の中心にあるモンジュイック通信塔です。人がひざまずいたようなL字型のフォルム、上部は地面と平行に円形の曲線を描いて何かを捧げ持っているように見える外観は、オリンピックの聖火を持つ選手の姿にも見えます。

　設計者サンティアゴ・カラトラバ（1951年〜）は、空に映える白を基調とした骨格と厳格な構造技術の計算に裏打ちされた作品で知られ、世界的に活躍するスペイン出身の建築家です。2004年の夏季オリンピック・アテネ大会のスタジアムの設計も彼によるものでした。

　塔の基礎の部分には、「トランカディス」という技法が用いられています。カタルーニャ語で「壊れたタイル」という意味で、曲線で表現された建築物にはタイルを貼りにくいため、砕いて施釉した上で貼り付ける工法です。サグラ・ダファミリアを設計した天才アントニオ・ガウディが好んだ工法で、ガウディへのリスペクトとして採用されています。

> もっと知りたい！　標高184mのモンジュイックの丘にはモンジュイック城、カタルーニャ美術館、ミロ美術館などの観光名所があり、その一環でモンジュイック通信塔を見ることができます。塔の高さは123mで、塔の上部で人間の腕のように見える部分には、放送用のパラボラアンテナが隠され、塔そのものが巨大な日時計にもなっています。

キングパワーマハナコン

008

所在地	タイ王国　バンコク
設計	オーレ・シェーレン

壁面に「凹凸」を表現したバンコクの新ランドマーク

2016年開業のキングパワーマハナコンは、地上314mと、タイで2番目の高さを誇る超高層ビルです（2021年現在）。ビルの壁面が虫食いされたように凸凹になっており、あたかもブロックを積み上げていって倒した人が負けになるバランスゲーム「ジェンガ」のようです。

このデザインはドイツ人建築家オーレ・シェーレン（1971年〜）によるもので、以前に在籍していたOMAでは、ビル全体が門構えのような奇抜な中国中央電視台本部ビル（北京）の設計も担当した世界的な建築家です。

一番の特徴であるビルが崩れたようになっている部分は、らせん状にビルを取り巻いていて、よく見ると部屋が出っ張っていたり、引っ込んでいたり、かなり複雑な造りになっています。出っ張っている部屋はスカイボックスといわれ、部屋全体が空中に突き出た構造になっています。

2018年11月には、屋上にオープンエアのスカイ・バー＆レストラン「マハナコン・スカイウォーク」がオープンし、地上314mというタイで1番の高さから、360度を見渡せるパノラマビューの開放感が人気を集めています。

もっと知りたい！　ビルの正面入口前は、イベントなどにも使えるマハナコン・スクエアという公共スペースです。大規模なトロピカルガーデンがつくられ、都会に居ながら自然を感じられる空間になります。屋上の下の76階と77階にも新しく「マハナコン・バンコク・スカイバー」がオープンし、最先端の内装と世界レベルの料理が堪能できます。

ハトシェプスト女王葬祭殿

009

所在地	エジプト・アラブ共和国　ルクソール県ルクソール
設計	センムト

初の女性ファラオが築かせた列柱とテラスの美しい葬祭殿

　　エジプト南東部、ナイル川の西岸に位置する古代都市テーベ（現ルクソール）にあるハトシェ
プスト女王葬祭殿は、新王朝時代の王族の墓が並ぶ王家の谷の東にあり、太陽神アメン・ラー
を祀る葬祭殿として築かれました。

　　ハトシェプスト女王は、今から3500年ほど前の古代エジプトで、初の女性ファラオとなった
人物です。ファラオは太陽神ホルスの化身とされ、古代エジプトではこのファラオによって多
くの記念碑的な巨大建築が築かれました。神事を行なう葬祭殿もそのひとつで、ピラミッドと
セットで築かれたものです。ピュロン（塔門）、中庭、多柱室、至聖所からなり、周囲に倉庫や
神官たちの住居が並び、全体を周壁で囲んでいました。

　　「ハトシェプスト女王葬祭殿」は、ピラミッド以降の葬祭殿が列柱とテラスを組み合わせたも
のになるなか、列柱廊を3層構成とし、中央のスロープを挟んでファサードをシンメトリに見
せるなど、古代ギリシア・ローマ建築につながるデザイン性があります。崖の下の地形を生かし、
背後にそびえる断崖まで建築の一部に取り込むことで荘厳さを加えています。

　　もっと知りたい！　古代エジプトでは霊魂の不滅と再生が信じられており、現人神としてのファラオの肉体はピラミッドにミイラ
として保存されました。初の女性ファラオであるハトシェプストは、トトメス2世の王妃であり、夫がまだ幼い側室の子トトメス3世
を後継者に指名して没したため、摂政となって共同統治のかたちで権力を掌握し、女王に即位しました。

グエル邸

010

| 所在地 | スペイン王国　カタルーニャ州バルセロナ |
| 設計 | アントニオ・ガウディ |

巨匠ガウディ初期の個人邸宅建築にみる後年の片鱗

　未完の大作サグラダ・ファミリアで知られる、バルセロナの奇才アントニオ・ガウディ（1852～1926年）は、初期にいくつか個人宅を手がけています。なかでも大富豪でガウディ初期のパトロンであるエウゼビ・グエル侯爵のグエル邸（1890年完成）はよく知られています。

　2階に位置する横長の窓が印象的なファサード（建物正面）を構成し、大理石の石切積みが高級感を醸し出します。その下に開いた2つの大きく重厚なパラボラ・アーチは、初期作品に多く見られ、ガウディは20もの装飾案をグエル侯爵に出したといいます。

　1890年築のグエル邸は、1878年に建築士資格をとったガウディが受けた最初の大きな仕事で、グエル侯爵が父親から受け継いだ丘陵が多い土地に、フランス式庭園の改築と、門番小屋と厩舎の新築を依頼されたものでした。現在では、門番小屋と屋内にある厩舎と運動場のみが現存しています。アール・ヌーヴォー様式でデザインされたグエル邸ですが、見どころに厩舎内部の地下にある馬専用空間があります。放物線状の丸みを帯びた美しいレンガのアーチが天井を覆い、太いレンガ造の円柱が林立する大空間は圧巻です。

もっと知りたい！　　グエル邸の屋上には、陶磁器片を散りばめたカラフルな煙突や換気塔が目立っています。のちにガウディが多くの建築で活用していく陶製のタイルを砕いた「破砕タイル」が初めて使用されたもので、よく見ると外壁にもタイルの破片がちりばめられているのがわかります。アントニオ・ガウディ作品の原点に触れることができる場所です。

マラパルテ邸

011

所在地 イタリア共和国　カプリ島
設計 アダルベルト・リベラ

断崖絶壁に建つ「赤レンガの階段屋根」が印象的な別荘

　カプリ島の東端にあるマッスーロ岬に建つマラパルテ邸は、1943年にイタリア合理主義の建築家アダルベルト・リベラ（1903〜1963年）によって設計されました。しかし建築は、依頼主であるイタリアの作家クルツィオ・マラパルテ（1898〜1957年）が、地元の石工の助けを借りて自ら行なったといいます。

　建材はポンペイの石材に赤スタッコが施され、建物全体は赤レンガ造の印象です。下から屋上（「ソラリウム」＝日光浴場）へ向かって幅を広げてゆく大階段を登り切ると、白い壁が弧を描いて立つ広場になっています。建物の建つ断崖は海面から32mもあり、サレルノ湾を一望することができます。

　居間に開けられた4つの大きな窓の枠は、絵画の額縁を模して加工されており、木々を通して海を眺める景色を、絵画のように切り取る効果を持たせています。内装は白を基調としたシンプルなデザインで、マラパルテのデザインによる家具類、居間の緩やかな曲面を持ったスタッコ製の暖炉、愛人用の寝室にタイル張りのバスタブなどがあります。

もっと知りたい！　マラパルテ邸は、マラパルテが1957年に死去した後は放置されていましたが、1980年代終わりから1990年代にかけて大規模な改修工事が行なわれて蘇りました。しかし現在も個人所有のため内部見学はできません。またアクセスが非常に悪く、外から見ることも難しい場所にあります。デザインは個性的ですが、秘密の別荘、隠れ家というイメージです。

パンテオン

所在地 イタリア共和国　ローマ
設計 マルクス・ウィプサニウス・アグリッパ

鮮烈なインパクトでそびえる「神々の神殿」の組積ドーム

　古代ローマ最盛期の皇帝ハドリアヌスが自ら設計したともいわれるパンテオンは、ローマの神々の神殿として紀元118年から128年にかけて建設されました。その最大の特徴は、ローマでもっとも大きな円蓋（クーポラ）に覆われた本堂です。

　直径43.8m、高さ43.8mの完全な半球型のドームを厚さ6mの壁が支え、壁枠にレンガをアーチ状に積んで白い漆喰で化粧しています。ドームを構築するコンクリートは上に行くほど骨材（砂利や砂などの混合物）を軽くし、荷重を軽減する工夫がなされています。

　ドームの内側は、頂上の円形天窓（オキュラス）の部分から放射状に28列、横に5段の格間で覆われています。デザイン的な美しさとともにドーム部分を軽くする構造上の効果もあり、後世の円蓋建築に大きな影響を与えました。

　ドーム頂上にある天窓は直径9mで、広大な内部空間への採光はここからだけで、壁面に窓はありません。巨大な堂の外形はまったく無装飾で、幾何学的な計算によって形成されたシンプルな円蓋（クーポラ）の美は、西洋建築史上不朽の名作といわれています。

もっと知りたい！　パンテオン正面にあるポルティコ（突出廊）は、正面に高さ12.5mの8本のコリント式円柱が並び、その上に「M.アグリッパ」によって建造されたと記されています。紀元前27年に最初のパンテオンを建設した将軍ですが、この建物は後に落雷で焼失しました。ハドリアヌス帝が紀元2世紀に再建の折、アグリッパに敬意を表して記させたと考えられています。

オスロ・オペラハウス

013

所在地　ノルウェー王国　オスロ
設計　スノヘッタ

氷山の上を歩き回る感覚に陥る奇想の「音楽ホール」

　ノルウェーの首都オスロのウォーターフロントに、臨海地区再開発の一端として2008年に完成したオスロ・オペラハウス。国立オペラ・バレエ団の本拠地として、大劇場1,364席に、200〜400席の小劇場をふたつ持つノルウェー最大の文化施設です。

　海から隆起した「氷山の一角」のような奇抜な外観に、施設の上を自由に散策できる市民の想いの場になっている点など、ランドマークと呼ぶにふさわしい建築物といえるでしょう。350の応募があったコンペから選ばれた、地元の建築事務所スノヘッタの設計によるこのオペラハウスは、その高い技術と街への影響力から、2008年世界建築フェスティバルで文化賞、さらに2009年にはミース・ファン・デル・ローエ賞を受賞しました。しかし建設費は44億ノルウェー・クローネに達し、当初の計画を大きく超えてしまったといいます。

　オスロ・オペラハウスの屋内に入ると、白い大理石の床で敷き詰められた広く開放的なエントランスが広がり、氷山の裂け目のようなガラス張りの開口部からは自然光が差し込みます。大理石がその光を反射し、空間全体を明るく見せています。

　もっと知りたい！　劇場の内部は一転して北欧のオーク材で囲まれた空間となり、間接照明と柔らかい木の温かみを感じられ、エレガントな芸術空間が広がっています。鮮烈な白の外観からは一変し、舞台のオペラに集中しやすいシックなデザインです。オペラハウスとしての機能も「北欧随一」といわれる最上級の設備が整っています。

ヘルシンキ中央駅

014

所在地　フィンランド共和国　ヘルシンキ
設計　エリエル・サーリネン

気鋭の建築家が生み出した首都のランドマーク

　首都ヘルシンキの玄関口として1860年に建設されたヘルシンキ中央駅は、乗客の増加から手狭になって改築が決まると、1904年に新駅舎のデザイン・コンペが行なわれました。それを勝ち抜いたのが、まだ31歳だったエリエル・サーリネン（1873〜1950年）です。

　フィンランド出身で気鋭の建築家だったサーリネンの当初案は、民族主義的なロマンティシズムを前面に押し出したデザインでした。しかし他の若い建築家たちから中世的な外観に批判が殺到し、意見を聞き入れて設計を大きく変更することになります。鉄筋コンクリート造の現在の駅舎案は1909年に完成し、駅舎そのものの完成は1919年になりました。

　結果として、淡いレンガ色の花崗岩と銅板を用いたシックな外観となりましたが、垂直に交わるラインを生かした連窓の見事な駅舎と高さ48.5mの時計塔、駅正面の両側に立つ巨大な彫像が印象的な首都のランドマークとなり、多くの人々に愛されています。

　さらにサーリネンは、1910年にヘルシンキ中央駅周辺の都市整備計画を任され、これを機に世界的な建築家として飛躍することとなります。

もっと知りたい！　ヘルシンキ中央駅は構内もまた美しく、白亜の壁に高い天井からのシャンデリアの照明、時刻表の電光掲示板や通貨の両替所など、広々としたロビーは欧州の旅情にあふれています。ホームのガラス屋根は2000年の完成でデザインは変更されていますが、サーリネンの当初案が実現したものです。

トーレ・アグバール

015

所在地　スペイン王国　カタルーニャ州バルセロナ
設計　ジャン・ヌーヴェル

噴き上がる水の形をイメージした水道局所有の超高層ビル

　トーレ・アグバールは、高さは144.4m、38階建て（うち地下4階）で、30,000㎡のオフィスを持つ、バルセロナで3番目に高い高層ビルです。ディアゴナル通り、グランヴィア通りとメリディアナ通りの交差点にあり、アグバール・タワーとも呼ばれます。

　設計者であるフランスの建築家ジャン・ヌーヴェル（1945年〜）によれば、バルセロナ近郊の奇岩の山の形状と噴き上がる水の形をイメージしたといい、炎と水をイメージカラーとしてきらめくガラスに覆われたロケット型の巨大建築は、周囲の景観とはあきらかになじまない、奇怪なまでの存在感を放っています。ヌーヴェルは、ガラス面の光の反射や透過を利用し、多様な種類のガラスを駆使して建物の存在感を生み出す建築を得意としており、その創造性がいかんなく発揮された建築といえるでしょう。

　ビルそのものは鉄筋コンクリートでできていますが、鉄筋コンクリートの壁は4,500か所のガラス窓で切り抜かれています。外壁には気温センサーが設けられ、ガラス製のブラインドの開閉装置と連動しています。夏は暑い日光をさえぎり、冬は日光を入れて冷暖房エネルギーを最大限節約できる先端的な技術が用いられています。

もっと知りたい！　トーレ・アグバールは2005年6月に完成し、9月16日の国王誕生日に落成しました。現在はバルセロナ水道局が所有しています。週末の夜には4,500個のLED照明によるライトアップで、幻想的な存在感を増したトーレ・アグバールを楽しめます。

パルテノン神殿

016

所在地	ギリシア共和国　アテネ
設計	フェイディアス、イクティノス、カリクラテス

ギリシア古代建築の様式美を伝える最高峰の神殿

　アテネのアクロポリスの中心部に建つパルテノン神殿は、古代ギリシアの建築家イクティノスの設計で、紀元前438年頃に完成しました。幅約30m、奥行き約70mの基盤に、ドーリア人がもたらしたとされるドーリア式の大理石列柱46本が林立しています。

　大理石列柱は直径1.9m×高さ10.4mの大きさで、柱の中央部分に膨らみを持たせて上部を細くし、見上げた時に真っ直ぐに見えるエンタシスという建築技法が用いられています。また四隅の柱間を他より狭めたり、中央部の基盤を隆起させたりして水平垂直に見える視覚効果を施すなどの高い技術が駆使され、建築当時は極彩色だったことがわかっています。

　ギリシアの神殿建築は、紀元前7世紀頃からローマ帝国の支配下に入る紀元前146年まで続きました。同一の形式を繰り返しながら芸術的に発展させ、のちに古典主義といわれる建築様式の模範になっています。

　パルテノン神殿はアテネの守護神であるギリシア神話の女神アテナを祀る神殿であり、古代ギリシア建築の最も重要なドーリア式建造物といわれています。

もっと知りたい！　古代ギリシアでは、ドーリア式、イオニア式、コリント式の3つの建築様式が生まれました。それぞれ列柱の柱頭のデザインで分けられ、ドーリア式がもっとも早く、パルテノン神殿が代表例です。イオニア式はギリシア本土ではなく、イオニア人によって島嶼部で興り、柱の頭部に渦巻装飾があります。コリント式では、柱頭にさらに複雑な装飾を施します。

ジェセル王のピラミッド

017

所在地	エジプト・アラブ共和国　ギーザ県サッカラ
設計	イムホテプ

古代エジプトの高級神官が造った最古の階段型ピラミッド

　古代エジプト第3王朝第2代ファラオのジェセル王（在位：紀元前2668年〜紀元前2649年）の命によって建設された階段型ピラミッドは、史上初のピラミッドとして知られています。同時に、現存する世界最古の石切造の建造物です。

　設計は、名前が明確な建築家としてこれもまた世界最古のイムホテプ（紀元前2667年〜紀元前2610年頃）。古代エジプトの高級神官で、ジェセル王に宰相として仕え、第3王朝最後のフニ王の時代まで活躍したとされます。建築家としてのみならず、内科医としても優れ、死後には「知恵、医術と魔法の神」として神格化されています。

　ジェセル王のピラミッドは高さ62m、東西125m、南北109mの長方形の底面を持っています（のちのピラミッドはほぼ正方形）。建設された当時、石灰岩や花崗岩を用いた建築様式はまだ一般化していませんでした。

　方形の基礎を5段階築き、それを積み上げて6層にしたのも設計者イムホテプのオリジナルで、以後、エジプトには王族の墳墓としてのピラミッドが多数建てられるようになります。

> **もっと知りたい！**　ジェセル王のピラミッドの地下には深さ28mの地下室が設けられており、遺体を納める玄室や、玄室を取り巻く多数の部屋、回廊が張り巡らされました。また北側に葬祭殿、東側に王宮、神殿、南側に南墓、西側に巨大な倉庫があって外壁で取り囲まれていました。ピラミッド単体ではなく、複合体ピラミッドとして建設したのもエジプト史上初めてのことでした。

フンデルトヴァッサー・ハウス

018

所在地	オーストリア共和国　ウィーン
設計	フリーデンスライヒ・フンデルトヴァッサー

「自然との調和」をめざしたメルヘンチックな公共住宅

　ウィーンの中心街に隣接する3区のバロック様式の宮殿が建ち並ぶなかに、1986年、フンデルトヴァッサー・ハウスが完成しました。ブルー、イエロー、ホワイト、ブラウン、ピンクなどの派手な色使いでありながらも、ファサードの曲線が自然の壁のようであり、周辺の植物と調和しています。

　画家で建築家のフリーデンスライヒ・フンデルトヴァッサー（1928～2000年）は、まさに「自然と人間と調和」をテーマに掲げた公共住宅を構想しました。

　屋上や壁から突き出る200本の木が生い茂り、あたかも童話の世界のようなメルヘンな外観を形成しています。住宅内には住戸が53戸、事務所4軒、居室に通じるテラス16箇所、共有部のテラス3箇所に加え、高木と低木が合計250本植栽されました。

「自然界に直線は存在しない」というフンデルトヴァッサーの信念により、1戸ごとを示すラインや廊下、壁もすべてカーブで波打っています。またタイルをモザイク模様に貼ったり、渦巻き模様の階段を設置したりするなど、前衛芸術的な試みが各所に施されています。

もっと知りたい！　フンデルトヴァッサー・ハウスが完成すると、専門家から悪趣味という批判があがる一方で、大評判となって入居希望者が殺到しました。設計者のフンデルトヴァッサーは住宅の設計料を一切請求しなかったといい、「醜い建築があの場所に建つのを防げたのだから、その価値がある」と語ったといいます。

アヤ・ソフィア

019

所在地　トルコ共和国　イスタンブール県イスタンブール
設計　ミレトスのイシドロス、トラレスのアンテミオス

四角い建物に円型ドームを立てる技術「ペンデンティブ」

イスタンブールが「コンスタンティノポリス」という名で東ローマ帝国（ビザンティン帝国）の首都だった時代、532年から537年にかけて建設されたのがアヤ・ソフィアです。皇帝ユスティニアヌス1世の命によってキリスト教正教会の大聖堂として築かれました。

この時代の建築物を「ビザンティン建築」と総称しますが、その最高傑作と評されるアヤ・ソフィアには、建築史上の画期的な技術が導入されています。中央の巨大な四角い聖堂部分に、円形ドームを築いた「ペンデンティブ」がそのひとつです。

ペンデンティブは、四角い建物の屋根を球状ドームで覆うための手法のひとつで、正方形に内接する円型の輪に、四隅に伸びる"脚"をつけてドームを被せる構造です。建物の角の柱にドームの重さを分散して支えるため、大建築への対応が可能になりました。

それまでの柱の上部に横に板石を渡してドームを載せる「スキンチ」では、大きな板石の確保が前提になっていました。しかしアヤ・ソフィアのペンデンティブ・ドームでは、荷重が分散できるため巨大な板石を要さず、大ドーム建築が容易になったのです。

もっと知りたい！　アヤ・ソフィアは1453年、オスマン帝国のスルタン・メフメト2世が首都を攻略すると、キリスト教色を一掃してモスクとしてイスラム教の祈りの場になります。1934年になってトルコ共和国が無宗教の博物館にし、キリスト教徒、イスラム教徒の双方から聖地として信者を集めていましたが、2020年7月に再びモスクに戻されました。

ベラルーシ国立図書館

020

所在地 ベラルーシ共和国　ミンスク
設計 ミハイル・ヴィノグラードフ、ヴィクトル・クラマレンコ

「斜方立方八面体」の建物を載せた東欧屈指の図書館

　カットダイヤモンドのような「斜方立方八面体」のガラスの建築物を主要構造物とするベラルーシ国立図書館は、国内最大の図書館であり、ロシアのモスクワの国立図書館とサンクトペテルブルクの国立図書館に次いで3番目に多いロシア語書籍の所蔵数を誇ります。

　建築家のミハイル・ヴィノグラードフとヴィクトル・クラマレンコによって設計され、2002年から2006年にかけて建設された図書館は、23階建ての高さ73.6mで、ダイヤモンド型の部分は、夜にはさまざまな色に発光する電飾機能があります。

　高層部の土台は円盤型の3階建ての構造物になっており、吹き抜け空間があって3階から1階までを見下ろせる設計になっています。天井が高く、閲覧スペースもゆったりとられ、ゆっくり読書を楽しめます。

　図書館としてだけでなく、首都ミンスクの観光地としても知られ、建物は川岸の公園に位置するロケーション。23階には無料の双眼鏡がある展望デッキがあります。観光客用の特別なエレベーターが建物の裏側にあり、図書館の22階にはカフェとギャラリーが開設されています。

もっと知りたい！ ベラルーシ国立図書館は1922年に開設された大学図書館が前身であり、1926年に政府が管轄する国家図書館に再編成されました。1941年初頭には200万冊を超える蔵書がありましたが、第二次世界大戦で建物が破壊され、多くの蔵書がナチス・ドイツに収奪されました。ソビエト連邦の他の共和国の協力も得て、蔵書数が回復したのは1947年になってからです。

27

サン＝テグジュペリ TGV 駅

021

| 所在地 | フランス共和国　メトロポール・ド・リヨン県リヨン |
| 設計 | サンティアゴ・カラトラバ |

「飛び立つ鳥の翼」のような駅舎

　フランス南東部の都市リヨンは、『星の王子さま』の作家サン＝テグジュペリの出身地として有名です。この作家の名にちなんだサン＝テグジュペリ TGV 駅は、リヨン近郊のリヨン・サン＝テグジュペリ国際空港からの連絡線が接続する駅です。

　開業は LGV ローヌ・アルプ線の2期区間が開業した1994年7月3日で、当初の名称はサトラス駅でした。駅舎はスペイン人の建築家サンティアゴ・カラトラバ（1951年〜）の設計です。駅を特徴づける高さ40mの「飛び立とうとする鳥の翼のような外観」は、無数のむき出しの骨格が鮮烈な独特のヴィジュアル。そのデザイン性が厳格な構造技術の理論に裏打ちされているのも、カラトラバの建築作品の特徴です。

　フランス国有鉄道、地方議会、リヨン商工会議所から共同で設計を依頼され、「活気あふれるTGVを記念する建物」（国有鉄道）、「ローヌ＝アルプ地方を想起させる象徴的な建物」（地方議会）、「新駅と空港をつなぐ便利さ」（商工会議所）という3方向の要望を受けたカラトラバは、その建築技術と芸術感覚を生かして3つの要望を矛盾なく満たす設計を実現したのです。

もっと知りたい！　サン＝テグジュペリ TGV 駅構内には柱がありません。大きな窓から明るい太陽光が降り注ぐように趣向を凝らした、竜骨のような黒い鉄骨で組んだトラスとガラスとコンクリートによる大空間が広がっています。巨大な鳥のロボットか、宇宙基地のような外観から建築ファンには有名ですが、リヨンの中心部から遠いため、あまり利用者が多くない駅になっています。

アクテリオン・ビジネスセンター

022

所在地　スイス連邦　バーゼル＝ラント準州アルシュヴィル
設計　ヘルツォーク＆ド・ムーロン

直方体をランダムに積み上げた外観の製薬会社本社ビル

　フランスとの国境に接するスイス最北端のアルシュヴィル市には、製薬会社アクテリオンの本社ビル「アクテリオン・ビジネスセンター」があります。2010年に建設されたそのビルは、直方体のブロックをランダムに積み上げた非常に特殊な外観で、初めて目にする人を驚かせています。

　構造物が四方八方に飛び出しているように見えますが、複雑で未来的な外観デザインこそがアクテリオン・ビジネスセンターのすごいところ。それぞれが交わったところに会議室やラウンジが置かれ、部門間コミュニケーションが活発になるよう工夫されているのです。さらにソーラーパネルを設けるなど、環境への配慮も行き届いています。

　設計はヘルツォーク＆ド・ムーロンで、スイスのバーゼル出身のジャック・ヘルツォークとピエール・ド・ムーロンの2人による建築家ユニットです。2001年にはプリツカー賞を、2007年には世界文化賞建築部門を受賞しています。2人の建築家としての成功の秘訣は、建築材料の異質感や感じたことのない印象を引き出す腕にあるといわれています。

もっと知りたい！　アクテリオンは、1997年創業の循環器系を専門とする製薬会社で、アメリカ、オーストラリアなど20か国に拠点を持ち、2015年の収益は20億フラン（2360億円）の企業でしたが、2017年にアメリカのジョンソン＆ジョンソンに買収され、傘下のヤンセン・ファーマの子会社になりました。

エピダウロスの劇場

023

所在地　ギリシア共和国　アルゴリス県リゴウリオ
設計　小ポリュクレイトス

現代でも公演可能な古代ギリシアの巨大劇場

　古代ギリシア世界では演劇文化が栄え、劇場が各地に建設されました。

　なかでもペロポネソス半島東部に位置する古代ギリシアの港湾都市エピダウロスに紀元前4世紀後半には建築されたと考えられる劇場は、ギリシアに残る古代劇場でも最も保存状態が良好なもののひとつです。座席部分は114m、座席の列は55列あり、収容人数1万5,000人と推定されます。後部に位置する丘の自然な傾斜を利用した座席は、巨大かつシンメトリックで、最も初期のすり鉢状の劇場として、美しい姿を残しています。

　オルケストラ（舞台の前の土間）の部分は、円形で直径20mほどあります。舞台の部分は残念ながら保存状態が悪く、どのような建造物だったかはわかりません。しかし劇場全体は音響効果もよく、現代でも演劇や音楽の演奏などが行なわれています。

　エピダウロスの劇場は、もともとは医神アスクレピオス崇拝のための音楽、歌、演劇の場でした。それはギリシア神への信仰の儀式であるとともに、ドラマチックな歌舞音曲に触れることで、病気に苦しむ患者を癒す手段にもなったと考えられています。

もっと知りたい！　エピダウロスは、医神アスクレピオス誕生の聖地とされ、劇場の遺跡は町から8kmほど郊外に位置しています。この地は1988年「アスクレピオスの聖地エピダウロス」としてユネスコ世界遺産に登録されました。ギリシア神話では、アスクレピオスの医術は、死者をも蘇らせるものだったと語られています。

バロック・インターナショナル・ミュージアム・プエブラ

所在地 メキシコ合衆国　プエブラ州プエブラ
設計 伊東豊雄

「バロック様式」を"体感"するための動的な国際美術館

　バロック・インターナショナル・ミュージアム・プエブラは、「国際バロック美術館」とも表記され、人口150万都市プエブラに2016年に建設されました。

　16世紀末のイタリアに始まるバロック様式は、それまでの均整のとれたルネサンス様式と違い、自由で動的な装飾を施しています。この美術館では、バロック期の美術品や遺物の展示はもちろん、プロジェクションマッピングやスクリーンを用いたデジタル解説など、まさに「動的」にバロックの精神に触れることができます。

　白亜の陶器の破片を突き立てて並べたような斬新なデザインの外観と、館内の採光に導かれて見学するよう工夫された内装、閉じた部屋を設けない構造など、まったく独創的な建築をプロデュースしたのは、日本人建築家の伊東豊雄（1941年〜）です。

　2006年には王立英国建築家協会よりRIBAゴールドメダルを受賞、2013年にはプリツカー賞を受賞して、世界の大物建築家のひとりに数えられ、2013年には「伊東建築塾 恵比寿スタジオ」を建て、建築と教育の普及にも尽力しています。

もっと知りたい！　スペインがメキシコへ侵攻した1519年以来、植民地支配は約300年にわたって続くのですが、メキシコにバロックの美術館ができたのは、このときにバロック全盛の文化が持ち込まれたからです。なお、2010年には愛媛県今治市大三島町に、伊東豊雄自身の設計による「今治市伊東豊雄建築ミュージアム」が開館しています。

8ハウス・ハウジング

025

所在地 デンマーク王国　コペンハーゲン
設計 BIG

自転車で建物に上がれる「8字型」の大規模マンション

　　2010年に完成した8ハウス・ハウジングは、上空から見ると建物が「8」の字を描くような形状の大規模マンションで、コペンハーゲン運河沿いのオレスタッド南部にあります。南側コーナー部はスロープ状にカットし、中庭に風光を呼び込む一方、自転車に乗ったまま上の階に上がれる構造です。

　　建物にはストリート・レベルから屋上までパブリック通路が延びて、住民は自転車で庭付きタウンハウスの脇を屋上まで自分で走行できるという、まるで自転車競技場のような集合住宅です。

　　476戸、延床面積6万㎡の建物には、アパートメントハウス、ペントハウス、タウンハウスの3タイプの住戸があり、あらゆる家族構成に対応可能。上階に住居部分、1階には商業施設が入っています。

　　スロープ状のグリーン・ルーフは1,700㎡もあり、ヒート・アイランド現象を抑えると同時に、8ハウス・ハウジングの近未来的な特徴ある外観を象徴しています。

もっと知りたい！ 設計を手がけたのは、デンマークの建築集団BIG（Bjarke Ingels Group）です。代表のビャルケ・インゲルス（1974年〜）は気鋭の建築家で、2010年の上海万国博覧会のデンマーク館を手がけるなど、世界的建築家のひとり。地球温暖化、コミュニティ生活、ポスト石油時代の建築など、今のテーマを念頭に次世代の建築のあり方を提案しています。

コールブルックデールの鋳鉄橋

026

所在地　イギリス　コールブルックデール
設計　トーマス・ファーノルズ・プリチャード

製鉄技術が可能にした「世界最古の鉄橋」

　イギリス中西部を流れるセバーン川の美しい峡谷にかかるコールブルックデールの鋳鉄橋は、1779年に完成した世界最古の鉄橋です。現在は「アイアンブリッジ（鉄の橋）」の名で親しまれ、産業革命発祥の地・コールブルックデールの象徴とされています。

　鉄鉱石が発見され、コールブルックデールが製鉄業の中心地として発展する前、この川の峡谷には橋が架かっていませんでした。しかし、原料の運搬に河川の利用も欠かせないことから、採掘地から大量に原料を運び出すため、地元企業有志による架橋が計画されました。

　半円形の橋脚に支えられた橋の外観は古来の石橋と似ていますが、鉄による橋梁建設など考えられなかった時代にあって、地元の製鉄職人たちの技術により、全長60m、幅約7mの橋が架けられました。橋が完成した1779年は産業革命が始まった時期であり、その文化的な価値から1986年に「アイアンブリッジ峡谷」として世界遺産に登録されました。橋の材料の鋳鉄は産業革命による大量生産が可能になるまで高価だったため、大きな構造物には使用できませんでしたが、鉄溶鉱炉が誕生して橋にも使用可能になりました。まさに産業革命が生んだ橋なのです。

もっと知りたい！　アイアンブリッジ峡谷周辺は、鉄鉱石をはじめ、石炭、石灰岩、粘土など、鉄製品の原料が豊富で採掘が容易だったことから、製鉄業者エイブラハム・ダービーが近代的な製鉄工場を建設し、産業革命を牽引する町となりました。世界遺産としての当地は、峡谷博物館、ダービー・ハウス、タールトンネルなどがあり、観光地化されています。

グッゲンハイム美術館

027

所在地 アメリカ合衆国　ニューヨーク州ニューヨーク
設計 フランク・ロイド・ライト

ニューヨークの中心に建つ巻貝のような美術館

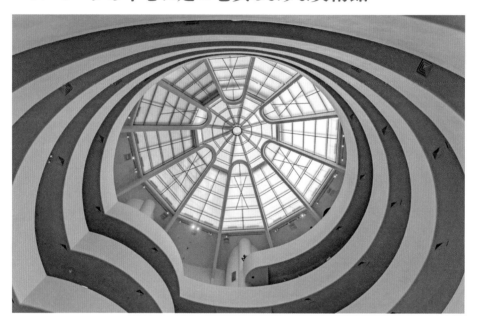

　セントラルパークに面した5番街に建つグッゲンハイム美術館は、設計者フランク・ロイド・ライト（1867～1959年）の死去から6か月後、1959年に完成しました。

　四角い建築が林立するニューヨークで、巻貝のような建造物を分厚いスラブに載せた建築は特異な印象を与えます。

　この巻貝のような構造には、美術館のあり方に対するライト独自の新しい提案が見られます。見学者は中央のエレベーターでロトンダ（円形の建物）の中央に上がり、ゆるいスロープになった通路を作品鑑賞しながら出口に向かって降りていくのです。また、らせん構造の中央はガラスの天井の大きな吹き抜けになっており、らせんの隙間からも光が入り、展示品を自然光で照らしています。

　70代の巨匠ライトが16年の歳月をかけたグッゲンハイム美術館は彼の代表作として知られ、2019年に「フランク・ロイド・ライトの20世紀建築作品群」として、アメリカ国内の他の7つの構成資産とともに世界遺産に登録されました。

もっと知りたい！　美術館をライトに依頼したグッゲンハイム財団は、その建築設計案になかなかOKを出さず、創立者のソロモン・R・グッゲンハイムが死去した1949年になってようやく承認されました。さらに竣工まで10年を要したグッゲンハイム美術館は、建築に「有機性」と「流動性」をもたらしたと評されるライト建築の集大成ともいわれます。

オリエンテ駅

028

所在地　ポルトガル共和国　リスボン
設計　サンティアゴ・カラトラバ

「海と陸」の生物をイメージした国際博覧会の会場駅

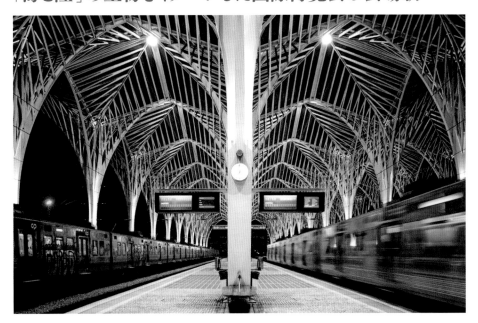

　ヴァスコ・ダ・ガマによるインド航路発見500年を記念し、1998年にポルトガルの首都で開催されたリスボン国際博覧会は、「海、未来への遺産」をテーマとしていました。このタイミングに合わせて建築されたオリエンテ駅は、フランスのサン＝テグジュペリTGV駅を手がけたサンティアゴ・カラトラバ（1951年〜）の設計です。

　駅は白い骨格を独創的な構造技術を駆使してデザインされ、あたかも生き物を彷彿させるカラトラバらしさが表現されています。樹木のようなホームの屋根や巨大海洋生物の骨格を思わせる構内のコンクリートの骨組みなど、博覧会のテーマを思わせる意匠を随所に見ることができます。

　柱のない巨大な空間を実現したこの建物は4階に分かれ、最上階がホームになっています。中層階にはショッピングセンターが並び、1階が万博会場への入口となっていました。

　カラトラバの建築は「構造表現主義」に分類され、1980年代に、その独創的な空間と構造を持つ建築が広く注目を集めました。

もっと知りたい！　オリエンテ駅の正面出口の大屋根は、巨大な団扇のような円い広がりを見せ、南側の出口はヴァスコダガマショッピングセンターにブリッジでつながっています。北側にはバスターミナルにつながるブリッジも架けられており、細かなところまでカラトラバらしいデザインセンスがふんだんに盛り込まれた建造物になっています。

ヴィトラ・ハウス

029

所在地　ドイツ連邦共和国　ヴァイル・アム・ライン
設計　ヘルツォーク＆ド・ムーロン

切妻屋根の建物を5層に重ねた摩訶不思議な建造物

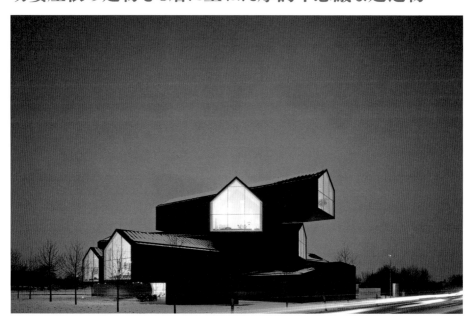

　奥行きの深い家型の建物を5層重ねるという奇抜な建築物ヴィトラ・ハウスは、スイスに本拠を置くデザイナーズ家具の有名ブランド、ヴィトラ社が持つヴィトラ・キャンパスの敷地内にあります。

　世界的に有名な建築家ユニット、ヘルツォーク＆ド・ムーロンの作品で、細長い切妻屋根の建物が交差するように組み合わされています。世界の有名建築家の作品が集まったヴィトラ・キャンパスの建物群に、2010年に加わりました。

　ヴィトラ・ハウスの内部はショールームとして、リビングやキッチン、書斎など、さまざまな部屋のデザインモデルが展示されています。各階のユニットは外に向けた面すべてが5角形のガラスで、その独創的な外観から日中も夜間も多くの人の注目を集めています。

　ヴィトラ・キャンパスの場所はドイツ領内ですが、スイスとの国境付近に位置し、スイスのバーゼルからのアクセスが便利。設計を担当したヘルツォーク＆ド・ムーロンは、地元バーゼル出身の建築家です。

もっと知りたい！　ヴィトラ・ハウスの内部には、螺旋階段でつながった大広間が複数あり、大きな窓から建物のなかを見下ろせる開放的なつくりになっています。ショップやカフェも併設され、気軽に訪れて楽しめるようになっています。ヴィトラ・キャンパス敷地内には、世界で最も重要なデザイン博物館といわれる「ヴィトラ・デザイン・ミュージアム」が開設されています。

コロッセオ

030

所在地 イタリア共和国　ローマ
設計 不詳

ローマン・コンクリートが実現させた「円形闘技場」の代表

　古代ローマでは、エトルリア人やギリシア人から建築を学びつつ、ギリシアのような神殿建築ばかりではなく、住宅、浴場、記念碑、インフラなど、人間中心の建築が発展します。多くの建築物のなかで「パンとサーカス」というローマ帝国の統治方針に基づいたサーカス（娯楽）提供の場として築かれた建築の代表が、ローマの円形闘技場である「コロッセオ」です。ローマ帝政前期の西暦80年に完成しました。

　長径187.5m、短径156.5mの楕円形で、面積3,357㎡、高さは48mの規模を誇り、推定5万人の観客を収容できました。4階建てで、各階はギリシアの建築様式で整えられており、1階はドーリア式、2階はイオニア式、3階はコリント式になっています。天井部分は開放されていますが、日除け用の天幕を張ることも可能で、皇帝席には1日中直射日光が当たらないよう設計されていました。

　建材はローマン・コンクリート（火山灰のコンクリート）で、鉄骨が使用されずに幾多の地震に耐えたのは、全体が円筒形で力学的に安定していたためと考えられています。

もっと知りたい！　コロッセオは、競技場を指す「コロシアム」の語源です。初期は競技場にローマ水道から引いた水を張り、模擬海戦さえ上演できました。ほかにも剣闘士と闘う猛獣を闘技場のあるフロアまで運ぶ人力エレベータ、剣闘士が闘いを終えて身体を洗ったとされる噴水「メタ・スダンス（汗をかく標識）」などがあり、ローマの高い技術力の象徴のような建築物です。

ルーヴル・ピラミッド

031

所在地　フランス共和国　パリ
設計　イオ・ミン・ペイ

来場者を迎える「ガラス張り」のエントランス

　12世紀からの宮殿に始まるルーヴル美術館正面のナポレオン広場に、格子状にガラスとフレームが組み合わされた開放的な構成のルーヴル・ピラミッドが建設されたのは1989年のことです。歴史的建築物の正面に建つガラスと金属によるピラミッド型のエントランスホールは、完成当初、多くの批判があったといいます。

　設計は中国・広州市出身の建築家イオ・ミン・ペイ（1917〜2019年）。18歳で渡米してマサチューセッツ工科大学を卒業、ハーバード大学大学院で建築学修士号を取得したペイは、ガラスを駆使した斬新な造形の建造物を得意としました。1983年、当時のミッテラン大統領の「大ルーヴル計画」の目玉として依頼を受けたルーヴル・ピラミッドは、高さ20.6m、底辺35mあり、603枚の菱形のガラス板と70枚の三角形のガラス板で構築され、彼の真骨頂ともいえる建築となっています。それまでのルーヴル美術館のメイン・エントランスでは年間1,000万人に達する膨大な数の入館者に対応しきれず、ルーヴル・ピラミッドがメイン・エントランスになると、入館者はここから広々とした地下ロビーへと降り、ルーヴル美術館へ昇る入館路になりました。

もっと知りたい！　建築家イオ・ミン・ペイは、滋賀県のMIHO MUSEUM、モントリオールのカナダロイヤル銀行本部ビル、ワシントンD.C.のナショナル・ギャラリー・オブ・アート東館などを設計しています。

ザ・ウェイブ

032

所在地　デンマーク王国　ヴァイレ県ヴァイレ
設計　ヘニング・ラーセン

打ち寄せる波のような建物が並ぶ入り江の集合住宅

　大きな緩やかな波が次々に押し寄せるように波形の建物が5棟連続する「ザ・ウェイブ」は、1棟につき、最高9階、20戸が入る集合住宅で、2009年に完成しました。

　最上階はもちろん、各戸に広いバルコニーが設けられ、フィヨルドに面した海から多くの光を採り入れるために窓を大きくとった設計と、全体に白を基調とした外観から、さわやかな印象を受けます。

　また、外観上は壁のように見える側面にも窓が開かれており、「光の巨匠」と呼ばれた設計者のヘニング・ラーセン（1925〜2013年）らしい室内採光へのこだわりが見られます。部屋のタイプは80㎡から252㎡とさまざまでありながら、すべての部屋が両面採光で通気性が良く、多くがメゾネットタイプで眺望も抜群です。

　目の前がフィヨルドの最奥である湾になっているので、風のない静かな日には水面に反転して映る姿と実際の建物が組み合わされ、巨大な白いリボンが編まれているかのような様相を呈し、周囲の景観づくりにも一役買っているといえます。

もっと知りたい！　ザ・ウェイブを設計したデンマークの建築家ヘニング・ラーセンは、イギリス、アメリカに渡って建築や都市計画などを学び、34歳の時に母国で自らの事務所を開きました。「光の巨匠」と呼ばれる光と空間の扱い方の巧みさは、日照時間の少ない北欧での生活に育まれたといいます。

パーム・ハウス（キューガーデン）

033

所在地 イギリス　ロンドン
設計 デシマス・バートン

270年前に建設された鉄とガラス板だけの「巨大温室」

　ロンドン郊外にある王立植物園キューガーデンには、1848年に建造された大温室パーム・ハウスがあります。18世紀後半からの産業革命によって、大量生産が可能になった鉄や板ガラス1万6,000枚を用い、幅110m、高さ19mという巨大空間を生み出しています。

　建物の優美な曲線を鉄の支持材で表現するために、「転覆した船体」をイメージして造船技術が援用されました。鉄とガラス板のより細かな部材を使えば、熱や力を加えて変形しやすく自由な造形による空間を生み出せます。この方法で、鉄やガラスならではの創意工夫を広げました。大温室建設ブームの背景には、19世紀ヨーロッパの王族・貴族ら上流社会における熱帯植物の愛好、とくにヤシ栽培の流行が関係しています。パーム・ハウスは現在もヤシ類の世界的コレクションを保持しています。

　設計は、建築家のデシマス・バートン（1800〜1881年）が手がけましたが、内部に柱が多く不評で、製鉄技師のリチャード・ターナーが新たに図面を出しています。当時の温室は、石炭のボイラー塔を併設して室温管理しており、これはバートンのオリジナルとされます。

　もっと知りたい！　テムズ川沿いのキュー地区にある面積132haのキューガーデンは、イギリスが誇る世界有数の植物園であり研究機関です。1759年にジョージ3世の母オーガスタ皇太妃が設けた宮殿併設の植物園を起源とし、1841年に王立植物園になりました。園内には2万5,000種の植物が栽培され、76棟の温室がありますが、パーム・ハウスはその中心的存在です。

ビルバオ・グッゲンハイム美術館

034

所在地 スペイン王国　バスク州ビルバオ

設計 フランク・ゲーリー

衰退する地方都市を一変させた脱構築主義の代表例

　スペイン北部の都市ビルバオは、鉄鋼業、造船業の都市として栄えたものの、1980年代には衰退の道をたどっていました。しかし、1997年にビルバオ・グッゲンハイム美術館が開館すると、建設と並行して行なわれてきた街の観光整備により、芸術・観光都市として再生します。

　ポストモダンの潮流のひとつである脱構築主義の先駆者といわれる建築家フランク・ゲーリー（1929年〜）は、ビルバオ・グッゲンハイム美術館で動的な曲面で表現された奇抜なデザインを具現化し、ビルバオの街に一気に人々の関心を引きつけました。

　厚さ0.5mmというチタンパネルを貼り合わせた外壁は、太陽光をキラキラと反射して輝き、無秩序にも見えるうねった造形によって圧倒的な存在感を示しています。館内も曲面を活かした幻想的な展示室が連なっています。

　戦闘機などの設計に用いられるCAD（キャド＝コンピューター支援設計システム）でデザインされ、ネルビオン川のほとりで未来の巨大戦艦のようにそびえる姿は、21世紀の建築を先取りするものとして、世界から称賛を浴びました。

もっと知りたい！　ビルバオ・グッゲンハイム美術館は、アメリカの鉱山王ソロモン・R・グッゲンハイムの財団が、1959年に建設したニューヨークのグッゲンハイム美術館の分館です。こちらは近代建築の巨匠フランク・ロイド・ライト（1867〜1959年）の設計で、奇しくもアートと建築を融合させた現代建築の巨匠フランク・ゲーリーとの時を超えた競演になりました。

アントウェルペン中央駅

035

所在地　ベルギー共和国　アントウェルペン州アントウェルペン
設計　ルイ・デラセンセリー

大聖堂のような荘厳さを持つ「ヨーロッパで最も美しい駅」

　　アントウェルペン中央駅はベルギー国内のみならず、フランスやオランダ、ドイツと直接路線が繋がる外国との玄関口です。

　　現在の駅舎は3代目で、ベルギー・ブルージュ出身の建築家ルイ・デラセンセリー（1838～1909年）が設計し、1895年から10年がかりで1905年に完成しました。

　　教会のような鉄製のドーム型屋根が載った石造の駅舎、プラットホームと線路を覆うガラスと鉄で組み上げられたトレイン・シェッドは、長さ185m、高さ44mあります。建物全体に美しい装飾が施され、「鉄道の大聖堂」とも呼ばれています。

　　設計者のデラセンセリーは、スイスのルツェルン駅やローマのパルテノン神殿からインスピレーションを得て、ネオ・ゴシック様式の壮大な建築美を実現しました。

　　2000年代に大改装があり、地下にプラットホームが造られて国際列車も乗り入れるようになりました。一等客待合室を改装したカフェなど、さまざまなショップも開設されており、駅舎そのものがアントウェルペン観光の目玉となっています。

もっと知りたい！　アントウェルペン中央駅が壮麗なのは、植民地であるアフリカのコンゴ盆地からの富のおかげです。自動車時代の到来によってタイヤの材料となるゴムの需要が急増し、ベルギーはコンゴでゴムの木栽培の大規模なプランテーションを始めます。第2代ベルギー王レオポルド2世の時代には莫大な利益が上がり、そのなかでアントウェルペン中央駅は建設されました。

エルプフィルハーモニー・ハンブルク

036

所在地 ドイツ連邦共和国　ハンブルク州ハンブルク
設計 ヘルツォーク＆ド・ムーロン

古い倉庫の上部に現代建築のコンサートホールがジョイント

　美しい水の都ハンブルクのエルベ川の北岸にあって煉瓦造りの古い倉庫が建ち並ぶ再開発地区ハーフェンシティに、ビルの上部が波打つようなデザインのガラス張りの現代建築がそびえています。2017年1月にオープンしたエルプフィルハーモニー・ハンブルクです。

　高さ111m（26階建て）のこの建築物で画期的なのは、煉瓦造りの建物の上に、ブルー基調のガラス張りの建造物が載ったその外観で、1,000枚もの曲面窓で構成した外観が太陽の光、街の色を反射させ、運河の水面を彩ります。

　設計は、スイスの建築家ユニット、ヘルツォーク＆ド・ムーロンで、蜂の巣状に曲面ガラスを全面に利用し、店内が外から見える東京のプラダ青山店（2003年）など、壁面にガラスを効果的に利用した建築を得意としています。

　このコンサートホールの音響設計は、サントリーホール（1986年）を手掛けた豊田泰久（1952年〜）で、約2,000人を収容するグランドホールは、サントリーホールと同様にステージを客席が360度囲むワインヤード（ぶどう畑）型になっています。

もっと知りたい！　ガラス張りのきらびやかな外観とは一変し、内装は白を基調とした落ちついた空間です。エスカレーターで8階まで上るとコンサートホールのホワイエ（ロビー）があり、プラザと呼ばれる公共エリアになっています。コンサートを聴かなくても、ここまでは無料で入れます。地上37mの場所からエルベ川とハーフェンシティ地区、旧市街を一望できます。

岩のドーム

037

| 所在地 | イスラエル |
| 設計 | 不詳 |

イスラム建築の元祖となった「聖なる岩」を覆うドーム

　　現在もパレスチナ自治政府は首都だと主張する一方、イスラエル国が実効支配する東エルサレムにある「岩のドーム」は、メッカにあるカアバ神殿、メディナにある預言者のモスクに次ぐ、イスラム教の「第3の聖地」です。

　　建物は、預言者ムハンマドゆかりの「聖なる岩」を取り囲むように建設され、692年に完成しました。ウマイヤ朝の第5代カリフ・アブド・アルマリク（646〜705年）が、岩を聖遺物と見なし、ドーム屋根の建造物を建ててイスラムを代表する記念堂とすることを命じたのです。

　　イスラム教国家にとっては最初の記念的な建築物で、まだイスラム建築は確立しておらず、この地で継承されてきたビザンツ文化から美術と建築の技法が大幅に採り入れられています。

　　平面の形状は54mの円が内接できる正八角形を外壁とし、中央円形の内陣を二重の歩廊が取り囲んでいます。巡礼者は、メッカのカアバと同様に時計の針とは逆回りに、内側の周歩廊で聖なる岩の周りを7回巡回できるようになっています。岩の上には直径20mの木造ドーム屋根、周歩廊には木造の勾配屋根が架けられています。

> もっと知りたい！　ムハンマドはある夜、大天使ガブリエルに導かれ、天馬にまたがって「聖なる岩」に飛来する夢を見ます。ムハンマドはその岩から光のはしごを昇って天国に行き、アッラーの御座にひれ伏しました。その後、はしごを下りて天馬にまたがりメッカに戻りますが、『コーラン』にもあるこの逸話により、エルサレムと聖なる岩がイスラム教の聖地になりました。

オルタ邸

038

| 所在地 | ベルギー王国　ブリュッセル |
| 設計 | ヴィクトール・オルタ |

アール・ヌーヴォーの旗手が作った世界遺産の自邸兼アトリエ

　現在はオルタ美術館になっているブリュッセルのオルタ邸は、建築家ヴィクトール・オルタ（1861〜1947年）が自邸兼アトリエとして1901年に完成したものです。

　オルタはベルギー出身で、非対称的な曲線模様を特徴とするアール・ヌーヴォー様式を、装飾芸術の世界から建築へと取り込んだ最初の建築家といわれています。オルタ邸に先駆けて1992年に完成したタッセル邸が、世界初のアール・ヌーヴォー建築作品といえるでしょう。

　オルタ邸では、2棟の独立した建築物を内部でつなげた構造で、プライベートな領域と職業的なアトリエの区分を明確にしたいというオルタの考えによるものです。

　私邸には主人や招待客のための正面階段と、裏階段のふたつがあります。特異なのは、私邸の内部構造が階によって明確には分かれていないため、水平方向だけではないさまざまな見晴らしを開いている点です。

　オルタは、20世紀に入り、キャリアの後半でベルギーの美術界・建築界で要職を歴任するようになると、アール・ヌーヴォー的な独自のスタイルの追求を放棄しています。

もっと知りたい！　ベルギーの首都ブリュッセルにあるオルタ設計による邸宅は、「建築家ヴィクトール・オルタの主な都市邸宅群」として2000年に世界遺産に登録されました。タッセル邸、ソルヴェー邸、ヴァン・エトヴェルド邸、そしてオルタ邸です。当時、ブリュッセルで活動したアール・ヌーヴォーの建築家たちの中心的な存在として、その革新性が明確な4件が選ばれました。

WoZoCo

039

所在地 オランダ王国　アムステルダム
設計 MVRDV

ブロックゲームのような凹凸の外観の高齢者用施設

「オクラホマ」の通称を持つ1997年竣工の高齢者専用住宅WoZoCoは、個性的な建築の多いアムステルダムの街のなかでもひときわ目立つ存在です。色彩豊かなカラーリングが施された各戸のバルコニーもさることながら、建物の北面からまるで小さなタンスの引き出しのように、居住スペースが、最大11mも突き出ているのです。

建設にあたっては次のようなエピソードがあります。当初、クライアントは要望住戸数を100戸としていましたが、初期の計画案で集合住宅を計画すると、敷地面積との関係で最大87戸になってしまいます。そこで設計を担当したロッテルダムの建築集団「MVRDV」は、クライアントの要望を達成させるための突飛なアイデアを思いつきました。

87戸の集合住宅に、足りない13戸を飛び出した形でくっつけてしまえばいいと考えたのです。これにクライアントも同意し、そこから3週間かけて構造計算や予算計上をやり直したそうです。初期案は遮音性確保のため住戸間の壁（界壁）を構造上必要な8cmより厚くしていたことも奏功し、片持ち梁部分の荷重にも十分な強度の確保に成功しました。

もっと知りたい！ WoZoCoの設計は、オランダのロッテルダムの建築集団「MVRDV」が初期に手がけたものです。会社設立後6年目の作品でしたが、MVRDVの名前を一気に高めました。「MVRDV」はヴィニー・マース（1959年～）、ヤコブ・ファン・ライス（1964年～）、ナタリー・デ・フリース（1965年～）の3人の建築家から文字をとったネーミングです。

ミラノのガレリア

040

所在地	イタリア共和国　ロンバルディア州ミラノ
設計	ジュセッペ・メンゴーニ

ガラスと鉄で巨大空間を生み出したショッピングモールの元祖

　1867年にイタリア統一を記念して造られたミラノのガレリアは、正式名称を「ヴィットリオ・エマヌエーレ2世のガレリア」といいます。

　南北に197m、東西に105mの通路が走り、2本が十字形に交差しています。交差部には八角形の広場があり、この上部には、直径38mのガラス張りの円蓋（クーポラ）が載っています。クーポラの頂上までの高さは49mで、アーケードの建物は4階建てです。ガラスと鉄の大量生産によって無柱大空間の設計が可能になり、19世紀後半から石造建築に代わってガラスのアーチと鉄製の屋根に覆われたショッピングモールなどの大衆的なアーケードがロンドン、ブリュッセル、サンクトペテルブルクなどで生まれていました。

　ミラノ市は1860年にドゥオモ広場とオペラ座とを結ぶ歴史的地区の再開発計画コンペを実施し、建築家ジュセッペ・メンゴーニ（1829〜1877年）が選ばれました。ガレリアは1865年から1867年にかけて完成し、1877年に南端の凱旋門のようなアーチが、付け加えられました。しかしこの年、メンゴーニはガレリアの上から謎の転落死を遂げています。

【もっと知りたい！】　アーケードはアーチ型ガラス天井で、その高さは30mあり、北イタリアの空の色を内部に取り込むガラス屋根は、新古典主義の建物と見事な調和をみせ、重厚な印象を与えています。中央十字路のクーポラ近くには、東西南北ごとに、アメリカ、アフリカ、中国、北欧を象徴的に描いた4枚のフレスコ画が描かれています。

フランソワ・ミッテラン図書館

041

| 所在地 | フランス共和国　パリ |
| 設計 | ドミニク・ペロー |

中庭に向けて4冊の本を開いて立てたような図書館

　セーヌ川沿いのベルシー地区に、1996年に開館したフランソワ・ミッテラン図書館は、「フランス国立図書館　フランソワ・ミッテラン館（新館）」とも呼びます。1981年、大統領になったフランソワ・ミッテランは、「グラン・プロジェ」というパリの大改造計画を掲げ、その象徴となる"究極の図書館"を構想しました。

　設計コンペで優勝したのは、フランスの建築家ドミニク・ペロー（1953年〜）です。著名な建築家たちがポストモダンを反映した設計案を提示するなか、まだ30代で無名だったペローの案は、「本を開いて立てたもの」と形容される「L字型」のガラス張りのビルを敷地の四隅に建て、4棟のビルに囲まれた中央部分に巨大な人工庭園を埋め込んだレイアウト。建物の周辺に緑を植えるのではなく、野生に近い自然を建築が囲むと位置づけました。高さ100mで均等に建てられた4棟の建物のスペースの大部分は、蔵書の書庫になっています。

　こうして誕生したフランソワ・ミッテラン図書館は、装飾過多なポストモダンの流行から、ミニマル（最小限）なガラス建築ブームの先駆けとなりました。

もっと知りたい！　図書館は1994年に竣工しましたが、パリ市内の各所からの約1,000万点の資料の移動に2年かかっています。日光による劣化が懸念される古い書物の保管庫には、ビルの窓に木製の扉を取り付けて対処しています。閲覧室は中庭の地下に設置し、貴重な資料は慎重に扱われています。

バーレーン世界貿易センター

所在地 バーレーン王国　マナマ
設計 アトキンス

042

風力発電タービンを3基備えた高層ビル

　バーレーン世界貿易センターは、首都マナマに2008年に建設された高層ビルですが、「環境保護に配慮した建築の模範」として世界的に知られています。

　センターは2棟のタワービルからなり、ビル間は3つの連絡通路「スカイブリッジ」で結ばれています。それぞれの連絡通路には、225kWの風力発電用の風力タービンが建設され、3基合計で675kWの電力を生み出しているのです。これはふたつのタワーの総電力消費量の11%から15%をまかなうと計算されています。

　風力タービンを付設した超高層ビルは世界で初の試みで、各種の建築賞を受賞しました。2棟の高層ビルが船の帆のようなかたちをしており、上部に向けて細くなっていき、相互作用でビル風の揚力を受け止めやすくしています。

　曲線部が描く高さは240m、ひとつの風力タービンの直径は29mで、ペルシア湾からの風を最大限で受けるために、面積の広い部分はすべて北側を向いています。設計はイギリスのアトキンス社が担当しました。

もっと知りたい！　バーレーン世界貿易センターは、同じアトキンス社によるアラブ首長国連邦のドバイにある5つ星ホテル「ブルジュ・アル・アラブ」と似た船の帆の外観になっています。風力タービンに垂直に風の流れを集約するために、どの方角からの風も2棟のタワーの両側から45度に流れ込むように、ビルは漏斗のような形状にデザインされています。

ルーヴル・アブダビ

043

所在地 アラブ首長国連邦　アブダビ
設計 ジャン・ヌーヴェル

フランスとの合作で生まれたUAEのルーヴル美術館

　アラブ首長国連邦（UAE）のサディヤット島に「ルーヴル・アブダビ」が建設されたのは2017年です。パリのルーヴル美術館の別館ではなく、UAEとフランスの協働による国家プロジェクトとして建設されました。設計は汐留の電通本社ビルなども手がけたフランス人建築家ジャン・ヌーヴェル（1945年〜）で、エメラルドブルーの海に囲まれた10万㎡の場所に浮かぶ計55棟の白い建物群を、網目状の甲羅のようなドームで覆っているのが特徴的です。

　ステンレススチールの構造とアルミニウムの層で構成されたドームは、7500tという重さですが、複雑に入り組んで重なり合ったドームの網目によって、アブダビの強い日差しが巧みに遮られ、木洩れ陽のような光が館内に差し込む独特の設計になっています。

　そうしたドームの下には、神秘的で開放的な中庭の左右に展示室があり、片側が常設展、もう一方が期間限定で入れ替わる特別展示用のスペースとして利用されています。2017年9月には、絵画史上最高の約500億円でレオナルド・ダ・ヴィンチの『サルバトール・ムンディ』の買い付けに成功し、知名度が高まりつつあります。

もっと知りたい！　ルーヴル・アブダビを運営するにあたって、UAEがフランスに支払う金額のうち、一番高価なのは「ルーヴル」の名を冠する使用料で、30年間で4億ユーロ（約530億円）になります。

セリミエ・モスク

0 4 4

所在地	トルコ共和国　エディルネ県エディルネ
設計	ミマール・スィナン

伝説の天才建築家によるイスラム建築の最高到達点

　モスクとはイスラム教の礼拝堂であり、イスラム建築においてもっとも大きくて壮麗で、最先端の建築技術が用いられてきました。7世紀に始まるイスラム建築で、建築家ミマール・スィナン（1489？〜1588年）が晩年の1568年から1574年にかけて建設し、スィナン自身が最高傑作と自伝に記したのが、トルコ最西端にあるセリミエ・モスクです。

　スィナンは、オスマン帝国全盛期の建築家・土木技術者で、同時期に活躍した西洋のミケランジェロと比肩されます。すでに80歳の老境にあったスィナンは、このモスクで伝統的な建築の縛りを壊し、イスタンブールのキリスト教正教会のアヤ・ソフィアより大きなモスクを造るべく、直径31.28m、高さ42mの八角形の中央ドームを築きました。

　このドームを支える大理石と御影石でできた8本の柱には柱頭がなく、入隅迫持、もしくは持ち送りを使い、天井のアーチが柱の外側からだんだんと持ち上がってくるような視覚効果を生んでいます。セリミエ・モスク礼拝空間の四隅に建つ尖塔は、当時のイスラム世界で最も高い83mのミナレットで、天に向けてその威容を示しています。

　もっと知りたい！　入隅迫持はスキンチとも呼ばれ、四角形の部屋の四隅の上部を埋めたような構造で、その上に八角形か球面のドームを構築する土台となる構造です。

オーディトリアム・ビル

045

所在地	アメリカ合衆国　イリノイ州シカゴ
設計	ルイス・サリヴァン

シカゴ大火復興のシンボルとなった複合施設

　　1871年10月8日夜に発生したシカゴ大火は、足かけ3日にわたって燃え続け、10万人が家を失うという壊滅的な被害を町に与えました。250人以上の死者を出した19世紀アメリカ最大の惨事でしたが、その復興のため、建築需要が急速に高まりました。

　　そうしたなかで生まれた「シカゴ派」といわれる建築家集団の中心人物がルイス・サリヴァン（1856～1924年）です。サリヴァンはとくに高層建築に関し、技術面と造形面で独自の理論を構築した人物で、弟子にフランク・ロイド・ライト（1867～1959年）がいます。彼が手掛けた建築でも、1887年から1889年にかけて事務所を共同経営するダンクマール・アドラー（1844～1900年）と手がけたオーディトリアム・ビルは、シカゴ復興のシンボルと称えられました。

　　オーディトリアム・ビルは、4,300席の劇場と400室のホテル、オフィスや商業施設のある複合施設です。外壁の耐力壁と床を支えるスチールの柱と梁で構成された合理的な構造は、サリヴァンの近代建築を追求した表現として、その先進性が高く評価されています。

　　建設当時はアメリカ最大の建築物であり、現在もシカゴで有名な近代建築のひとつです。

　もっと知りたい！　ルイス・サリヴァンはシカゴ大火復興建設需要のなかで大成功を収め、10余年で100棟近くの建築物を設計しています。1889年のオーディトリアム・ビル、翌90年のウェインライト・ビルと立て続けに完成させ、劇場建築やオフィスビルを中心に名を馳せました。サリヴァンの名言「形態は機能に従う」は、その建築コンセプトを簡潔に表現しています。

キューブハウス

046

| 所在地 | オランダ王国　南ホラント州ロッテルダム |
| 設計 | ピエト・ブロム |

傾いた「正六面体」が密集したSF的集合住宅

　港湾都市ロッテルダムの港湾再開発計画の一環として建設されたキューブハウスは、それぞれ手前に転げ落ちそうな正六面体の建造物が四角柱の建築物の上に不安定に設置されています。設計者ピエト・ブロム（1934〜1999年）は、オランダ構造主義の代表的人物です。

　構造主義は、20世紀中頃の建築と都市計画の動きで、モダニズムの均質な表現への批判からポストモダニズムと並行して盛り上がりました。なかでも1984年に建設されたキューブハウスは、その典型例としてしばしば持ち出されます。

　内部は、外壁が斜めなため、当然ながら壁も斜めであり、その結果、居住空間を狭くしているため、キッチンも狭く、屋内も急階段を設置するしかないデメリットが生じています。しかし、採光は斜め上だけでなく、斜め下のガラス窓からも入り、明るい室内を演出しています。

　現在では内部見学用のミュージアムになっている棟、ユースホステルのように宿泊できる棟もあるほか、入居者募集も随時行なわれています。さらに、あまりに奇抜なSFの建物のようなデザインから、ロッテルダムの観光名所のひとつになっています。

もっと知りたい！　オランダの北ブラバント州ヘルモントには、黄色いロッテルダムのキューブハウスに先立つこと10年、色違いの茶色いキューブハウスが設計されています。1977年に茶色のキューブハウスが完成し、資金面などを乗り越えて1984年にロッテルダムのキューブハウスが実現。建築家ブロムの作品への執念が感じられます。

セント・パンクラス駅

047

| 所在地 | イギリス　ロンドン |
| 設計 | ジョージ・ギルバート・スコット、ウィリアム・バーロー |

駅舎とガラスのアーケードが美しい「鉄道の大聖堂」

　　ロンドンの玄関口として1868年に建設されたセント・パンクラス駅は、イギリスの有名な建築家ジョージ・ギルバート・スコット（1811〜1878年）が設計しました。宮殿のようなヴィクトリア朝ネオ・ゴシック建築は、教会建築を中心に800件以上を手がけたスコットならではの設計で、スコットの最高傑作とも評されています。

　　左翼に時計塔を配置した左右非対称の構成が特徴で、プラットフォームの全長210mの架構は、ウィリアム・バーロー（1812〜1902年）による設計です。

　　バーローは鉄道を専門とした土木エンジニアで、セント・パンクラス駅の架構は、錬鉄の組み立てによるものですが、補強部材として局所的にしか使えなかった鋳鉄を、量産化によって初めて大型の梁に使ったものと顕彰されます。業革命前ではありえないふたりのコラボが、「鉄道の大聖堂」と呼ばれる傑作建築を生み出しました。ロンドン屈指のネオ・ゴシック建築とされるセント・パンクラス駅の建築手法は、後にニューヨークのグランド・セントラル駅などに波及し、鉄道先進国のターミナル駅のモデルとして世界中で使われました。

　　もっと知りたい！　セント・パンクラス駅からはマンチェスター、リーズ、リヴァプールなど、イングランド各地へ向かう列車が発着し、のちにスコットランドまでルートが広がりました。しかし、第一次世界大戦と第二次世界大戦で大きな被害を受け、1941年の空襲ではプラットフォームまで破壊された無残な写真が残されています。

フォートワース現代美術館

048

| 所在地 | アメリカ合衆国　テキサス州フォートワース |
| 設計 | 安藤忠雄 |

「芸術の森」が育つことをビジョンに掲げた美術館

　西部開拓時代からの古い歴史を持つフォートワースの文化地区に、4万4,000㎡の敷地を持つ「芸術の森」を構想して2002年に開館したフォートワース現代美術館があります。設計は、日本人建築家の安藤忠雄（1941年〜）です。

　美術館は、敷地内の東側に広い水庭をとり、高さ12mというガラスの壁を持つ5つの直方体の建物が連結した設計になっています。ガラスの壁の内側にはコンクリート建築がある二重構造で、内部と外部の境目を曖昧にし、水庭にガラスの光が写り込むことで、外側に向けての広がりを見せています。

　建築と並行して周囲に木を植えることで、年数を重ねて森が育ち、建築を隠すほどに成長したときに「芸術の森」になるという、つねに周辺環境との親和性に意識を持つ安藤らしいコンセプトに貫かれています。

　水に浮かぶように建つ開放的でダイナミックな巨大空間は、現代アートが展示される美術館にふさわしいデザインになっています。

もっと知りたい！　　フォートワース現代美術館は、米国中部で最も優れた近現代美術専門のミュージアムです。その大部分は1945年以降のもので、抽象表現主義、カラーフィールドペインティング、ポップアート、ミニマリズムアートまで幅広く3,000点のコレクションを持っています。パブロ・ピカソからアンディ・ウォーホルまで、著名な芸術家の作品もあります。

ミラドール

049

所在地 スペイン王国　マドリード
設計 MVRDV

9つのブロックで組み立てられたような巨大な集合住宅

　首都マドリードの北東の外れ、サンチナロ町にある「ミラドール」は、2004年にマドリード住宅協会EMVSの依頼で建築されました。設計はオランダ・ロッテルダムの建築事務所MVRDVが担当しています。

　MVRDVは、都市の住宅過密問題への革新的な解決策で知られ、集合住宅建築では公共スペースを生み出す設計に定評があります。彼らが腕をふるった「ミラドール」では、石、コンクリート、タイルなどさまざまな建材でファサードを仕上げ、9つの小さなブロックが集まってひとつになったような外観になりました。

　また1階にも広い前庭がありながら、ビルの13階から5層分を空間とし、光と空気を採り入れる共有スペースを生み出しています。9つのブロックは白と黒をベースにしながらすべて形状が異なり、住戸もブロックごとに異なるタイプが配置されています。

　これにより、「ミラドール」ではブロックそれぞれに多様なコミュニティを生み出すことになりました。マドリードの住宅不足を驚くべき発想で解決した好事例と評されます。

もっと知りたい！　「ミラドール」の巨大さと個性的な形状は、完成するとすぐ、地元のランドマークとして受け入れられました。周辺は市の新開発地区として、他にも更地の状態からスタートしてさまざまな計画が進んでいます。「ミラドール」の建物の中間にある共用部の空間から向こう側を見やると、巨大なフレームとなって空の青さや遠くの山脈を遠望できるようになっています。

銀河SOHO

050

| 所在地 | 中華人民共和国　北京 |
| 設計 | ザハ・ハディド |

4つの卵形の建物が動的につながるオフィス・商業複合施設

　2012年に完成した中国北京の「銀河SOHO」は、4つの卵形の建物が流れるような曲線を描いた通路で結ばれ、全体が動いているような躍動感があります。

　テナントビルながら直線の部分が見られず、オフィスと商業の複合施設には見えない斬新さです。

　すべて賃貸になっており、延床面積33万㎡、地上15階、地下2階の構造です。鉄筋コンクリート造（一部SRC）で、地上に7か所あるブリッジは鉄骨造になっています。地上4階以上がオフィス、地下1階から地上3階までが商業ゾーン、地下2・3階は駐車場と機械室になっており、最上階は見晴らしのいいレストランやカフェになっています。

　コンクリートの壁面はアルミパネルで覆われ、全体を白銀に輝かせています。窓の部分は暗く見えるため、卵を輪切りにして重ねたような感じに見えます。商業スペースには広い吹き抜けの空間があり、高いガラス天井が全天候型の中庭を生み出しています。

　曲線美と未来的で動的な外観は、「アイコン建築」の代業的な成功例のひとつとなっています。

もっと知りたい！　銀河SOHOは、2020年東京オリンピックのメインスタジアムの当初案を設計した、女性建築家ザハ・ハディド（1950〜2016年）の作品のひとつです。オフィスとしては空きが多いようですが、ハディドのデザインコンセプトが遺憾なく発揮されています。北京の地下鉄環状線2号線の朝陽門駅から直結でアクセスできます。

マスジド・イ・ジャーミー（金曜モスク）

051

所在地　イラン・イスラム共和国　イスファハン州イスファハン
設計　ニザーム・アルムルク

改築に改築を重ねた「イラン・イスラム建築」の博物館

　マスジド・イ・ジャーミー（金曜モスク）は、771年に建築されたイラン中央部にあるイスファハンのモスクで、礼拝の曜日に合わせ「金曜モスク」と呼ばれています。建設当初は、煉瓦と木材を使用した古典的なモスクだったようです。イスファハンでもっとも古いモスクである一方、長期間にわたって建築活動が行なわれたため、建物の建設年代の特定も困難という複雑な歴史を持っています。その結果、イランにおける多様な時代の様式を各所に見ることが可能で、「イスラム建築の博物館」の異名も言い得て妙といえるでしょう。

　最初の建設から200年ほどは大きな変容もなく使用されていましたが、10世紀後半のブワイフ朝の時代になると、中庭に面した部分が最新の装飾技法を用いた焼き煉瓦で作り直され、建物の大幅な拡張が行なわれました。

　これによって教室、図書室、宿泊施設の部分が出てきたほか、出入りに2本の新しいミナレットが建てられます。11世紀から12世紀にかけてのセルジューク朝の時代になると、今日に残るモスクの基礎的な部分がほぼ完成し、長い増改築の歴史が始まっていきます。

もっと知りたい！　中世イスラムの典型的な様式が確立したセルジューク朝時代には、南北ドームの建築と、中庭の4つのイーワーン（三方を壁に囲まれ、アーチ状の天井を持つ空間）が建築されました。南のドームは、1086年から1087年にかけて第3代スルタンのマリク・シャーが建てさせたもので、高さ20m、直径10mという当時のイスラム世界最大のドームを備えたモスクです。

捨子保育院

052

所在地 イタリア共和国　トスカーナ州フィレンツェ
設計 フィリッポ・ブルネレスキ

ルネサンス期最初の建築家によるヨーロッパ最古の孤児院

フィリッポ・ブルネレスキ（1377〜1446年）は、イタリアの金細工師、彫刻家であり、ルネサンス期最初の建築家です。

主にイタリアのフィレンツェで活動し、サンタ・マリーア・デル・フィオーレ大聖堂のクーポラ（丸屋根）の設計でその名声を確立しました。またこの大聖堂の設計図で、初めて「透視図法」を用いた人物とされています。

そのブルネレスキ最初の建築が、1419年から1445年にかけて建設された「捨子保育院（スペダーレ・ディ・サンタ・マリーア・デッリ・イノチェンティ）」です。

ブルネレスキが設計した主要部分は、9つのアーチを備えたアーケードで、捨子保育院のファサード（建物の正面）です。コリント式（古代ギリシアの建築様式のひとつ）の細長い円柱、アーチ、シンプルな古典的な装飾で構成されています。

捨子保育院は長い間、ヨーロッパのルネサンス様式のモデルになったため、ヨーロッパ最古のルネサンス建築とされる一方、ヨーロッパ最古の孤児院としても歴史に名が刻まれています。

もっと知りたい！ 捨子保育院は、ブルネレスキが所属していたシルク商人のギルドから資金提供されて建設・運営されました。「捨子養育院制度」が民間の社会システムとして早くも発祥したのです。15世紀の繁栄を謳歌する一方、フィレンツェには子供を養育できない貧困層や親のない子供があふれていた証拠でもあります。

シュレーダー邸

053

所在地 オランダ王国　ユトレヒト州ユトレヒト
設計 ヘリット・トーマス・リートフェルト

20世紀オランダの芸術文化を象徴する個人邸宅

　オランダのユトレヒト郊外に建つシュレーダー邸は、1924年の建築でありながら、現代でも色あせない洗練されたモダンさを持つ建築です。白いモルタルの壁に大きく取られたガラス窓を、面と線と単純な色彩で構成してみせたこの建物の設計は、ヘリット・トーマス・リートフェルト（1888〜1964年）です。

　リートフェルトは20世紀オランダの代表的な建築家で、抽象画家モンドリアンが提唱した「デ・ステイル」（新造形主義）というオランダの芸術運動に参加していました。シュレーダー邸はその典型としての重要さから、2000年に世界遺産に登録されています。

　施主は、3人の子供を残して夫が先立ったトゥルース・シュレーダー夫人で、子供たちとの理想の家をつくるべくリートフェルトに設計を依頼しました。シュレーダー邸の内部は、家具職人でもあったリートフェルトの技術と感性が活かされ、壁や柱を取り払った開放的な空間が広がり、可動式の間仕切り、隙間を生かした収納、採光用の天窓など、限られた空間を有効活用するための創意工夫が随所に見られます。

> **もっと知りたい！** シュレーダー夫人も間取りや内装についてはかなり具体的に意見を出し、設計をふたりの共作とクレジットする解説書もあります。煉瓦造りの家が一般的だった時代に、周囲から浮いていたようですが、夫人は1985年に亡くなるまでこの家に住み続けました。当時としては、デザインや空間の使い方が革新的で、近代建築の発展に強い影響力を持ちました。

サグラダ・ファミリア

054

所在地 スペイン王国　カタルーニャ州バルセロナ
設計 アントニオ・ガウディ

ガウディ未完の大作を可能にした「フニクラ実験」とは

　当時まだ無名だった巨匠アントニオ・ガウディ（1852〜1926年）が、1883年にサグラダ・ファミリアの設計責任者になったとき、まだ31歳でした。以来74歳で亡くなるまで、生涯をその建築に打ち込みますが、以来、現在も工事が続く「未完の大作」になっています。

　サグラダ・ファミリアの象徴といえる垂直に高くそびえるたくさんの尖塔は、放物面状という美しい曲面を持ちますが、このデザインはガウディ独特の構造計算に基づくものでした。計算機もコンピューターもなかった時代、ガウディは「フニクラ」という構造計算の手法を考案し、実践します。世にいう「ガウディの逆さ吊り実験の曲線」のことです。

　天井から無数の紐をUの字になるようにぶら下げ、その下端に重りをぶら下げます。重力の作用で重りは地面に対して垂直に引っ張られますが、このときの形状を天地逆にすれば、構造的に安定したものになることをガウディは発見したのです。

　以後、ガウディは蜘蛛の巣のように張り巡らされた麻の紐を、柱の位置が変わるたびに結んではほどく根気のいる作業を、サグラダ・ファミリアの完成に向けて繰り返したのでした。

もっと知りたい！ 「フニクラ」の実験をもとに模型が造られ、キリストのストーリーをモチーフとした「生誕のファサード」と「受難のファサード」、そして18本の塔からなる尖塔群によるサグラダ・ファミリアの基本設計が完成しました。ほぼガウディが手がけたのは1930年完成の「生誕のファサード」だけで、以降、2026年の完成予定に向けて工事はなおも進行中です。

カサ・ダ・ムジカ

055

所在地　ポルトガル共和国　ポルト
設計　レム・コールハース

「欧州文化首都」のモニュメントとして生まれたホール

　欧州連合（EU）では1985年から、指定した都市で1年間にわたって集中的に各種の文化行事を行なう「欧州文化首都」という事業があります。2001年にポルトガル第二の都市ポルトが選ばれた際、ランドマークとなる文化施設が求められました。4年後の2005年に完成したカサ・ダ・ムジカは、オランダの前衛的な建築家レム・コールハース（1944年〜）によって設計されました。

　建築の既成概念にとらわれない斬新なポストモダンの作品で知られるコールハースですが、カサ・ダ・ムジカでは外観のデザイン性より、内部の音響効果を優先させました。ホールの壁に合板を用いて音楽との共振性を高め、その上で波打つような木目模様に金箔を貼って美しさを表現し、演奏をリスペクトしています。また、波形ガラスで1,300席の大ホールを囲み、音響と照明の効果を上げています。

　とはいえ外観のインパクトはいうまでもありません。トラバーチン石畳の広場に建つ高さ55mのコンサートホールは、白亜のコンクリートと波形ガラスで構成され、重量感あるモニュメントとしての存在感を示しています。

もっと知りたい！　カサ・ダ・ムジカの館内は、350席の小ホール、リハーサル室、ポルト・ナショナル・オーケストラのためのレコーディングスタジオで構成されて、コンサートを聴かなくてもガイド付きツアーで見学することができます。ポルト有数の繁華街にも近く、観光名所のひとつになっています。

MI6本部ビル

056

所在地　イギリス　ロンドン
設計　テリー・ファレル

秘密情報部のビルなのに超目立つテムズ川南岸の大建築

　「MI6」の通称で知られる英国秘密情報部（MI＝Military Intelligence）といえば、「007シリーズ」などのスパイ小説・映画で有名ですが、実際は1990年代半ばまでその存在を伏せられていたほどの組織でした。その本部ビルが、テムズ川南岸のボクソールにあります。1994年の建築で、英国人建築家テリー・ファレル（1939年〜）が設計しました。

　ファレルはポストモダニズムの建築家であり、グリーンとクリームを交互に使ったアール・デコ様式を思わせる印象的なファサードは、マヤ文明やアステカ文明の神殿・寺院に着想を得たといわれます。

　建物としては3つのビルが相互に連結され、河岸から9層に段をなして見える一方、地下深くには特別な防衛施設が築かれているといいます。

　組織の性質上、耐爆撃性に優れていて、映画『007 スペクター』（2015年公開）では、完全に破壊されてしまっていますが、実際に2000年にテロリストの小型ミサイル弾で攻撃を受けたときには、9階の窓が壊れただけでした。

もっと知りたい！　MI6本部ビルは、テムズ川対岸から遠望すると明らかに目立つ大きさとデザインであり、近づくと厳重な鉄の扉と多数の監視カメラに囲まれていることがわかります。内部の見学は当然できませんが、周辺がものものしく警備されていることはなく、外観をじっくり見学できます。

リフレクションズ・アット・ケッペル・ベイ

057

| 所在地 | シンガポール共和国　ケッペルベイ |
| 設計 | ダニエル・リベスキンド |

婉曲した超高層タワーが林立する大規模コンドミニアム

　シンガポールのケッペル湾沿いに建設された、大規模なコンドミニアム「リフレクションズ・アット・ケッペル・ベイ」は、地上41階、高さ160mのタワー3棟と、地上24階建てのタワー3棟、合計6棟の超高層タワーと、低層棟11棟で構成されています。

　この建築を特徴づけているのは、6棟の超高層タワーがいずれもまっすぐに建つのではなく、思い思いの方向に婉曲している点。その傾斜度もそれぞれに異なり、上階に向けて細くなる形状に、それぞれ異なる色調のガラスとアルミパネルがランダムに配置されています。これによって見る角度や日差しにより反射し、さまざまな表情を見せてくれます。

　設計者のダニエル・リベスキンド（1946年〜）はポーランド系アメリカ人で、ニューヨークの「グランド・ゼロ」のマスタープランを作成した建築家です。リベスキンドは、ベイエリアに林立する婉曲したタワー群によって、未来都市の様相をデザインしたのです。

　総延べ床面積が約19.3万㎡、総戸数は1,129戸の大規模ウォーターフロントの開発が完了したのは、2011年のことでした。

もっと知りたい！　タワーのトップは緑豊かなガーデンとなっており、住人のオアシス的な場所になっています。タワー同士を連結している9箇所のスカイブリッジにも、空中庭園があります。夕日に照らされる時間はとくに美しく、婉曲するタワーが複雑に光を反射して輝く様子は必見です。

サンタ・マリア・マッジョーレ大聖堂

058

| 所在地 | イタリア共和国　ローマ |
| 設計 | 不詳 |

古代ローマのバシリカ様式で建てられた現存最古の大聖堂

「偉大なる聖母マリアにささげられた聖堂」の意味を持つサンタ・マリア・マッジョーレ大聖堂は、エフェソス公会議で「聖母崇敬」が公認された431年以降、ローマ教皇によってその記念として建設されました。

　ローマには、教皇が建築させた四大バシリカ（古代ローマ様式の聖堂）があり、他の3つはサン・ピエトロ大聖堂、サン・ジョバンニ・イン・ラテラノ大聖堂、サン・パオロ・フォーリ・レ・ムーラ大聖堂で、いずれも「バシリカ様式」で建てられています。

　バシリカとは、古代ローマで古代ギリシアの建築から影響を受けたといわれる宮殿や浴場などの建物に使われた建築様式で、長方形の建物で短辺側の入口から長い身廊があり、左右の壁側には側廊、一番奥がキリスト教の聖堂であれば祭壇になります。

　キリスト教がローマ帝国内に広まるにつれて、この建築様式が聖堂に利用されました。そのルーツは、キリスト教が隠れて信仰されていた当時にあり、なかでもサンタ・マリア・マッジョーレ大聖堂は、何度もの大改築を経たものの、創建当時の原構造が残る唯一の聖堂です。

もっと知りたい！　サンタ・マリア・マッジョーレ大聖堂は、ローマの四大バシリカでも特別な存在で、イタリア国内ながらヴァチカン市国に所属しています。36本もの大理石の柱が並ぶ中心廊の上方と、祭壇上方のアーチに描かれているモザイク画は大聖堂建設当時のもので、1500年以上も前の美術が、きらびやかな輝きを保って現存していることに驚嘆させられます。

サンタ・マリア・ノヴェッラ教会のファサード

059

所在地 イタリア共和国　トスカーナ州フィレンツェ
設計 レオン・バッティスタ・アルベルティ

天才・アルベルティによる初期ルネサンスの象徴

　　レオン・バッティスタ・アルベルティ（1404〜1472年）は、初期ルネサンスの建築家、芸術家で、法学、古典学、数学、演劇作品、詩作を専攻分野とするだけでなく、絵画、彫刻、建築について実作のみならず理論の構築にも寄与し、ルネサンス期に理想とされた「万能の人」の最初の典型といわれた天才です。

　　しかし、確実にアルベルティ作とされる絵画・彫刻は現存しません。建築作品も少数ですが、1456年から1470年にかけて建築されたサンタ・マリア・ノヴェッラ教会の大理石のファサードは、フィレンツェ・ルネサンスの代表的傑作のひとつとして称えられています。

　　ファサードは1350年頃に着工されて中断していたもので、100年以上を経てアルベルティが設計依頼を受けたものです。アルベルティは色大理石で全体を覆い、身廊と側廊の屋根のズレを渦巻き状のパターンでつないで、古代の神殿を思わせるファサードを完成しました。

　　アルベルティは、古いゴシックスタイルの後方部分を、中央バラ窓の左右に付けられた装飾によって完全に隠し、新しいルネサンス時代の象徴となる建築様式を実現したのです。

> **もっと知りたい！**　サンタ・マリア・ノヴェッラ教会は、1219年にフィレンツェにたどり着いたドメニコ会の修道士たちが、そこにあった小さな教会を修道院にしたのが始まりです。フィレンツェでもっとも重要な教会のひとつとされ、1982年登録の世界遺産「フィレンツェ歴史地区」の構成資産に含まれています。

ルイス・バラガン邸

060

所在地　メキシコ合衆国　メキシコシティ
設計　ルイス・バラガン

モダニズムに色彩と温かみを加えた世界遺産の邸宅

　ルイス・バラガン邸は、20世紀メキシコを代表する建築家ルイス・バラガン（1902〜1988年）が、後半生を過ごした自宅兼仕事場です。彼は1939年頃にメキシコシティ郊外に土地を購入し、その一画に1948年、コンクリート造の3階建ての自邸を完成させました。

　モダニズム建築の流れを汲むシンプルで幾何学的な造形ながら、ガラスの多用に批判的だったバラガンは、外観は石や漆喰などの素材感がそのまま残るようなシンプルで閉鎖的な空間を造り出しました。内部の壁や調度品は明るい原色で塗られたメキシコらしい鮮烈な色使いですが、敷地の半分は緑にあふれた中庭になっています。

　バラガンの建築はこうした内部空間の使い方や庭園に特色があり、モダニズム建築に土地の伝統を融合させたそのスタイルは、他の建築家たちにも影響を及ぼしています。

　バラガンは1988年に亡くなるまでこの家で暮らしますが、その年まで絶えず改修の手を入れていました。バラガンが終の棲家とした思い入れの深いこの邸宅は、邸宅部分が国の芸術的記念物になっています。

もっと知りたい！　ルイス・バラガン邸と隣接するアトリエは、2004年に世界遺産に登録されました。バラガンがこの邸宅建設のために購入した敷地の総面積は1,161㎡であり、そのまま世界遺産の登録範囲になっています。現在の所有権はメキシコのハリスコ州政府とバラガン財団にあります。バラガン邸の見学には、事前予約するか旅行会社のツアーの利用が必要です。

エッフェル塔

061

所在地 フランス共和国　パリ
設計 ギュスターヴ・エッフェル

パリ万博の目玉だった世界初の「鉄骨トラス造」タワー

　パリの象徴的アイコンとして知られる高さ324mのエッフェル塔は、1891年にフランスで開催されたパリ万国博覧会のモニュメントとして建設されました。設計者は、フランスの技師で構造家のギュスターヴ・エッフェル（1832〜1923年）です。

　19世紀後半になると、各国で国威発揚のために塔の高さが競われるようになり、ドイツで157mの尖塔を持つケルン大聖堂が完成すれば、アメリカで169mのワシントン記念塔がこれを追い抜くというように、次々と記録が塗り替えられていきました。

　従来、高い建築物といえば教会の尖塔ですが、それらは石を積み重ねた「組積造」です。この構造方式は、石材を積上げるために高さを上げるには限界があります。エッフェル塔がこれまでの記録を大きく更新する324mを実現できた背景には、鉄橋を造る会社を経営する土木エンジニアであるエッフェルが採用した、三角形の鉄骨の部材の集合体による「鉄骨トラス造」という構造方式がありました。錬鉄の細い建材を三角形が連なるように繋ぐことで、上部をしっかり支えることができたのです。

　もっと知りたい！　エッフェル塔は、万博開催時に人気を博しましたが、当初は20年後には解体の予定でした。しかし観光需要や電波塔としての役割から存続が決定します。現在では、エッフェル塔にのぼった人は累計2億人を突破し、パリの観光名所として不動の存在です。ちなみに1958年竣工で、エッフェル塔の高さを抜いた東京タワー（333m）も「鉄骨トラス造」です。

サンタ・コンスタンツァ聖堂

所在地 イタリア共和国　ローマ
設計 不明

ローマ時代のモザイク装飾が壁面にびっしり描かれた霊廟

　キリスト教を公認し、首都をローマからコンスタンティノープルへと遷した皇帝として名高いコンスタンティヌス帝。その娘であるコンスタンティアの霊廟として、361年に建てられたのがサンタ・コンスタンツァ聖堂です。1254年に教皇アレクサンデル4世によってキリスト教会に改められ、現在に至ります。もとは霊廟であるため、中心部のドーム下に斑岩でできたコンスタンティアと妹ヘレナの石棺がありましたが、現在はヴァチカン美術館に移されています。

　コンスタンティアが信仰していた聖アグネス教会の身廊に隣接した円筒形の聖堂内部は、12対のコンポジット式の柱頭を持つ花崗岩の円柱が大きなドームを支えています。ドームの直径は22mで、ローマのパンテオンと同じ技法で造られています。

　サンタ・コンスタンツァ聖堂の見どころは、事細かに描き込まれたモザイク装飾です。編み込み模様の十字架、植物、幾何学的文様をはじめ、プットといわれるローマ帝政時代によく描かれた有翼の童子などがびっしりと描かれています。キリスト教のごく初期の聖書の場面を描いた壁画もありますが、長い年月の間に風化しました。

もっと知りたい！　古代ローマの霊廟としてよく採用された建築様式は、サンタ・コンスタンツァ聖堂にみられるような「集中式」といわれるものです。中心となる空間の周りに従属する空間が、対称かつ均等に配置されます。中央の屋根はドーム形式になることが多く、建物のなかに神聖な空間を創出する技法で、均衡を重んじるルネサンス建築では様式美として重視されました。

チリハウス

063

| 所在地 | ドイツ連邦共和国　ハンブルク州ハンブルク |
| 設計 | フリッツ・ヘーガー |

チリ硝石の輸入で財を成した大富豪の壮大なオフィスビル

　貿易・商業の街として発展したハンブルクには、レンガ造の優れた建造物が多く残されています。なかでも1924年に完成したチリハウスは、当時の街の繁栄の象徴であり、1920年代のモダニズム建築の潮流と異なった表現主義建築の傑作のひとつとされます。

　1920年代のドイツは、第一次世界大戦からの復興が進み、北ドイツの主要都市であるハンブルクでも、復興のシンボルとしてチリハウスのようなオフィスビルが生まれました。「チリハウス」の名称は、建物のオーナーであったヘンリー・ブラレンス・スローマンが、南米チリからの硝石の輸入で財をなしたことに由来するといいます。

　ハンブルクで一般的な建材のクリンカータイルを用い、チョコレート色の壁に白枠の小窓が並ぶ外観は、その巨大さもあって圧巻のひと言。設計者のフリッツ・ヘーガー（1877〜1949年）は地元で学んだ建築家で、伝統的な建築を見直しながら、200mにおよぶファサードを完成させました。特徴的な尖った部分、緩やかな曲線を描く部分など多彩なファサードに囲まれた建物は、地上10階建て、延べ床面積36,000㎡におよびます。

もっと知りたい！　チリハウスは2015年、ユネスコ世界遺産「ハンブルクの倉庫街とチリハウスを含む商館街」の登録物件のひとつに選ばれました。その大きな要因として、約480万個のレンガを使ったファサードデザインが挙げられます。世界遺産指定区域では、国際貿易都市として発展したハンブルクの往時の繁栄を支えた数々の建造物を見学できます。

41クーパースクウェア

064

所在地　アメリカ合衆国　ニューヨーク州ニューヨーク
設計　トム・メイン

「開かれた大学」をイメージさせる環境性能の高い校舎

　クーパーユニオン大学は、1859年に創立された全米最難関レベルの名門私立大学です。日本での知名度は高くありませんが、ハーバード大学に匹敵する最難関大学のひとつです。

　大学のキャンパス一角にある41クーパースクエアは、建築学部を含む4つの学部を統合した際に学術センターとして2009年に建設されました。9階建てのうち、4階は自然光を生かした吹き抜け空間のアトリウムとし、1階はガラス張りで、開かれた学問の場であることを象徴した構造になっています。

　ほぼ全面に無数の穴を開けたステンレス鋼が張り巡らされ、昼間はメタリックな外見ですが、日が暮れると内側の照明が穴から漏れて透明感が演出されます。このパンチング・メタルの外壁は、ビルのエネルギー消費を抑える役目を果たしています。

　こうした配慮からアメリカの環境性能を評価するLEEDという指標で「プラチナ評価」を受け、環境に負担をかけない将来を見据えた建物になっています。設計は、大学の校舎を数多く手がけ、環境にやさしい建物を多数手がけるアメリカの建築家トム・メイン（1944年〜）です。

もっと知りたい！　1859年創立のクーパーユニオン大学は、主に建築、芸術、工学の3つの分野で構成されています。有名な卒業生には発明家のトーマス・エジソンを筆頭に、「I♥NY」をデザインしたグラフィックデザイナーのミルトン・グレイザー、日本人では41クーパースクエアを設計したトム・メインと同じくプリツカー賞を受賞した建築家・坂茂がいます。

アーヘン大聖堂

065

所在地	ドイツ連邦共和国　ノルトライン＝ヴェストファーレン州アーヘン
設計	メッツのオド

建築様式の見本市のようなビザンツ様式の大聖堂

　786年にカロリング朝フランク王国のカール大帝が建設を始めた宮殿教会を起源とするアーヘン大聖堂は、北部ヨーロッパで最古の聖堂で、「皇帝の大聖堂」とも呼ばれています。814年に大帝が死去すると、遺体が大聖堂に葬られたことがその異名の由来で、現在でも遺骨は、同じ場所に安置されています。936年から1531年までは、大帝の玉座が設置された場所で30人の神聖ローマ帝国の皇帝の戴冠式が行なわれました。

　その後の増築でギリシア・ローマを理想とする古典主義や、10世紀頃のドイツ・ロマネスク様式などがさまざまに融合した大建築になりましたが、アーヘン大聖堂の中心は八角形のドーム建築で、これは4世紀のコンスタンティノープルで興ったビザンツ様式の特徴です。初期キリスト教建築で4世紀から15世紀に隆盛したビザンツ様式では、古代バシリカを教会堂に発展させたバシリカ式の長方形の建物の上に、ペンデンティブ・ドーム（26ページ）と呼ばれる球面三角状のヴォールト（かまぼこ型に張り出した）構造のドームを載せる教会建築が考案されました。

> **もっと知りたい！** アーヘン大聖堂の中に入ると、天井や壁面を覆う黄金色に輝く精細なモザイク画に圧倒されます。また、中心部に設けられた高さ32mの八角形のドームは素晴らしく、必見です。中世キリスト教において、「8」は復活を意味する象徴的な数字であり、八角形の天井に込めた祈りの強さや深さが象徴されています。

ロマーノ自邸

066

所在地 イタリア共和国　ロンバルディア州マントヴァ
設計 ジュリオ・ロマーノ

ルネサンスの調和に独自の解釈を加えたロマーノ

　盛期ルネサンスの巨匠ラファエロ・サンツィオの愛弟子だった、画家で建築家のジュリオ・ロマーノ（1499頃〜1546年）は、10代半ばで工房の最重要人物となり、25歳前後で個人的な依頼がくるほど名を知られるようになっていました。

　師のラファエロ没後の1524年にはマントヴァのゴンザーガ家に招かれ、夏の離宮パラッツォ・デル・テを手がけています。この離宮はマニエリスム様式の最高傑作といわれますが、マニエリスムの典型的建築として晩年の作のロマーノ自邸もよく知られています。

　外観はルネサンス的に端正にデザインされながら、1階を正方形に近い四角窓、2階は装飾に囲まれた縦長窓にし、水平のエンタブラチュアを支える円柱がないなど、古典的な規範から逸脱した自由な造形要素がちりばめられています。

　バランスと調和を重んじたルネサンス建築に対し、マニエリスムではあえてバランスを崩す不調和を志向するところに特徴があります。ロマーノ自邸は、マニエリスム様式と古典との関係性を示す好例とされています。

もっと知りたい！　盛期ルネサンスとバロックの過渡期に位置する「マニエリスム」は、マンネリズムの語源であり、ルネサンスを模倣した見るべきものがない時代と考えられていました。この時期が評価される上で、ロマーノが設計・建築、装飾も手掛けたパラッツォ・デル・テのルネッサンス建築の規範からの逸脱した自由な造形が大きく寄与しています。

73

ファンズワース邸

067

| 所在地 | アメリカ合衆国　イリノイ州プラノ |
| 設計 | ミース・ファン・デル・ローエ |

余計なものは一切排除した研ぎ澄まされたモダニズム

　近代建築の巨匠ミース・ファン・デル・ローエ（1886～1969年）が1951年に手がけたファンズワース邸は、モダニズム建築の研ぎ澄まされた金字塔的作品として知られています。

　イリノイ州のフォックス川沿いに建つ白い鉄骨とガラスだけで組み上げられたファンズワース邸は、女性医師の週末の別荘として設計されました。洪水対策のため地面から1.5mほど持ち上げられ、床と屋根スラブは8本の柱に溶接されて支えられています。屋内へのアプローチは、広いポーチからエントランスポーチへと階段で向かいます。

　室内は93㎡ありますが、中央のトイレを囲む壁以外は間仕切りがなく、白い柱以外はすべてガラスで、周辺の緑豊かな環境と居住スペースが一体化しています。「居住空間を構造から解放した」とも評され、「より少ないことは、より豊かなこと」というミースの建築思想が極限まで表現されています。

　しかし施主からは、実用的でないこと、プライバシーが確保できないことなどを理由にクレームが入り、「住まい」としては十分に生かされることはありませんでした。

　もっと知りたい！　食堂、居間、寝室などはすべて間仕切りの外にあり、ガラスにはカーテンもない構造は、あまりに斬新で、住宅というよりオブジェ、パビリオンとも評されます。ソファーベッドやガラステーブルなどの家具もすべてミース自身がデザインしており、建築から70年以上を経ながら、外観も内装もその近未来的なインパクトはまったく風化していません。

フォース橋

068

所在地 イギリス　スコットランド　ロージアン地方エディンバラ

設計 ジョン・ファウラー、ベンジャミン・ベイカー

「カンチレバートラス橋」の代表例として世界遺産になった橋

　スコットランド東部のフォース川河口に架かる全長2,529mのフォース橋は、1890年の開通時には、世界一長い橋でした。世界で最初に複数のカンチレバー（片持ち梁）を採用したトラス橋であり、当時の新しい材料だった軟鋼を大量に使用し、最先端の設計原理と工法によって建設され、世界の工学分野の奇跡ともいわれました。トラス橋とは、現在も鉄橋に多く見られる、桁部分に鉄の部材を三角形になるように繰り返しつないだトラス構造の橋のことです。

　橋は3つの菱形をしたカンチレバー（片持ち梁）と、それに挟まれるガーダー橋（桁橋）、岸から橋本体への取り付け部から構成されます。片持ち構造により、橋脚間を広くとることができ、フォース橋ではカンチレバーの中心と中心の間（支間）が521mとられています。

　外観は装飾を施さず、大量の構造材をむき出しのままにしています。従来の橋の常識を圧倒する長さと、鋼鉄の建材をむき出しにした剛直な姿から「鋼鉄の怪物」「鋼の恐竜」と呼ばれました。鉄道が長距離内陸輸送の主役になった1880年代の最先端技術の結晶だったフォース橋は、現在まで補修を重ねて使用されています。

もっと知りたい！　完成当時は驚異的な長さだったフォース橋は、専属の塗装工が端から塗装を行ない、すべてを終えるのに3年かかりました。その頃にはまた最初の方に塗装が必要になることから、いつまでたっても終わらない意味の「フォース橋にペンキを塗る」という慣用句が生まれました。2015年には世界遺産に登録されています。

ロータステンプル（バハーイー寺院）

069

所在地 インド　デリー連邦直轄区
設計 ファリボルズ・サーバ

「蓮の花」をイメージした表現主義の巨大寺院

　19世紀前半に興ったバハーイー教は、イランで興ったイスラム教シーア派の分派からさらに分派した信徒600万人という宗教です。

　インドにも多くの信徒を獲得し、1986年に首都デリーで、インドの文化や宗教を象徴してきた「蓮の花」をイメージした巨大寺院を完成させました。

　10haという広大な緑地公園の中央に、27の花弁を持つ高さ34mの白い蓮の花のような礼拝堂がそびえ、その周囲を9面のプールが囲んでいます。ホールが水上に咲いているように見え、上空から俯瞰すると、プールはきれいな星形を描いて礼拝堂を囲んでいます。

　花弁の部分はコンクリートをギリシア産の白い大理石で覆ったもので、花弁の角度に変化を持たせるため、大理石片を1枚1枚場所と方向を選びながら建設現場で取り付けたといいます。内部は、花弁の頂上部のつぼみになった部分から採光されています。

　ロータステンプルは信者の祈りの場であるとともに、その美しい姿をひと目見ようと多くの人々が詰めかける、人気の観光スポットとなっています。

もっと知りたい！　ロータステンプルを手がけたのはイラン系アメリカ人の建築家ファリボルズ・サーバ（1948年〜）で、1976年に設計のオファーがありました。その後、プロジェクトマネージャーとして10年の歳月を費やしたロータステンプルは、そのあまりの美しさと奇跡のような建築デザインから、礼拝所でありながら年間約350万人が宗教を超えて集まってきます。

ノルディア銀行
デンマーク本社ビル

070

所在地 デンマーク王国　コペンハーゲン
設計 ヘニング・ラーセン・アーキテクツ

ガラス張りの6棟が海面に映える銀行本社

　1999年、北欧最大手のノルディア銀行は、デンマークの首都であり、最大の人口を抱えるコペンハーゲンの湾沿いに、デンマーク本社ビルを6棟建築しました。すべてガラス張りの6階建てで、長方形の建物の長辺側は、すべて湾岸に対して直角に配置されています。

　メインエントランスは市内向きに砂岩で覆われた建物があり、ビルの構造は「U字型」になっています。ガラスはすべて暗い色の銅製のフレームにはめられ、地表から自然に浮いているかのようです。

　ノルディア銀行本社ビルは、20世紀前半に起きたモダニズム様式に分類されます。鉄、コンクリート、ガラスなどの新しい素材を使い、前近代的な装飾を排除し、幾何学的なボリューム構成でデザインするもので、その特徴をいかんなく発揮しています。

　設計したヘニング・ラーセン・アーキテクツは、在サウジアラビア・デンマーク大使館、サウジアラビア外務省などを手がけたデンマーク出身の建築家ヘニング・ラーセン（1925～1991年）が設立したオフィスで、その個性とセンスが存分に表現されています。

もっと知りたい！　北欧とバルト海地域で1,400を超える支店を持つノルディア銀行は、世界20か国に支店、子会社、駐在員事務所などを展開しています。フィンランド、ノルウェー、デンマーク、スウェーデン、エストニア、ラトビア、リトアニアがメインです。フィンランドの首都ヘルシンキに本部を置く巨大金融グループです。

インフィニティー橋

071

所在地 イギリス　ダラム州ストックトン＝オン＝ティーズ
設計　エクスペディション・エンジニアリング

非対称なふたつのアーチが造形美を見せる歩行者専用橋

　イングランド北東部を流れ、北海に注ぐティーズ川。ストックトンの町の中心部から1km下流に、一度見たら忘れられない特徴的な橋が架かっています。全長237mの歩行者専用の「インフィニティー（無限）橋」です。

　この橋は上部に凸な弓なりの構造体を設けて荷重を支えるアーチ橋ですが、通常とは異なり、ふたつのアーチの円周が不統一で、大小のアーチが連続する特異な外観をしています。構造力学的にも高い技術が用いられていると評されると同時に、インパクトある外観がその名の由来となりました。

　インフィニティー橋はストックトン自治区評議会や、中央行政組織「イングリッシュパートナーシップ」、後援者たちからの資金提供により、1,500万ポンドの費用で2009年に建設され、プロジェクト段階では「ノースショア歩道橋」と呼ばれていました。

　しかし、ふたつのアーチが水面に映ると無限記号「∞」に見えるからことから、資金提供団体の代表者で協議した結果、「インフィニティー橋」と命名されたのです。

もっと知りたい！　インフィニティー橋のあるストックトンは、世界で初めて鉄道が開通した町として有名です。1825年、約40kmを結ぶストックトン・アンド・ダーリントン鉄道が開通しました。世界で最初の蒸気機関車に牽引された公共用鉄道で、馬がけん引する鉄道敷設が計画されていたところ、スチーブンソンが蒸気機関の採用を熱心に働きかけたという経緯が伝わっています。

サン・マルコ大聖堂

所在地　イタリア共和国　ヴェネト州ヴェネツィア
設計　不詳

東ローマ帝国のビザンツ様式による代表的な大聖堂

　395年にローマ帝国が東西に分裂して以来、コンスタンティノープル（現イスタンブール）を首都とした東ローマ帝国は、ローマの政治体制、キリスト教、古代ギリシア文化を保持しつつ1453年まで続きます。コンスタンティノープルの前身はギリシア植民市のビザンティオンであり、東ローマ帝国をビザンツ帝国と呼びます。

　ヴェネツィアのサン・マルコ広場に面して建つサン・マルコ大聖堂は、1094年に献堂され、外装の主要部分は15世紀になって完成しました。玄関部を含めて奥行が76.5m、正面玄関部の幅52m、翼廊部の幅62.6mで、ギリシア十字型を形成します。5世紀頃に始まるギリシア十字型聖堂は、中央ドームが四方の等しい長さの支壁と半円筒ヴォールトの屋根によって支えられる構造で、ビザンツ様式（72ページ）の代表例です。西ヨーロッパへの玄関口として栄えたヴェネツィアの最盛期の栄華をサン・マルコ大聖堂はよく伝えています。

　外壁を飾る彫刻群、内部の壁面にある黄金を全面に敷いたモザイク画、宝物部屋の豪華な聖器具類などから「黄金の聖堂」と讃えられました。

もっと知りたい！　新約聖書に収録された「マルコによる福音書」を書いた聖マルコの聖遺物（遺骸）が、828年にエジプト北部の都市アレクサンドリアからヴェネツィアの商人たちよって持ち込まれました。守護聖人である聖マルコを祀るサン・マルコ大聖堂は、世界各地から巡礼者や商人を引き付け、ヴェネツィアに聖なる都市としての尊厳と富をもたらしたのです。

サン・ピエトロ大聖堂の大ドーム

073

所在地　ヴァチカン市国
設計　ミケランジェロ・ブオナローティ

巨匠ミケランジェロに託された世界最大級の聖堂の大ドーム

　　サン・ピエトロ大聖堂の歴史は、326年にコンスタンティヌス大帝が十二使徒の筆頭・聖ペテロの墓の上に建てた旧堂に始まります。しかしその後荒廃し、教皇ユリウス2世（在位1503～1513年）のとき、旧堂を全面的に取り壊して新聖堂の再建を決定。建築家ドナト・ブラマンテ（1444頃～1514年）の案が採用され、1506年に定礎式が行なわれました。

　　しかし、中央のクーポラ（大ドーム）の支柱を建築中にブラマンテは死去し、その後もラファエロなどの手を経て、1546年にミケランジェロ・ブオナローティ（1475～1564年）が主任建築家に任命されます。ミケランジェロはすでに70歳になっていましたが、大ドームについて高いドラム（円筒状の石材部分）と尖塔型のドームを独自にデザインし直しました。

　　1564年に88歳でミケランジェロは亡くなりますが、彼が残した木製模型により、ジャコモ・デッラ・ポルタ（1533頃～1602年）の手で1590年頃、大ドームは完成します。現在、大ドームには登ることができ、全551段の階段を登ると、120mの高所からサン・ピエトロ広場を始めとするローマやヴァチカン市国を一望できる観光名所になっています。

もっと知りたい！　2007年12月7日、ヴァチカン秘密文書館で、ミケランジェロが没年の1564年に赤いチョークで大ドームを支える放射状の柱の構成計画を描いたサン・ピエトロ大聖堂のデザイン・スケッチが発見されました。自身でスケッチを破棄していたミケランジェロの自筆スケッチが現存していたことは、大きなニュースになりました。

アビタ67

074

所在地　カナダ　ケベック州モントリオール
設計　モシェ・サフディ

キューブが無造作に積み上がったような団地

　1967年に開催されたモントリオール万国博覧会の一環として、会場の一角に建設されたアビタ67は、会期中は万博に訪れた各国高官の宿舎としても使われました。設計はイスラエル出身の建築家モシェ・サフディ（1938年〜）です。

　正六面体のブロックが無造作に積み上がったような外観は、354もの同一のプレハブコンクリートユニットで構成されています。最大で12階建てになり、当初は158の住戸がありましたが、その後、結合されるなどして減少しました。

　近代的な住宅団地の経済性と密度を保ちながら、ちりばめた各戸に全く同一のものはなく、多様性と非画一性がある設計になっています。相互に組み合わさったコンクリートの壁で空間が区切られる一方、各戸に庭があり、プライベート空間も確保されています。

　建物はモントリオールの港を望み、周辺は緑豊かな共有スペースが整えられています。郊外の家の良さと現代の都市型アパートの経済性と密度を融合させた新しいライフスタイルを提案するという野心的な建築といえます。

もっと知りたい！　アビタ67は、基本計画の段階ではもっと巨大なもので、手頃な価格で入居者に提供されるものを設計者のサフディは企図していました。しかし、独創的すぎる発想と造型は、かえって建築コストを高いものにしてしまい、その後に同様の建築が作られることなく、現在では高価な区分所有のアパートメントになっています。

リライアンスビル

075

所在地 アメリカ合衆国　イリノイ州シカゴ
設計 ダニエル・バーナム、ジョン・ルート

シカゴ派建築家による鉄骨造高層ビルの先駆け

　1871年のシカゴ大火以降の復興建築ラッシュでは、多くの高層ビルがシカゴの地に建設されました。1895年竣工のリライアンスビルもそのひとつです。鉄骨構造（鋼構造）16階建てのオフィス用ビルとして、シカゴ派の建築家ダニエル・バーナム（1846〜1912年）とジョン・ルート（1850〜1891年）が設計しました。

　19世紀半ばの鉄材（初めは鋳鉄、後に鋼鉄になる）とエレベーターの登場、その後の鉄骨造の導入でビルの高層化が飛躍的に進みました。加えて、従来の組石造建築が壁で荷重を支えるのに対し、鋼材を剛接合した柱と梁で支える鉄骨ラーメン構造が高層化を容易にしました。その先頭に立ったのが、ルイス・サリバンらシカゴ派の建築家たちです。

　構造と外観の一体表現、上下に連続させた細身の柱と幅広い窓による重量感の軽減と垂直上昇感の強調、伝統様式を離れた自由なデザインなどを実現していきますが、リライアンスビルはその典型例とされます。また、このビルにも採用された「シカゴ窓」も見どころのひとつ。シカゴ派が考案した大きな窓を外壁にとる技術です。

もっと知りたい！　組積造の外壁では大きな窓は不可能とされていましたが、当時開発され始めた大型板ガラスを用い、より明るい室内空間と換気を可能にしたのが「シカゴ窓」です。また窓を大きくとることは、高層建築が与える外観の威圧感を軽減する効果もありました。シカゴ窓は、鋳鉄を装飾ではなく柱や梁に用いた「シカゴ構造」とともに、新しい技術として広がりました。

ストックホルム市立図書館

076

所在地　スウェーデン王国　ストックホルム
設計　　グンナール・アスプルンド

四角と円柱の建物で構成した新古典主義的モダニズム建築

　赤レンガ色の四角い建物に円柱の塔を乗せたストックホルム市立図書館は、まだヨーロッパで図書館が一般的になる前の1928年に完成しました。北欧のモダニズム建築の巨匠グンナール・アスプルンド（1885〜1940年）の設計です。

　神殿のような階段を上がって館内に入ると、吹き抜けのエントランスホール。円筒部分の360度が本に囲まれ、現実離れした大パノラマの空間が広がります。「知識の壁」と呼ばれる3層の書架には、重厚感のある装丁の書籍にぐるりと周囲を取り囲まれます。

　照明は空間の真ん中からぶら下がり、乳白色の天井は凹凸のあるテクスチャーの仕上げ。窓は高い天井の上部に設けられ、書籍に直射日光を当てないよう、柔らかく差し込む自然光で館内を明るくしています。

　まるで荘厳なヨーロッパの教会に似た神聖な雰囲気と、55万冊もの蔵書が開架式になっている便利さは、新古典主義の重厚さを基礎に置きながら、機能性を重視するモダニズム建築の芽生えといえるでしょう。

もっと知りたい！　北欧にモダニズム建築をもたらした「スウェーデンの建築の父」ともよばれるアスプルンドは、ストックホルム市立図書館では館内のインテリアや什器もデザインしています。図書館内部は蔵書庫としてだけでなく、学習スペースや小さなカフェ、児童書コーナーなどがあり、ストックホルム市民が集い、学び、憩うコミュニティースペースでもあります。

エンパイアステートビル

077

所在地	アメリカ合衆国　ニューヨーク州ニューヨーク
設計	シュリーヴ・ラム＆ハーモン建築事務所

1931年竣工で102階建ての歴史ある「マンハッタンの象徴」

　世界的に有名なエンパイアステートビルが建つマンハッタン地区は、セントラルパークやブロードウェイがあるニューヨークの象徴といえる場所です。ここに超高層ビルの建設が計画されたのはアメリカが好景気に沸いた1920年代のことでした。

　建設開始は大恐慌に見舞われた1930年で、翌年に竣工、高さ381m、102階建ての世界最高の建物となりました。1928年に竣工していたマンハッタン島にあるクライスラービル（310ページ）を61m上回ったのです。エンパイアステートビルの建築様式として採用されたアール・デコ様式は、1920〜1930年代に一世を風靡したもので、デザインの面でもクライスラービルと競っています。

　不況の影響で1940年代までは空室が目立ったといいますが、戦後は観光名所にもなり、約1万のテナントとおよそ2万5,000人を収容しています。1972年に世界貿易センタービルが竣工したことで、世界一の座を41年で明け渡すことになりますが、20世紀を代表する高層建築として賞賛されています。

> **もっと知りたい！**　エンパイアステートビルは、90本以上の映画の舞台になっており、なかでも印象的なのが1933年制作（1976年、2005年にリメイク版）の特撮映画『キングコング』で、コングがよじ登って暴れているシーンでしょう。また86階にある屋外展望台は世界的に知られる名所で、累計1億1,000万人の来場者を数えています。

トーレス・ポルタ・フィラ

所在地 スペイン王国　カタルーニャ州バルセロナ
設計 伊東豊雄

まったく個性の違うホテルとオフィスが並び立つ複合ビル

「ツインタワー」と呼ばれる高層ビルはよくありますが、2010年に竣工したトーレス・ポルタ・フィラは、個性の違う2棟のビルが並び立っています。

曲線を生かしたフォルムで真っ赤なビルがホテル棟で、直方体に赤のワンポイントが入っているビルがオフィス棟です。ともに鉄筋コンクリート造で、ホテル棟が地下2階、地上26階、オフィス棟が地下3階、地上24階です。

ホテルは陶器の細長い花瓶のようでありながら少しねじれ、上階に行くにつれて広がり、窓もランダムに配置されています。

ホテル棟は、アルミ製の細長い赤のパイプをたくさん使って全面を覆っていますが、ゆがんだ形を強調するために斜めに取り付けられています。上空から見下ろすと、角に丸みを帯びたおにぎりのような三角形となっているのがわかります。

もう1棟のオフィスビルの方は、各階に白い庇のような張り出しがあり、浅い四角の箱を積み重ねたようです。ファサードには「x」型の赤のアクセントが上から下まで入り、その部分にエレベーターなどが設置されています。

もっと知りたい！　設計者は、日本の建築家・伊東豊雄（1941年〜）です。2013年に建築界のノーベル賞「プリツカー賞」を受賞した伊東は、トーレス・ポルタ・フィラでは、優れた高層建築に与えられるエンポリス・スカイスクレイパー賞を2010年に受賞しています。

ピサ大聖堂

079

所在地 イタリア共和国　トスカーナ州ピサ

設計 ボナンノ・ピサーノ

ピサの斜塔で有名なロマネスク様式の代表的建築

イタリア中部西岸にあり地中海に面するピサは、11世紀頃からコムーネ（都市共和国）として地中海貿易で繁栄しました。

世界的に有名な「ピサの斜塔」が付属するピサ大聖堂はその経済力を背景に11世紀半ばに着工され、12世紀に完成しています。

ピサ大聖堂は、11世紀から12世紀の西ヨーロッパで広まったロマネスク様式の代表と評されています。「ロマネスク」とは「ローマ風の」という意味で、それまでの単調なバシリカ様式から進んで、丸アーチや太い円柱でリズム感や重厚さが導入された建築様式です。

大聖堂の外観は左右対称性（シンメトリー）を持ち、ファサード（正面）には繊細な彫刻と半円アーチを支える柱がきめ細かく並んでいます。ただし、ピサ大聖堂では外壁の白色と周囲の芝の黄緑色が明るさを与え、ロマネスク様式らしい重厚感はあまり感じさせません。

聖堂内部はローマ建築に由来するバシリカ様式で、半円アーチが繰り返し使用され、天井や壁はきらびやかな装飾やフレスコ画で飾られています。

もっと知りたい！　「ピサの斜塔」は、ピサ大聖堂の鐘楼として建築されたものです。高さは地上55.86m、階段は296段で、1990年の改修時の調査によれば、傾いたのは地盤の土質が不均質で南側が相対的に柔らかいためとされています。垂直に対し5.5度傾いていましたが、安全性から公開を中止して11年後の2001年に3.99度に是正して工事を終えました。

バルダッキーノ

080

所在地 ヴァチカン市国
設計 ジャン・ロレンツォ・ベルニーニ

ミケランジェロのクーポラの下にあるベルニーニの大天蓋

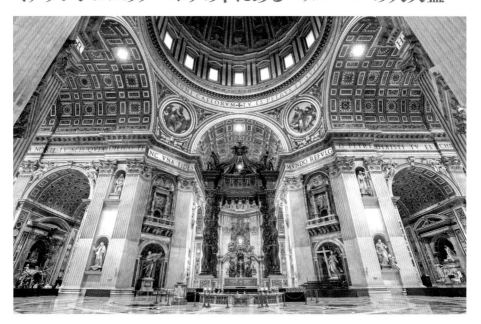

　ルネサンスの巨匠ミケランジェロが設計し、1612年に完成したサン・ピエトロ大聖堂のクーポラ（大ドーム）の下には主祭壇を覆う高さ29mの大天蓋があります。内陣の青銅製大天蓋（バルダッキーノ）は、ローマ教皇ウルバヌス8世の命を受けたジャン・ロレンツォ・ベルニーニ（1598～1680年）が設計・制作しました。1624年に着工され、1633年に完成しています。

　バルダッキーノのねじれ柱は、旧サン・ピエトロ大聖堂のパーゴラ（日陰棚）に使われていた初期キリスト教時代の円柱を再現したもので、巨大な大聖堂の中心部に視線を集中させる効果を持っています。またベルニーニは、聖堂中心の4つの柱に、4つの聖遺物（ロンギヌスの槍の穂、聖女ヘレナの聖十字架の断片、聖ヴェロニカの布、聖アンデレの頭部）を安置する祭壇を設け、その下に縁の人物像を配しました。

　バルダッキーノは、バロックの天才ベルニーニが最初に手がけた作品です。ベルニーニはその後もウルバヌス8世から篤く信頼され、サン・ピエトロ大聖堂の建築に大きく関わることになります。

もっと知りたい！ 　ベルニーニの処女作とされるバルダッキーノには、ねじれ柱、動的な曲線、豪華な装飾など、のちのバロック建築につながる要素がいくつも盛り込まれています。「ベルニーニはローマを必要とし、ローマはベルニーニを必要とする」とウルバヌス8世に評されたベルニーニは、サン・ピエトロ大聖堂、サン・ピエトロ広場など、多くの主要建築を残しました。

マジョリカ・ハウス

081

| 所在地 | オーストリア共和国　ウィーン |
| 設計 | オットー・ワグナー |

花柄のタイルで正面が飾られた集合住宅

　マジョリカ焼というイタリア・ルネサンス期に生まれた石灰質のタイルでファサード（建物正面）を飾ったマジョリカ・ハウスは、1899年の建築ながら、今も現役のアパートメントとして機能しています。3階以上のファサード（建物正面）外壁には薔薇の花柄のデザインが施されており、印象的な外観を演出しています。

　設計者のオットー・ワグナー（1841〜1918年）は、歴史主義的な建築から50代になってユーゲント・シュティール（アール・ヌーヴォー）に転じた建築家です。1900年代になると「芸術は必要のみに従う」の名言のごとく、装飾性を廃した近代建築へと移行します。マジョリカ・ハウスはそんな建築家ワグナーの変遷を知る上でも貴重な成果物といえるでしょう。

　1階と2階は店舗や事務所スペースで、3階の住戸の壁からマジョリカ焼タイルが使われています。このタイルは、耐候性があってメンテナンスしやすく、単なる装飾のためだけでなく、機能的・合理的な必要性がありました。ファサードの2階と3階のみ、バルコニーが建物を横断して設置されており、デザイン上のインパクトを添えています。

　もっと知りたい！　マジョリカ・ハウスと連なるように建つのが、ファサードに金のメダルのようなデザインが施されたメダリオン・ハウスです。これも同じ1899年建設のオットー・ワグナーの作品です。当時のウィーンは大規模な都市整備計画が進行しており、すでに巨匠であったワグナーが大通り沿いのアパートメントを同時期に手がけることになりました。

ファン・ネレ工場

082

所在地　オランダ王国　ロッテルダム
設計　J.A.ブリンクマン、L.C.ファン・デル・フルフト

ガラスを用いたカーテンウォールで実現した明るい工場内部

　鉄・ガラス・コンクリートは、20世紀前半になって新しい建材として建築の主流になりました。その新しい素材を使い、大胆な機能美を実現したのが1925年から1931年にかけて建築されたロッテルダムのファン・ネレ工場です。1920年代に光と空間をコンセプトに「理想の工場」として建てられ、1990年代までコーヒー、紅茶、煙草などを生産する工場として稼働していました。竣工当時は、時代を先取りする機能性と美観が融合した画期的な建築として世界中の注目を集めています。

　ファン・ネレ工場で注目したいのが、鉄筋コンクリート造ながら自然光を採り込むため、ガラスを使った大面積のカーテンウォールが用いられている点です。カーテンウォールとは、鉄骨や鉄筋コンクリートでできた骨組みに外壁をはめ込んでぶら下げる工法で、ファン・ネレ工場ではガラスがその役割を果たしています。これにより明るい工場内部を実現しました。ほかにも建物と建物を渡り廊下で繋げるなど、ユニークな内部構造をとるとともに、社員食堂や図書館の併設など、当時の工場建築では考えられないほど快適な労働環境を整えています。

もっと知りたい！　工場として使われなくなったファン・ネレ工場の建物は、内部が改装されてデザインオフィスやイベント会場などとして使用されていますが、外観は当時のまま残されています。建築史に残る名作建築として、オランダ・モダニズム建築の象徴であり、国際様式の建材を使った初期の名作建築として、2014年に世界遺産に登録されました。

ニテロイ現代美術館 083

所在地　ブラジル連邦共和国　リオデジャネイロ州ニテロイ
設計　オスカー・ニーマイヤー

岬に建ち、「不時着した宇宙船」と形容される巨大美術館

　リオデジャネイロ州ニテロイの岬に1996年に建設されたニテロイ現代美術館は、湾を挟んで反対側のリオデジャネイロの街を望む絶景の地にあり、眼下にビーチを望む、崖の上に建設されました。建築を手掛けたのは、地元リオデジャネイロの建築家オスカー・ニーマイヤー（1907〜2012年）と構造エンジニアのブルーノ・コンタリーニです。

　海に囲まれた岬の突端を建設地とし、敷地の制約を受けながらも、花の形や女性の身体の曲線にインスピレーションを得たという独特のデザインが生まれました。美しい曲線を描く幅の広いアクセススロープは、岬の水面や岩から花が伸びて成長し広がる様子を本館の円盤のような建物とともにイメージしています。

　ニテロイ現代美術館は床面積2,500㎡で、高さ16m、4階建ての建物ながら独特のすり鉢状のデザインのため、320万㎡という10階建てビルに相当するコンクリートが使われました。直径50mの建物には熱処理と防水対策が施され、建設に5年を要しました。赤いアクセススロープを進んでいくと、円形の建物の全周に窓がある360度パノラマの展示室があります。

もっと知りたい！　ニーマイヤーは、ブラジルの新首都ブラジリアの主要建築のデザインをひとりで担った建築家で、ブラジリアは建設後40年に満たない1987年に世界遺産に登録されました。ニテロイ現代美術館は89歳の時の作品ですが、生涯現役の建築家として104歳で死去したニーマイヤーの躍動感あふれるデザインに圧倒されます。

ロックフェラーセンター

084

| 所在地 | アメリカ合衆国　ニューヨーク州ニューヨーク |
| 設計 | レイモンド・フッド |

大富豪ロックフェラーが構想した19の商業ビル群

　石油王ジョン・D・ロックフェラーが、1929年の世界恐慌が始まった翌年から建設させたロックフェラーセンターは、当初の計画を変更しつつも9年の歳月をかけ、1939年に完成しました。48番街から51番街にかけて4.5haの敷地に、19棟の商業ビルが並んでいます。世界最高のアール・デコ建築と評され、建築家レイモンド・フッド（1871～1934年）ひとりが設計した19棟の建物で構成されています。もっとも高いのが70階建ての超高層建築のGEビル（現コムキャストビル）で、細身のシルエットでビルの垂直線が美しく際立っています。

　ほかにも一大娯楽センターとして知られるラジオ・シティ・ミュージック・ホールや、黄金色のプロメテウスの像が建つロックフェラー・プラザなど、マンハッタンの中心地に「都市のなかの都市」というコンセプトで構想され、戦前の都市開発の好例として語られます。

　冬の風物詩としてロックフェラーセンターを有名にしたクリスマスツリーは、GEビルの前のセンタープラザに飾られます。毎年11月末から12月初旬に点灯式があり、翌年の1月中旬頃まで楽しめます。

もっと知りたい！　GEビルにある展望台「トップ・オブ・ザ・ロック」は、最上階の地上70階から360度に広がるマンハッタンの摩天楼を見渡せる絶景スポット。エンパイアステートビルやクライスラービル、ブルックリンブリッジなどの名建築を遠望できます。夜景も素晴らしいので、昼と夜の2回訪れたいところです。

ターニング・トルソ

085

| 所在地 | スウェーデン王国　スコーネ県マルメ |
| 設計 | サンティアゴ・カラトラバ |

頂点に向かって90度よじれていく超高層マンション

　スウェーデン最南部のマルメ市は、2000年7月にデンマークとの間に海底トンネル「オーレスン・リンク」（全長16km）が完成すると活況を呈し、人口が増えてマンション需要が高まりました。

　そうしたなか、2005年に完成したターニング・トルソは、高さ190m、54階建ての超高層マンションで、北欧でもっとも高い建築物となりました。しかもその外観は、細長い直方体を左回りにひねったようで、鮮烈なインパクトがあります。「デザインと機能の面で最も優れた新しい超高層建築物」に贈られるエンポリス・スカイスクレイパー賞を授与され、「きわめて革新的な構造表現主義の典型」と評されました。

　設計は、構造設計を基に動的なデザインを得意とする建築家サンティアゴ・カラトラバ（1951年〜）で、5つの階でひとつのブロックとし、上に積みあがるにつれて徐々にねじれていく構成になっています。

　最上階に至ると、1階から90度ねじれた形になります。

　人間の上体のようなひねりは、カラトラバの彫刻作品「ツイスティング・トルソ（ねじれた胴）」に基づく設計で、耐風設計の鉄筋コンクリート製コアを、外骨格構造の鉄骨トラスで強化した構造により実現されました。

もっと知りたい！　ターニング・トルソの下の2つのブロック、つまり1階から10階まではオフィスとして貸し出され、それより上の階が147戸の高級マンションになっています。

ル・トロネ修道院

086

所在地 フランス共和国 南仏プロヴァンス地方ヴァール県ル・トロネ
設計 不詳

装飾をそぎ落とし、豊かな採光で見せるロマネスクの美しさ

　南仏プロヴァンスにあるル・トロネ修道院は、スペイン北部に至る世界遺産「サンティアゴ・デ・コンポステーラの巡礼路」にあり、巡礼が盛んになるなかで1175年頃に建設されました。連続するアーチがトンネル状に奥へと伸びるトンネル・ヴォールトを持つなど、11世紀から隆盛したロマネスク様式後期の建物です。不整形の回廊を中心として教会堂、書庫、大寝室、大食堂、助修士の建物、貯蔵庫など、生活に必要な空間が付随したシトー会修道院の基本形式とされる構造になっています。すでにパリではゴシック様式の大聖堂が造られ始め、壁も柱も華麗な装飾を施すのが一般的になっていました。しかし、ル・トロネ修道院には華麗な装飾は一切なく、重厚な石造の灰色の空間があるばかり。ところが、内部は外の光を採り入れて非常に明るく、中庭から回廊に自然光が入り、光によって厳粛な美しさを演出しています。

　ル・トロネ修道院を建てたシトー会は、「聖ベネディクトの戒律」を厳密に守り、彫刻や美術による教示を禁止した厳格な信仰を守る宗派で、白い修道服を着たことからシトー会士は「白い修道士」と呼ばれました。

もっと知りたい！ 石のみを建築材料に人里離れた丘のふもとの傾斜地に建てられたル・トロネ修道院は、ゴシック以前のロマネスク建築に属し、装飾性は極力排除されています。後世、近代建築の巨匠ル・コルビュジエが、ここを訪ねて装飾を排した合理性ある建築の着想を得た話は有名です。

北京国家体育場

087

所在地　中華人民共和国　北京
設計　ヘルツォーク＆ド・ムーロン

「鳥の巣」の愛称を持つ鉄の編み目で覆われた巨大スタジアム

　2008年の北京オリンピックに向けて建設された北京国家体育場は、鉄製の編み目が複雑に入り組んだ形状から「鳥の巣」の愛称を持つ中国最大のスタジアムです。最大9万1,000人を収容し、330m×220mの大きさと高さ69.2mというスケールを持ちます。総工費は35億元（約512億円）で、オリンピック開幕の4か月前に足かけ5年で完成しています。

　設計したヘルツォーク＆ド・ムーロンは、スイス出身のジャック・ヘルツォークとピエール・ド・ムーロンのふたりによる建築事務所です。1980年代、1990年代はスイス国内の住宅建築が中心でしたが、2000年代に入ると世界を舞台に巨大建築も手がけるようになりました。

　北京国家体育場はなかでも最大のもので、かつ建物にファサード（正面）もカーテンウォール（壁）もないという大胆な芸術性が表現されています。「鳥の巣」の内部はコンクリート製のすり鉢型の競技場になっており、観客席のシートの赤の他は、抑え気味な色使いです。

　しかし、夜間にライトアップされた北京国家体育場はとりわけ美しく、鳥の巣型に編まれた鉄が浮き上がる奥に、煌々と明るく内部のスタジアムが輝きます。

もっと知りたい！　ヘルツォーク＆ド・ムーロンは、日本では菱形の格子にガラス張りの外観が美しいプラダ青山店を設計しています。なお北京国家体育場は、通常9:00〜17:00であれば、有料で1階、5階のスタンド席と、北京オリンピックで開会式、閉会式、陸上競技などが行なわれたフィールドに入場できます。

トゥルッリ石積住居

088

所在地 イタリア共和国　プッリャ州アルベロベッロ
設計 不明

トンガリ屋根の石積住居が連なる壮観な世界遺産

　　南イタリアのアルベロベッロという町では、16世紀半ばから100年にわたって築かれたトンガリ屋根の石積住居「トゥルッリ」が残っています。
「トゥルッリ」とは、イタリア語で「部屋ひとつ、屋根ひとつ」の意味で、その名の通り、ひとつの屋根にひと部屋しかない住宅が連なっており、現在でも500軒以上が残っています。漆喰で仕上げた円筒形・長方形の家の上に、キノコの傘のような形をした灰色のとんがり屋根が載っています。

　　内部に玄関口や廊下はなく、ドアを開けると直接部屋となる間取りでモルタルなどの接合剤を使わず、石灰岩の切石を積み上げているのが特徴です。屋根も灰色の切石（スラブ）を積み上げたもので、神話的・宗教的シンボルを石灰で描いた模様が記されています。

　　トゥルッリ石積住居は、先史時代からの工法で造られ、現在も現役の住居として人々が生活しています。現在残るものは、16世紀半ばから開拓農民によって100年にわたり建設されたもので、1996年、「アルベロベッロのトゥルッリ」として世界遺産に登録されました。

もっと知りたい！　この地方だけでトゥルッリは約1,000軒におよびますが、なぜこのような簡素な造りが踏襲され続けたのかは明確ではありません。一説にスペイン支配時代の税金逃れのためだったといわれ、役人が来ると屋根を壊して「これは家ではない」と主張したという記録があります。現在では集落全体が観光化され、内部を見学できる建物もあります。

モスクワの シューホフ・タワー

089

| 所在地 | ロシア連邦　モスクワ |
| 設計 | ウラジミール・シューホフ |

鉄を格子状に組んで生み出された「双曲面構造」のタワー

　　鉄線を格子状に組んだ美しい「双曲面構造」のタワーを、最初に考案したのはロシアの天才技術者であり建築家のウラジミール・シューホフ（1853～1939年）です。シューホフはロシアの網かごにヒントを得て、細い素材だけで構成された網かごが、実は相当な重量に耐えるという事実を発見し、これをタワーの建築構造に応用しました。

　　この構造で1922年に建築されたのがモスクワのシューホフ・タワー（電波塔）です。150mという高さを持ち、その美しい曲線美から、ロシア・アヴァンギャルド建築の代表作として評価され、現在でも夜にはライトアップが行なわれています。

　　平面が円形になるため、内部空間が狭くなってしまうデメリットがありますが、多数の細い鉄線を斜めに網の目状に組み上げ、双曲面状の構造の強靭さを活用しつつ少ない鋼材で塔を建てることでき、かつ雪も建造物に積もりにくいことから、ロシアでは他にも複数の「シェーホフ・タワー」が造られました。鉄線の組み上げ方から、電波塔・給水塔などの塔型の主に建造物に用いられています。

もっと知りたい！　1896年にニジニ・ノヴゴロドで開催された汎ロシア博覧会で、シューホフは8つのパビリオンとともに双曲面構造の給水塔を建築しました。これはデザイン的な美しさ、微分幾何学的に手に入れた強度のほか、鉄の使用量が少なくてすむ利点があります。博覧会後、シューホフの給水塔はとくに評判をよび、100を超える給水塔の建設依頼があったといいます。

国立公共図書館（コソボ）

090

所在地	コソボ共和国　プリシュティナ
設計	アンドリヤ・ムトニャコビッチ

独立間もない紛争地域国家の図書館は独特なデザイン感覚

　旧ユーゴスラビアを構成した6つの共和国のひとつ、セルビア共和国のコソボ自治州にある国立公共図書館が開館した1982年当時、コソボはアルバニア人とセルビア人の対立が激化し、民族紛争が絶えない地域でした。

　クロアチアの建築家アンドリヤ・ムトニャコビッチは、こうした対立の緊張緩和の願いをこめて、セルビア人を象徴するビザンティン様式と、アルバニア人を象徴するオスマン様式の両建築様式を取り入れてこの図書館をデザインしました。

　コンクリートブロックを集めて積み上げたような構造と、各ブロックの上に半球状のドームが載る個性的な外観が印象的です。建物全体が網目状の金属で覆われているのは、直射日光を緩和し、やわらかい光を採り込んで読書しやすくする工夫とされます。

　2008年にコソボ共和国が独立を宣言すると、同国の国立公共図書館となってロビーはさまざまな文化イベントに利用されるようになりました。ホールの床に多様なモザイク大理石が敷かれた美しい図書館を、安心して市民が利用できる時代になったのです。

もっと知りたい！　国立公共図書館には、300席と100席のふたつの閲覧室、定期刊行物用の閲覧室、特別コレクションの収蔵室、目録作成や研究用の部屋に、150席の円形劇場と75席の会議室があります。「ヨーロッパの火薬庫」といわれたバルカン半島にあるコソボ共和国は、2008年に独立を宣言したものの、いまだに国家として承認しない国もあります。

トランスアメリカ・ピラミッド

091

| 所在地 | アメリカ合衆国　カリフォルニア州サンフランシスコ |
| 設計 | ウィリアム・ペレイラ |

いまやランドマークとして定着した、巨大な「細いピラミッド」

　ゴールデンゲートブリッジ（金門橋）で有名なサンフランシスコには、ランドマークとして、高さ260m、46階建てのトランスアメリカ・ピラミッドがあります。投資や金融をあつかうトランスアメリカ・コーポレーションの本社として、1972年に竣工しました。

　このビルを設計したイリノイ州出身の建築家ウィリアム・ペレイラ（1909～1985年）は、未来的な建造物を数多く残した人物で、独楽が自立して回っているようなカリフォルニア大学サンディエゴ校のガイゼル図書館など、先鋭的なモダニズム建築を得意としました。

　そうした設計者によるある種の異様なモダニズム様式のこの高層建築は、「細いピラミッド」と呼ばれ、当初から景観を悪くすると強い批判がありました。一方で肯定派は、アメリカスギのような円錐状の形状を評価し、太陽光を地面に届かせ、カリフォルニアの空を街中に強調する存在として称えています。ただし現在では、そうした論争も終わり、個性的な形状からサンフランシスコのランドマークとして地元の人々に愛されています。今では多作だったペレイラの仕事のなかでも、代表的な建築物として真っ先にあげられるようになりました。

　もっと知りたい！　1989年のサンフランシスコに大被害をもたらしたM6.9の地震でもトランスアメリカ・ピラミッドは無事で、その優れた耐震性が実証されました。1999年、トランスアメリカ・コーポレーションはオランダの巨大保険会社エイゴンに買収され、現在は本社ビルではありません。27階の展望台は、2001年のアメリカ同時多発テロ事件以後、閉鎖されています。

上海中心ビル

092

所在地　中華人民共和国　上海市浦東新区
設計　ゲンスラー

二重のガラス構造が龍のような外観と環境性能を高める

中国で最も高い超高層ビルである上海中心は、地上127階、地下5階、高さ632mで、ドバイのブルジュ・ハリファ（828m）に次ぐ高さを誇っています。電波塔部分を含む建物全体では、2m高い東京スカイツリーに次ぐ3番目の高さになります。

2008年の三次コンペに勝ったのはアメリカ・ゲンスラー社。同社が提案した案は「龍型」といわれ、ガラス・カーテンウォールで外側を覆われたビルが、螺旋状にねじれながら高くなってゆくというものでした。

この案をもとに建設されたビルは、9つの円柱状の建物が垂直に積み重なった構造で、さらにこれらを二重のガラスが囲んでいます。建物を囲む内側のガラス・カーテンウォールの外側にあるガラス・カーテンウォールが螺旋状に上昇するように外観を形成しています。

内側と外側のガラス・カーテンウォールの間には、地表から上層階まで異なる高さに9つのアトリウム（吹き抜けの空間）があり、一般に開放されています。

またタワーの下部には商業施設やイベントスペースなどが設けられ、上海の繁栄を象徴するランドマークになっています。

もっと知りたい！　上海中心ビルは、エネルギー効率の向上や持続可能性についても考慮されています。ガラスのファサードは、ビルにかかる風圧を24%削減するように設計されており、ビルの強度を保つのに必要な資材を減らすことができました。また螺旋状にねじれたガラス壁は雨水を集めてビルの空調や暖房に使われ、ビルの電力の一部は風力発電で賄われています。

サント・シャペル

093

所在地 フランス共和国　パリ

設計 伝ピエール・ド・モントルイユ、ヴィオレ・ル・デュク

世界最高のステンドグラスをもつゴシック建築の傑作

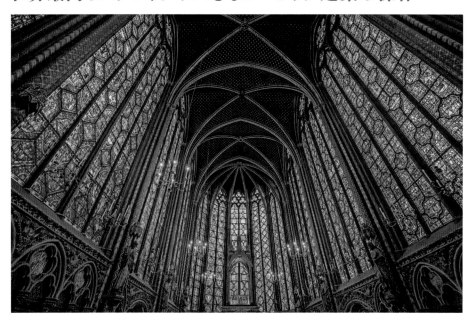

　ゴシック建築は12世紀中頃にフランス北部を中心に全ヨーロッパに広がって、15〜16世紀初頭まで続いた建築様式です。ゴシックとは「ゴート族の野蛮な様式」という意味で、のちのルネサンス期のイタリア人が侮蔑的に使った言葉が一般化しました。尖頭アーチ、リブ・ヴォールトなど、12世紀フランスで建築されたサン・ドニ修道院の内陣の革新に始まったゴシック建築は、静的なロマネスク建築に対し、動的で高さや垂直性が強調されています。

　1248年に落成し、ゴシック建築の精華といわれるサント・シャペルは、構造上の支えを屋外に張り出す扶壁（バットレス）に託しています。その分、細い柱に挟まれている長大で高い窓の全面を、あざやかなブルーを基調にした微細な装飾に彩られたステンドグラスで満たし、その効果を最大限に引き出しました。後世にも流行が続くステンドグラスは、光を取り込む高窓を高く大きく設計するようになった中世ゴシック建築の窓装飾として始まったものです。

　らせん階段を上った上層はきらびやかなステンドグラスで飾られ、20mの高さをもつ天井と、壁一面を彩る13〜15mのステンドグラスが空間を最大限に大きく、かつ荘厳に彩っています。

もっと知りたい！　サント・シャペルは2階層に分かれ、入場するとまず地上階にある下層の礼拝堂があります。こちらは天井も低く、王宮の使用人達たちの信仰のためのものです。サント・シャペルは、13〜14世紀の盛期ゴシックの時代の建築に分類されます。

サン・ピエトロ・イン・モントリオ教会（テンピエット）

094

所在地 イタリア共和国　ローマ
設計 ドナト・ブラマンテ

盛期ルネサンスの最高傑作「テンピエット」が残る教会

サン・ピエトロ・イン・モントリオ教会は、ローマのジャニコロの丘に、ここで殉教したとされる聖ペトロを祀って9世紀初頭に建てられた教会です。その中庭に1502年から1510年にかけて建設された「テンピエット(Tempietto)」は、小さなマルティリウム（殉教者記念礼拝堂）ですが、盛期ルネサンス建築の最高傑作といわれています。

設計は盛期ルネサンスを代表する建築家ドナト・ブラマンテ（1444頃〜1514年）。ブラマンテは1477年から1499年頃まではミラノで活躍していましたが、その後、ローマに移ると、ジュリアーノ・デラ・ローヴェレ枢機卿（ローマ教皇ユリウス2世）に認められます。このとき初めて設計を依頼されたのが、テンピエットでした。

テンピエットは古典的なモチーフを用いながら建物全体がルネサンス特有の単純比例

の法則で建築されており、ローマ建築を再構成して記念性ある古典様式をルネサンスに持ち込んだとされています。とくに屋根のドーム部分は、ロンドンのセント・ポール大聖堂、ローマのサン・ピエトロ大聖堂などの参考になったといわれています。

もっと知りたい！ 　直径8m、高さ5mの小規模な円堂ながら、古代ローマ建築の荘厳さと精密さ、マルケルス劇場をもとにしたドーリア式の16本の円柱とエンタブラチュア（柱頭の上の水平部）、そして円屋根という端正なプロポーション。サン・ピエトロ・イン・モントリオ教会のテンピエットが、古典古代の文化復興運動であるルネサンス建築の精華といわれるゆえんです。

カ・ドーロ

095

所在地	イタリア共和国　ヴェネト州ヴェネツィア
設計	ジョバン・ボン、ミケロッツォ・ディ・バルトロメオ

ヴェネツィアの繁栄をしのぶゴシック邸宅の傑作

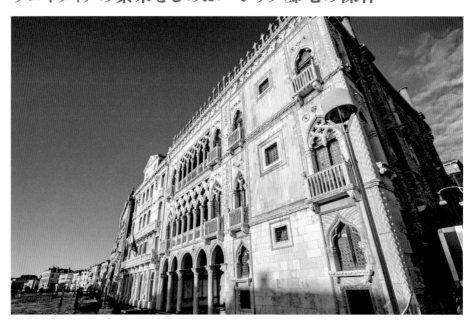

　ヴェネツィアの運河に面して立つ、ヴェネツィア・ゴシック様式を代表する邸宅カ・ドーロは、1421年から1440年にかけて建造されました。

　設計者はヴェネツィア共和国の総督邸兼政庁であったドゥカーレ宮殿の聖堂などを手掛けた建築家ジョバン・ボン（1355～1443年）と息子のバルトロメオ（1400頃～1464年）。当時は軒先と軒飾が黄金色に塗装されていたため、「金の館」を意味するカ・ドーロと呼ばれましたが、現在この塗装は剥落しています。

　検察官を務めた貴族のマリノ・コンタリーノの邸宅としてカ・ドーロが建てられた当時、街はヴェネツィア共和国の首都として繁栄していました。ヴェネツィア・ゴシック様式は、その繁栄のなかで東ローマ帝国のコンスタンティノープルに興ったビザンツ様式の影響を受けながら、独自の発展を遂げ、ファサードに精緻なモザイクや金の装飾を豊富に使うのが特徴でした。

　しかし1797年にヴェネツィア共和国が崩壊すると、カ・ドーロは複数の所有者の手に渡って風化が進み、20世紀にイタリア国家の所有になってようやく修復が行なわれました。

もっと知りたい！　19世紀末の所有者であったフランケッティ男爵がカ・ドーロの修復を本格的に手掛け、1916年から美術館として公開されました。1階には彫刻が美しい貯水槽跡がある中庭があり、2～3階を占める展示スペースには、イタリア・ルネサンスを代表する画家マンテーニャの傑作『聖セバスティアーノ』が飾られています。

リンゴット

096

| 所在地 | イタリア共和国　ピエモンテ州トリノ |
| 設計 | ジャコモ・マッテ・トゥルッコ |

屋上にサーキットを持つ鉄筋コンクリート造のフィアット工場

「鉄筋コンクリート造」（RC造）のアイデアは、1850年にコンクリート板に鉄網を入れたフランス人のジョゼフ・ルイス・ランボー（1814〜1887年）が最初といわれています。これにより、圧縮強度に対して引っ張り強度が弱かったコンクリートの欠点が克服されます。

以降RC造は、新しい建築材として世界に拡がり、最初は橋梁や工場建設で使われます。1921年竣工のフィアットの巨大工場リンゴットもそのひとつで、当時欧州最大であり、イタリアの自動車産業隆盛のシンボルとなりました。

設計は、イタリア人建築家ジャコモ・マッテ・トゥルッコ（1869〜1934年）で、なんと屋上に完成車のテストコースを設けました。敷地面積40万㎡、地上5階建ての巨大工場は、鉄筋コンクリートによる柱と梁によって実現し、のちの工場建築の先駆的存在となりました。

約6,000人が働いたこの工場の生産ラインは、下階から上階に行くに従って自動車が完成する製造ラインで、組み上がった自動車を屋上ですぐテスト・ランできるという構造でした。1982年の工場閉鎖まで、フィアット歴代の約80車種ほどがこの工場で生産されています。

もっと知りたい！　工場閉鎖後、跡地の再開発計画コンペが行なわれ、ハイテク建築の巨匠レンゾ・ピアノ（1937年〜）の案が採用されました。迫力ある屋上サーキットは残したままで工場を設計し直し、1989年には、コンサートホール、劇場、ショッピングモールの入った複合施設として再生されました。

オルセー美術館

097

所在地 フランス共和国　パリ
設計 ガエ・アウレンティ

1900年の駅舎をリノベーションした印象派絵画の殿堂

　1900年のパリ万国博覧会開催に合わせ、オルレアン鉄道が建設したオルセー駅の鉄道駅舎兼ホテルは、やがて長距離列車のターミナルとして手狭になり、新駅開設後は取り壊しの話も持ち上がりました。しかし市民の反対運動で解体を免れると、1987年になって、印象派やポスト印象派の作品を収蔵するオルセー美術館として開館しました。

　24年がかりの大改修で、駅舎の面影を残しつつ、自然光と照明のバランスに配慮した現代的美術館に変えたのは、イタリアの女性建築家ガエ・アウレンティ（1927〜2012年）です。

　美術館の中央ホールは、地下ホームのトレイン・シェッド（大屋根）による吹き抜け構造をそのまま活用し、その両側に地階・2階・5階と展示室を設けました。鉄道駅当時のデザインを活かしながら、金属部分は石の質感のある塗装にするなど、美術館らしくする細かな配慮が細部に施されています。

　建築当時、鉄材とガラスによる近代的で優美な駅舎として賞賛された旧オルセー駅舎は、オルセー美術館としてルーヴル美術館に並ぶ世界的なパリの美術館になりました。

もっと知りたい！　オルセー美術館は、19世紀中葉から20世紀の美術を担い、それ以前はルーヴル美術館、それ以後の美術をポンピドゥー・センターが担当しています。オルセー美術館には、日本人に人気の高い印象派の画家、ルノワールの『ムーラン・ド・ラ・ギャレット』のほか、マネの『草上の昼食』、ミレーの『落穂拾い』やゴッホの『自画像』などの名画が多数所蔵されています。

メディア・ハーバー・ビル

098

| 所在地 | ドイツ連邦共和国　ノルトライン－ウェストファーレン州デュッセルドルフ |
| 設計 | フランク・ゲーリー |

ゆがんだビルが身を寄せ合う「ポストモダニズム」の象徴

　デュッセルドルフは、ライン川交易の拠点として栄えた都市ですが、1976年に旧港をメディア中心にして再開発することが州議会で決定されました。今では倉庫やクレーンが残るかつての港に、個性的なデザインの建物が集まっています。

　とりわけ現代建築の巨匠のひとりであるフランク・ゲーリー（1929年〜）が手がけたメディア・ハーバー・ビルは、地面から垂直方向の線がなく、左右にくねるように5つほどのビルが身を寄せるように並びます。

　高さは6階から12階建てとさまざまで、レンガ張り、ステンレス張り、白いペンキ吹付と、異なる外装のビルがライン川沿いに3棟並んでいます。ステンレス張りの小さなビルが中央にあり、左右のビルのレンガ色と白の外壁が映り込んでいます。

　ビルの形状が多様な一方で、窓枠は整然と並んでおり、エアコンや配管などの設備系のものは外側からは完全に確認できなくなっています。計算し尽くされたデザイン、建築技術、近代からの脱却を掲げたポストモダン様式の創造性が遺憾なく発揮されています。

もっと知りたい！　1999年に竣工したメディア・ハーバー・ビルは、「建築とアートを融合させた」といわれるフランク・ゲーリーのデザインのなかでは地味なほうだと評されています。最初の建築から40年以上も経ちましたが、ゲーリーは現在も現役で活躍しています。

ねじれた家

099

| 所在地 | ポーランド共和国　ポモージェ県ソボト |
| 設計 | ショティンスツィ・ザレスキー・アルヒテクツィ |

ぐにゃりとゆがめられたような異次元的ショッピングセンター

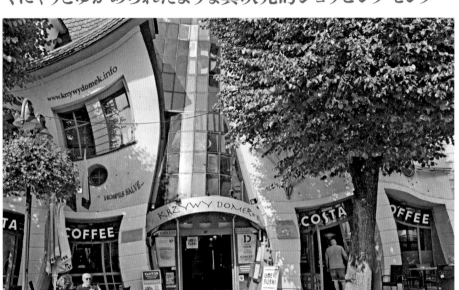

　ポーランド北部のバルト海に面する観光都市ソボトに、2004年にショッピングモール「クシヴィ ドメック」が開業すると、その強烈すぎる外観から現地観光の"顔"として扱われるようになりました。バーやレストランが立ち並ぶ目抜き通りにあり、必ず人目を引きます。

　「クシヴィ ドメック」は日本語にすると「ねじれた家」という意味を持ち、その名の通り建物の正面部分が両側から握りつぶされたように、あるいは異次元空間を表現したアニメのようにぐにゃりとゆがんでいます。

　設計は建築家ショティンスツィ・ザレスキー・アルヒテクツィで、ポーランドの有名な童話挿絵画家ヤン・マルチン・シャンツェルや、スウェーデン人芸術家デール・ダールベルグに刺激を受けたとのこと。ファサードは石灰岩を建材とし、青く光るエナメルタイルを屋根の曲線になじませ、シュールレアリスムの絵のようなゆがんだ世界を生み出しました。

　とはいえ、延床面積3,994㎡の建物は多目的に無駄なく使用され、小売店舗、飲食店や書店、博物館などが入っています。

もっと知りたい！　ねじれた家の前は、夏にはテラス席が出るため、人通りの多い大通りや周辺の建物を見ながらコーヒーブレイクができます。ここからねじれた家を背景に記念写真を撮るとSNSなどで映えます。夜にはライトアップも行なわれます。

リンカン大聖堂

所在地 イギリス　リンカンシャー州リンカン
設計 不詳

238年にわたり世界一高い建造物だったゴシックの大聖堂

100

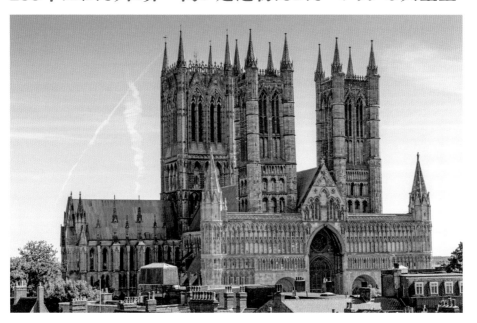

　アーリー・イングリッシュ（初期イギリス式）と呼ばれる独自のゴシック様式のリンカン大聖堂は、三廊式身廊、大小ふたつの翼廊、長大な内陣部から成っています。イギリス・ゴシックの特徴は西ファサードにもっともよく示され、ノルマンの名残をとどめる双塔を背にした外観構成は、ほかにはない画期的なものとされます。

　11世紀に活躍したノルマン朝初代のイングランド王ウィリアム1世は、「ウィリアム征服王」と呼ばれ、イングランドを統一し、現在のイギリス王室の始祖になった王です。リンカン大聖堂は1072年にウィリアム1世の命で建設が始まりました。

　1095年に最初の聖堂が完成し、英国国教会リンカン司教区の司教座が置かれましたが、火災や地震で建物が失われ、1185年の地震を機に大幅に建て直された大聖堂が、現在の建物につながっています。リンカン大聖堂の中央塔は1311年に完成し、完成当時は現存する塔の上に尖塔が載っていました。それを含めると160mの高さがあり、当時はギザの大ピラミッドを抜いて世界一高い建造物でした。

もっと知りたい！　初期ゴシックから盛期ゴシックの様式を持つリンカン大聖堂ですが、尖塔部分は1549年の嵐で崩壊し、当時の高さ世界一はエストニア共和国にある159mの聖オーラフ教会に譲りました。西正面側の2つの塔に付けられた尖塔屋根は、1370年から1400年の間につくられましたが、維持が難しくなり1807年に撤去されています。

ブロワ城

101

所在地　フランス共和国　ロワール＝エ＝シェール県ブロワ

設計　フランソワ・マンサール

ロワール渓谷の世界遺産に含まれるフランス・バロックの城

　1626年、フランス王ルイ13世は、結婚祝としてロワール渓谷のブロワ城を弟のオルレアン公ガストンに与えました。1635年に城の新しい翼廊の建設が始まりますが、このときオルレアン公の翼廊建設を任されたのが、フランスのバロック建築の第一人者といわれる建築家フランソワ・マンサール（1598〜1666年）です。

　この翼廊は中庭の後壁を形づくり、ルイ12世の翼廊と向かい合っています。翼廊の中央部分は3階層からなり、1階からドーリア式、イオニア式、コリント式とそれぞれ異なったオーダーが3層に重なり合っています。

　またオルレアン公の翼廊中央の建物1階の扉口、2階のペディメント（窓や扉の上などにある三角形の装飾部分）、3階の上にある屋根の3段階が、それぞれ正三角形の構図となっているのがわかります。これは、この建築家特有の構成であり、「マンサールの三段構成」といわれています。幾何学的な図形を用いたこの構成には、その古典主義思想が表われており、古典主義の伝統の上に、冷静にバロックの思想が採り入れられた好例とされています。

もっと知りたい！　屋根の勾配の上部がゆるく、下部が急になる2段の屋根を「マンサード屋根」といいます。その考案者がフランソワ・マンサールといわれています。屋根裏部屋を高く取れるなどの理由から後世に普及しましたが、マンサール以前から存在していたともいわれ、これを多用して有名にし、広げたのがマンサールだったともいわれています。

パラッツォ・メディチ・リッカルディ

102

| 所在地 | イタリア共和国　トスカーナ州フィレンツェ |
| 設計 | ミケロッツオ・ディ・バルトロメオ |

メディチ家の権力と財力を物語る宮殿邸宅

　都市国家フィレンツェ共和国の父コジモ・デ・メディチの邸宅として建てられたパラッツォ・メディチ・リッカルディは、1450年に建築されました。建物の中心には優雅な列柱に囲まれた中庭が配され、1階は古代ローマ建築に発し、中部イタリアの城郭風邸宅に好んで用いられたルスティカ（粗面積み）の石造建築になっています。2階には縦長で大きい半円アーチの窓を、3階は量感のある古代ギリシアの神殿を思わせ、全体に古代ローマのヴィラ（邸宅）を思わせる偉容です。

　設計者のミケロッツオ・ディ・バルトロメオ（1396～1472年）は、サン・マルコ修道院を手がけた初期ルネサンスの建築家であり彫刻家です。この建築物の中心には、メディチ家専用の礼拝堂があり、こちらもミケロッツオの設計。装飾を担当した画家ベノッツオ・ゴッツォリが描いた『東方三博士の礼拝』が飾られており、まさにパラッツォ（宮殿）の名にふさわしい堂々たる邸館です。この礼拝堂に匹敵する豪華さのコジモの書斎にも、宮殿全体の建築費を上回るという豪華な収集品が並んでおり、メディチ家の繁栄を今に伝えています。

　もっと知りたい！　コジモ・デ・メディチ（1389～1464年）は、父の跡を継いだフィレンツェ共和国の銀行家でした。政変で一時フィレンツェを追放されますが、莫大な財力で選挙を操ってメディチ派で政府を固めました。ローマ教皇との結びつきを強めてイタリアのほかの強国に対抗し、ルネサンス期の芸術家たちのパトロンともなりました。

サルスエラ競馬場

103

所在地　スペイン王国　マドリード
設計　エドゥアルド・トロハ

長いコンクリート・シェルの屋根が美しい競馬場

　競馬場や野球場などの観客席でよく見られる「カンチレバー（片持ち梁)」の屋根で、壮大かつ美しい初期の事例として、1935年竣工のサルスエラ競馬場が挙げられます。

　厚さ5cmのコンクリート・シェル（薄い曲面板のコンクリート）が、支点からトラックに向けて観客席を覆うように12.8m、反対方向に8.5m伸びています。コンクリート・シェルの屋根は地面とほぼ水平に広がり、波打つ曲面が規則性ある美を演出しています。

　設計したエドゥアルド・トロハ（1899〜1961年）は、コンクリート・シェル構造のパイオニアであり、第一次世界大戦と第二次世界大戦の間の時期に活躍した数少ないコンクリート技師であり、構造エンジニアでした。サルスエラ競馬場は、そんなトロハの作品のなかでもっとも称賛される仕事のひとつです。

　地下のホワイエ（入口から観客席までの通路）、競馬場のスタンドを囲んで屋根と垂直に築かれたたくさんのヴォールト（かまぼこ型のアーチ天井の様式）もすべてコンクリート造で、彩色しない白亜の外観とあいまって「美しすぎる競馬場」などと評されます。

もっと知りたい！　設計者のトロハは、1933年にスペイン南部のアルヘシラスに直径47mのドームをもった市場を造りました。これが初めて手掛けたシェル構造の建物で、トロハの出世作となります。その2年後に完成したサルスエラ競馬場で、トロハのコンクリート技師としての能力は、完全に世の中に認知されました。

ブラザー・クラウス 野外礼拝堂

所在地　ドイツ連邦共和国　ノルトライン＝ヴェストファーレン州ヴァッフェンドルフ
設計　ピーター・ズントー

104

丸太を焼いて地元農民が手づくりした教会

　ドイツ中央の西部寄り、大都市ケルンの近郊にヴァッフェンドルフという農村があります。見渡す限りの畑、舗装もされていない農道の先に、直方体の四角いコンクリートのブロックがポツンと建っています。近づくと小さな十字架があり、教会関係の建物とわかります。

　2007年に完成したこの教会を設計したのは、風景と自然に溶け込むような優れた建築をヨーロッパの田園地帯に数多く残してきたスイス人建築家ピーター・ズントー（1943年〜）です。この教会の建設に当たっては、建築に土地の風土と建材を活かす「リージョナリズム（地域主義）」の立場をとるズントー建築ならではの逸話が伝えられています。

　教会の基礎工事の際、コンクリートを50cmずつ流し込んでは乾かし、また流し込んでは乾かす作業に周辺の農家の人たちがみなで参加しているのです。つまりブラザー・クラウス野外礼拝堂は、農作業の合間に神への祈りを求めて、信者が自分たちの手でつくり上げた祈りの場。建築には1年を要しましたが、ブラザー・クラウス野外礼拝堂には、現代人が忘れがちな地元の人々の素朴な信仰心が息づいているのです。

もっと知りたい！　建物内部は外観とは逆に円錐形。天井には採光穴が開いており、雨が降ると礼拝堂内に水たまりができます。丸太を円錐型に組んでおき、外側にコンクリートを流し込み、完全に固まった後に丸太を焼いて取り除き、空間がつくられました。焼いた木でコンクリートの型をとった礼拝堂内は、壁面に木の表面のざらつきや焦げた跡までが全体に残されています。

シカゴトリビューンタワー

105

所在地 アメリカ合衆国　イリノイ州シカゴ

設計 ジョン・ミード・ハウエルズ、レイモンド・フッド

「世界一美しいオフィス・ビル」の設計公募で1等の高層ビル

　シカゴのランドマークとして知られるシカゴトリビューンタワーの歴史は、1922年に「世界で一番美しいオフィスビルディング」のコンセプトで、老舗新聞社シカゴトリビューンが自らの本社ビルの建築デザイン設計を公募したことから始まりました。

　このコンペでは、建築家はもちろん、さまざまな分野のアーティストから応募が寄せられ、世界各国から264作品がエントリーされたといいます。見事1等になったのは、建築家ジョン・ミード・ハウエルズ（1868〜1959年）とレイモンド・フッド（1871〜1934年）でした。

　シカゴトリビューンタワーの特徴は、フランスのルーアン大聖堂をモデルとした神秘的なゴシックデザインにあります。最上部には、コウモリが描かれた8つの飛控えや空想的な怪物に見立てた雨水のゲートなどが設けられています。

　鉄骨造を石灰岩で覆い、ネオ・ゴシック様式で完成されたシカゴトリビューンタワーは、地上36階建てのうち、24階からを八角形の塔に見立てています。1924年完成のこのビルは、モダニズムへと建築のトレンドが転換する直前の最後の古典様式建築とされます。

もっと知りたい！　ハウエルズとフッドの設計は、シカゴトリビューンの意図にかなったものでしたが、すでにヨーロッパ的な装飾を嫌い、実用性に徹した近代化への流れは始まっていました。応募された作品のうち1割はモダニズムを志向したものだったといます。地元シカゴの学校でも建築の近代化が教えられ始めていた時期で、当時このデザインが強く批判されました。

オートタワー

106

| 所在地 | ドイツ連邦共和国　ニーダーザクセン州ヴォルフスブルク |
| 設計 | グンター・W・ヘン |

400台を機能的に収納できる円筒ガラス張りの巨大タワー

　フォルクスワーゲン本社のあるドイツ・ヴォルフスブルクには、本社近くの25haの巨大な敷地に、自動車にまつわるテーマパーク「アウトシュタット」があります。そのシンボル的存在が、直径28m、高さ48m、400台の自動車を収納できる2棟のオートタワーです。

　ガラスと鉄骨で構成された20階建ての円筒型のタワーでは、工場から届いたばかりの新車が、油圧リフトで毎秒1.5mの安定した速度で決められた車庫スペースに運ばれます。400台の新車がぐるりと外向きにタワーの上から下まで整列している光景は圧巻です。

　ここで新車を購入すると、タワーから自動で納車前の新車が降ろされ、カスタマーセンターで最後のチェックを受けて顧客に引き渡されます。購入した顧客が直接自分の車が降りてくるのを見ることはできませんが、カスタマーラウンジでテレビに映し出される仕組みで、顧客の期待感を高める趣向となっています。

　2000年に開催されたハノーヴァー万博に合わせ、約425億円の巨費を投じて建設された「アウシュタット」と同時に完成した2棟のオートタワーには、今後の増設も計画されています。

もっと知りたい!　「アウトシュタット」は、多様な現代建築の建物群に加え、敷地全体が湖、小島、丘陵、草原といった自然に恵まれたひとつの町のようになっています。パビリオンはフォルクスワーゲン傘下のブランドごとに展開され、アウディ、セアト、シュコダ、ベントレー、ランボルギーニなどの専門館もあります。

サン・ドニ大聖堂

107

所在地　フランス共和国　セーヌ・サン・ドニ県サン・ドニピエール・ド・モントルイユ
設計　不詳

フランス王歴代の埋葬聖堂は、ゴシック建築最初の建造物

　　サン・ドニ大聖堂は、歴代フランス君主の埋葬地となった教会堂で、イギリスにおけるウェストミンスター寺院のような存在です。今では大聖堂と呼ばれていますが、司教座が置かれたのは1966年であり、それ以前はローマ教皇から特別な地位を与えられたバシリカ（大修道院教会堂）でした。

　　現在見られるサン・ドニ大聖堂は、大修道院長シュジェール（1081？〜1155年）が指示し、わずか4年で完成して1144年に献堂されました。ゴシック建築の最初の建造物として、建築史上の画期的な大聖堂です。

　　ただし建設当時のままに残るのは、半円形に壁を突出させて半ドームの屋根をつける後陣（アプス）のみ。今に残る建築の大部分は、大修道院長ウード・クレマンが1231年に着工したものです。ウード・クレマン時代に改築造営された部分は、ゴシックのなかでも「レイヨナン式」の最初期の例として重要視されています。過熱化した大聖堂の巨大化競争の反動から、小規模な建物に入念で華麗な装飾を施そうとするゴシック様式のひとつです。

　　もっと知りたい！　サン・ドニの由来については、守護聖人・聖ドニ（サン・ドニ）の逸話があります。3世紀のフランスの司教だった聖ドニはモンマルトルで斬首されますが、首を刎ねられてもすぐには絶命せず、自分の首を持ってパリ郊外のこの地まで歩いて絶命します。その後、当地はサン・ドニと呼ばれるようになり、教会堂を建てたのがサン・ドニ大聖堂の始まりといわれます。

ソコッル・メフメト・パシャ橋

所在地 ボスニア・ヘルツェゴビナ　スルプスカ共和国ヴィシェグラード
設計 ミマール・スィナン

オスマン帝国の土木技術の高さを証明した世界遺産の橋

　16世紀末のオスマン帝国の大宰相ソコッル・メフメト・パシャが建設を命じたこの橋は、オスマン帝国の宮廷建築家だったミマール・スィナン（1494頃〜1588年）が設計しました。キリスト教徒の石工の家に生まれながら、オスマン帝国に常備軍歩兵として徴用されたスィナンは、瞬く間に軍団長に出世し、4代のスルタン（君主）に50年間も仕えました。

　一方、遠征先各地でさまざまな建築を実見し、前線で土木工学に関する実践的経験を積んで道路や橋梁、水路といったインフラを含む建築家としての基礎を磨いたといいます。軍人としては要塞建築のエキスパートでしたが、スルタンの一族はもちろん、地方長官や大商人までもがパトロンとなって建築を依頼するようになります。かくてイスタンブールを中心に400から500の建築を手がけたスィナンの橋梁建築の傑作が、ソコッル・メフメト・パシャ橋です。

　全長は179.5mで、11の石組みのアーチが15mほどの間隔で並んでいます。アーチの先端を尖らせて装飾性を際立たせる一方、橋脚は下に向けて扇状に広がり、川の流れの圧力を逃がして安定性を確保しています。その建築水準の高さから、2007年に世界遺産に登録されました。

もっと知りたい！　50歳頃から帝室造営局長に任命されたスィナンは、軍歴で培った建築技術を活かし、宗教施設の建設を求められるようになります。自身も最高傑作と認めるトルコのエディルネにあるセリミエ・モスクは、オスマン皇帝セリム2世の命で1568年から1574年にかけて建設されました。イスラム建築の最高到達点と称えられています。

ギャンブル邸

109

所在地	アメリカ合衆国　カリフォルニア州パサディナ
設計	チャールズ・サマー・グリーン、ヘンリー・マザー・グリーン

富裕層の別荘地に建つ日本建築に触発された木造邸宅

　ロサンゼルス北部郊外のパサディナは、古くから裕福層の週末別荘地として開発されてきました。その一画にアメリカン・アーツ&クラフツの代表作となった「ギャンブル邸」があります。施主は企業の経営者のデイビット・ベリー・ギャンブルです。

　設計は、チャールズ・サマー・グリーン（1868～1957年）とヘンリー・マザー・グリーン（1870～1954年）兄弟が担い、1909年に完成しました。依頼内容は、豪壮な邸宅ではなく、自然との調和を求めた簡素な建物をというものでした。

　イギリスのウィリアム・モリスによるアーツ&クラフツ運動に共鳴していたグリーン兄弟は、手づくりの職人技を極めた建築家で、施主の要望に応じて、垂木や梁の細工にもこだわって切妻屋根が大きく張り出した独自の木造建築を生み出しました。

　グリーン兄弟は、1893年のシカゴ万国博覧会で見た日本館の木造建築に大いに触発されてギャンブル邸に生かしたといい、スイスの山荘のような外観のなかにどこか日本建築のような「和」の雰囲気が漂っています。

もっと知りたい!　ギャンブル邸の玄関の開き戸は松の木をデザインしたティファニーのステンドグラス。階段下のベンチから手摺りにはマホガニー材が美しく加工され、日本の大工や建具職人の技をイメージさせられます。リビングの暖炉には、長押もあれば欄間のようなものもあって、日本建築の美をグリーン兄弟独自の解釈でうまく採り入れています。

ピレリタワー

110

所在地	イタリア共和国　ロンバルディア州ミラノ
設計	ジオ・ポンティ

超高層ビルに「美的感覚」を持ち込んだモダニズムのデザイン

　ミラノ中央駅のすぐ前に建つピレリタワーは、20世紀ヨーロッパの高層ビルの草分けとなった存在です。32階建て、高さ約130mで、1958年の完成当時はイタリア一の高層建築でした。のみならず、四角柱が一般的な鉄筋コンクリート高層建築にあって、細い辺側の両端をカットし、従来の高層ビルにないシャープな外観を確立しました。

　横長の六角形平面が垂直に伸び上がっているイメージですが、厳密には正面と裏側の立面は直線ではなく、やや膨らみながら上層階にむけて細くなっています。頂上部分に黒い凹みを入れて引き締め、ファサードにあたる正面と裏面は一面のガラス窓で飾るなど、モダニズム建築でありながら、古典主義的な装飾のセンスを生かしています。

　設計者のジオ・ポンティ（1891〜1979年）は、イタリアの建築家で、インダストリアルデザイナー、家具デザイナーとしても幅広い才能を発揮した人物です。構造面で著名な構造エンジニアであるピエール・ルイージ・ネルヴィ（1891〜1979年）に協力を頼み、従来にないダイヤモンド型の平面を持つ細身の高層ビルを完成させました。

もっと知りたい！　コンクリートに鉄筋を入れた鉄筋コンクリート造は、英語の「Reinforced-Concrete（強化コンクリート）」の頭文字をとってRC造といいます。RC造が普及する前からある、柱や梁に鉄骨を使った鉄骨造は、「Steel（スチール）」からとってS造といいます。

オペラハウス（コペンハーゲン）

111

所在地 デンマーク王国　コペンハーゲン
設計 ヘニング・ラーセン

巨費を投じてこだわり抜いた世界一高価なオペラハウス

　コペンハーゲンの臨海地区に2005年1月に開館したオペラハウスは、円柱状のガラス張りのエントランスに、一枚板の屋根が運河にせり出すように大胆に伸び、北欧モダニズム建築の象徴的な作品のひとつに挙げられます。

　設計は、デンマークを代表する建築家ヘニング・ラーセン（1925〜2013年）です。劇場内の玄関の床はシチリア産の大理石を用い、ホワイエ（劇場やホールの入口部分の広い通路）の天井には、デンマークの芸術家オラファー・エリアソンによる球形のシャンデリアが3つあります。それぞれガラス片を組み合わせて造られ、空間の美しさを演出しています。

　観客席の天井には、24金のゴールドリーフを10万5,000枚も使用した装飾が施されています。贅を尽くした外観・内装のほか、音響設備や大きなオーケストラピットもオペラハウスとして高い評価を受けました。

　約1,500席のメインホールのほかに5つの劇場があり、オペラのほかに、芝居、バレエ、コンサートなどが頻繁に行なわれています。

もっと知りたい！　4億4,000万ドルもの巨費を投じたというコペンハーゲンのオペラハウスは、世界一高価なオペラハウスとして知られています。費用の大半を地元海運会社のオーナーが出資し、「金も出すが口も出す」ということだったそうです。設計した北欧の巨匠ラーセンは、それでも多くのところでデザイン的な妥協をせず通し、細部までこだわりを通しました。

ロレックス・ラーニングセンター

112

所在地 スイス連邦　ヴォー州ローザンヌ
設計 SANAA

知の交流をうながす大学の、生き物のような学習施設

　スイス連邦工科大学ローザンヌ校にあるロレックス・ラーニングセンターは、2010年竣工のキャンパス内に建設された学習施設です。50万冊もの本を所蔵する図書館や自習スペース・カフェ・レストランなどがあり、誰でも利用できます。

　設計を担当したのは、妹島和世（せじまかずよ）（1956年〜）と西沢立衛（にしざわりゅうえ）（1966年〜）のユニットSANAAです。彼らは金沢21世紀美術館などの設計により、2010年にプリツカー賞を受賞しています。どこにでもあるような学習施設でなく、図書館やシアター、オフィスなどを含む複合建築であることから、どこからでも入れ、中庭を閉鎖的にしないようにと設計されました。

　地面に沿って長大な建造物が緩やかな丘や平地を地面に接することなく続く様子は、まるで巨大な生き物が動いているかのような躍動感があります。722枚あるという窓ガラスは美しい光沢を見せ、ミーティング・スペースはガラスの仕切りで明るく開放的に、一方で白くて丸い壁で囲われた小さな部屋がたくさん造られています。

　スイスが誇る高級時計メーカー・ロレックスの時計台も、敷地内に設置されています。

もっと知りたい! 　スイス連邦工科大学は2校あり、ローザンヌ校はフランス語圏のローザンヌ西郊のレマン湖畔にあります。もう1校はドイツ語圏のチューリッヒにあるチューリッヒ校で、こちらはアインシュタインの出身校として知られています。1853年に私立学校として創設され、1869年にスイス連邦政府が公立化しました。国際的に高い評価を受け続けている大学です。

メルセデス・ベンツ博物館

113

所在地	ドイツ連邦共和国　バーデン・ヴュルテンベルク州シュトゥットガルト
設計	ベン・ファン・ベルケル、カロリン・ボス

「二重らせん構造」で内部に境界を造らない傑作博物館

　シュトゥットガルトのダイムラー工場の正門のすぐ外にあるメルセデス・ベンツ博物館は、2006年5月にオープンしました。建物は独特の「二重らせん」構造になっており、内部はスペースを最大化し、4,800㎡の建築面積に1万6,500㎡の展示空間を生み出しています。

　二重らせんは、美術館を「伝説の部屋」と「コレクション」に分割する展示コンセプトに対応し、博物館が所蔵する160台以上の車両を見学客のニーズに合わせて自由に見られるよう、壁で区切ることがない構造になっています。

　建物の設計はオランダ生まれのふたりの建築家、ベン・ファン・ベルケル（1957年～）とカロリン・ボス（1959年～）が1998年に設立した建築設計事務所UNスタジオが担当しました。館内はクローバーリーフのコンセプトに基づいて3つの重なり合う円を使用し、中心は広々として天井の高い三角形のアトリウムになっています。

　展示車両のなかには、自動車エンジンが誕生した当時の初期の車両もあり、北東にあるフェルバッハ市のメルセデスベンツクラシックセンターがメンテナンスを担当しています。

　もっと知りたい！　メルセデス・ベンツ博物館は2020年、バーチャル見学ができるデジタルプログラムの開始を発表しました。毎年世界中から80万人以上が訪れる博物館でしたが、新型コロナウイルスの影響で一時的に休館することになり、デジタル公開を始めました。約160台の車両と、収蔵する合計1,500の展示物をWebで見学できます。

アミアン大聖堂

114

| 所在地 | フランス共和国　ソンム県アミアン |
| 設計 | ロベール・ド・リュザルシュ |

フランス最大かつもっとも美しい都市型ゴシックの大聖堂

　ノートル＝ダム大聖堂といえば、首都パリのものが有名ですが、フランス北部の都市アミアンにも「アミアンのノートル＝ダム大聖堂」と呼ばれるアミアン大聖堂があります。盛期ゴシック期の大聖堂として、最も完成された姿と評されています。

　1220年に着工し、1288年に完成したアミアン大聖堂の68年という建設期間は、中世の大聖堂としては非常に短いものでした。建材の石を採石場から切り出してその場で加工し、建築現場に運搬するなど、分業と流れ作業による工事の効率化に成功したからです。

　短期間で完成したものの、均整のとれた美しいフォルムのゴシック建築となりました。フランスで最も高い大聖堂でもあり、身廊のヴォールト（半円状のアーチ型天井）頂点までの高さは43mあります。室内空間も全長145mで、フランス国内最大の大聖堂です。

　大聖堂内外の彫刻群も素晴らしく、「石の百科全書」とも称されています。ステンドグラスは、きめ細やかな幾何学デザインに極彩色の模様が施されています。礼拝に訪れる庶民にキリスト教の教えや宗教的感動を伝える、都市型ゴシック大聖堂の典型的な存在といえるでしょう。

もっと知りたい！　アミアン大聖堂の外壁を彩る彫刻のなかでも、正面の3つの扉口を飾る彫刻群は必見です。中央の扉口には最後の審判、その南側の扉口には聖母マリア、北側の扉口には聖フィルマンなどの聖人たちが描かれています。ファサードにはフランス国王の20体の像があり、その上部のステンドグラスのバラ窓は、外の光を受けると、神々しい光で堂内を満たします。

バシリカ・パッラディアーナ

115

所在地 イタリア共和国　ヴェネト州パドヴァ
設計 アンドレーア・パッラーディオ

ルネサンスの最後を飾る最初の職業建築家による改築施設

　バシリカ・パッラディアーナはイタリアのヴィチェンツァにある公会堂（バシリカ）で、街の中心のシニョーリ広場に面しています。1549年、まだ若手建築家であったアンドレーア・パッラーディオ（1508～1580年）は、15世紀に建てられたゴシック様式の公共施設（公会堂）であったラジョーネ宮の外壁に、白大理石で造られたアーチ両脇に柱梁の小間を配する「パラディアーナ」形式のロッジア（開廊）を設け、建物を改築する提案を行ないました。

　パッラーディオはルンサンス期の巨匠たちと違い、ほかの芸術には携わらない建築専業の「最初の職業建築家」といわれています。古代ローマ建築を調査し、建築的に論考した『ローマ建築』を1554年に出版。平面図を基本にして空間を設計し、それまでの彫刻家や画家を兼ねた先達たちによる建築とは違う手法でデザインした最初の人物です。

　同じ大きさのアーチが等間隔に並び、2本の柱が支えるのを「パラディアン・モチーフ」といいます。美しい外観のアーケードに囲まれたバシリカ・パッラディアーナは、1569年に建設が始まり、パッラーディオの死後の1614年に完成しました。

　もっと知りたい！　バシリカ・パッラディアーナは、建物の上層階は柱のない大空間のホールとなっていて、400人が同時に出席して会議を開くことができるスペースがあります。船底を逆にしたような銅葺き屋根は、ラジョーネ宮から着想されました。ラジョー

ネ宮時代のゴシック様式の外壁を形づくっていた赤や橙色の大理石は、現在でも建物内側壁に見ることができます。

ストックレー邸

116

所在地 ベルギー王国　ブリュッセル
設計 ヨーゼフ・フランツ・マリア・ホフマン

時代を先取りして「アール・ヌーヴォー」を終わらせた建築

　銀行家で美術品収集家でもあるアドルフ・ストックレーが、邸宅の建築をウィーン分離派運動の先駆的建築家ヨーゼフ・フランツ・マリア・ホフマン（1870〜1956年）に依頼したのは1905年のこと。建築の計画面から予算面まで、すべてお任せの発注で、そこから段階的に建築されて1911年に邸宅と庭園が完成しました。

　曲線が主体だったアール・ヌーヴォー建築から、単純化された直線で幾何学的に表現されたストックレー邸のデザインは、アール・ヌーヴォー建築の転換点となり、アール・デコやモダニズム建築誕生の端緒になりました。

　ストックレー邸は、1898年に画家のグスタフ・クリムトらが中心となった新しい芸術運動"ウィーン分離派"のなかでも、最も完全で均整のとれた建築のひとつといわれています。

　内装・外装、家具・日用品、庭園などを不可分のものと捉える総合芸術としてプロデュースされたストックレー邸は、内装をグスタフ・クリムトとフェルナン・クノップフという世界的芸術家たちが手がけています。

もっと知りたい！　ウィーン分離派のホフマンが担当したストックレー邸は、それまでなかった芸術家と職人を結びつけ、「総合芸術」という概念を生み出しました。照明や子供の玩具、扉の取手や植木鉢まで細部まで考え抜かれたデザインで、1軒の邸宅が予算度外視で築かれたのです。こうした位置づけから、ストックレー邸は2009年、個人宅ながら「世界遺産」に登録されました。

サンパウロ美術館

117

所在地 ブラジル連邦共和国　サンパウロ州サンパウロ
設計 リナ・ボ・バルディ

大スパンの真っ赤な梁で、建物を空中に固定した美術館

　アメリカとヨーロッパを除くと、質と量において傑出した西洋美術のコレクションを誇るサンパウロ美術館（1968年開館）。打ち放しコンクリートとガラス造の建造物に沿ってあざやかな赤で塗られた全長74mの2本の梁が平行に並び、両端で垂直に曲がって柱となり、上から建物を吊り下げるような構造になっています。

　この構造によって生まれた建物下の空間を「ピロティ」と呼びます。これは地上部分を外部空間とする構造のことで、サンパウロ美術館では市民が自由に通行できるフリースペースとしています。外観としても高床になったことで視界が抜ける開放感があります。

　戦後にブラジルに移住したイタリア人の女性建築家リナ・ボ・バルディ（1914〜1992年）は、1957年から11年かけてサンパウロ美術館の設計・建築に取り組みました。夫が美術館のキュレーターだったこともあり、代表作を生み出す仕事に恵まれたのです。

　美術館内部は、階段や休憩スペースなどに外部の梁と同じ赤が効果的に使われ、作品の展示スペースは、白をベースにモダンにまとめられています。

もっと知りたい！　サンパウロ美術館は、ブラジルの新聞王アシス・シャトーブリアン（1891〜1968年）によって、サンパウロ市のパウリスタ大通りに面した高台に1947年に設立された南半球最大の美術館。戦前戦後に手放された美術品を大量に買い進め、マネ、モネ、ルノワール、ゴッホ、ゴーギャン、セザンヌなど、印象派、後期印象派の秀作を所蔵しています。

アレクサンドリア図書館

118

所在地 エジプト・アラブ共和国　アレクサンドリア県アレクサンドリア
設計 スノヘッタ

21世紀に蘇った2000年前の「知の殿堂」

　　紀元前331年にアレクサンドロス大王の名を冠して建設されたアレクサンドリア市には、2300年前のプトレマイオス朝の時代に築かれた、古代最大かつ最高の学術機関だったアレクサンドリア図書館がありました。図書館は3世紀頃にローマ軍によって破壊され、永久に失われましたが、その学問と知の殿堂を再興するプロジェクトが、エジプト政府主導のもと1986年に始まり、建物の国際設計コンペが行なわれました。

　　結果、ノルウェーとニューヨークに拠点を持つ国際的な建築家集団スノヘッタの案が採用され、「新アレクサンドリア図書館」として2001年に完成しました。

　　円柱が斜めにカットされたような特異な外観は、直径160m、高さ32mの規模があり、巨大な円柱は地面約12mまで埋められています。外壁は格子状のアルミニウムパネルで覆って太陽光の熱を和らげ、オープンな緑の広場と反射池が図書館を取り囲んでいます。

　　閲覧室は斜度のある円板の真下にあり、90本のコンクリート製の白い円柱が並んでいます。部屋は1階から7階まであり、800万冊を収蔵できる中東最大の図書館です。

もっと知りたい!　アレクサンドリア図書館は総面積約8万5,000㎡、建造費は約2億ドルというスケールになりました。建設のきっかけになったのは、1974年にエジプトを訪問したアメリカのニクソン大統領が、図書館が古代に失われているのを知らずに発した、「アレクサンドリア図書館を見学したい」という発言だったという逸話があります。

カーソン・ピリー・スコット百貨店

119

所在地　アメリカ合衆国　イリノイ州シカゴ
設計　ルイス・サリヴァン

耐火鉄骨造による世界初の百貨店は、シカゴのランドマーク

　1871年に、17,400の建物が全焼し、10万人が家を失ったというシカゴ大火がありました。19世紀アメリカ最大の惨事となった大災害でしたが、これを機にシカゴ再開発が大々的に始まります。

　その流れのなかで、1898年から1903年にかけてカーソン・ピリー・スコット百貨店が建設されます。シカゴ派の大物建築家のひとりである設計者のルイス・サリヴァン（1856〜1924年）は、カーソン・ピリー・スコット百貨店の建築に、世界初の鉄骨を耐火被覆材で保護した耐火鉄骨造を採用しました。

　また1階から2階の商業部分には贅沢な鋳鉄装飾があり、ヨーロッパ的なアール・ヌーヴォーを思わせる雰囲気を漂わせています。当時、最先端の技術を使ったショーウインドーの「シカゴ窓」など、シカゴ繁華街のランドマークとして愛されました。

　復興特需の商業ビル建築ラッシュのなかで、建築家たちは新しい技術やデザインを駆使して競い合いましたが、シカゴ市民の心をもっともつかんだ建築のひとつです。

もっと知りたい！　2007年に、「カーソン・ピリー・スコット百貨店」は閉鎖になり、建物は「サリヴァンセンター」と名称変更されました。2008年から改修プロジェクトが始まり、2010年に改装作業が完了しています。大火災から復興したシカゴで、「世界一混雑した街角」といわれた目抜き通りを飾ったビルは、サリヴァン建築の記念碑のひとつとして今も健在です。

オセアノグラフィック水族館

120

所在地 スペイン王国　バレンシア州バレンシア
設計 フェリックス・キャンデラ

ヨーロッパ最大の水族館は、巨大な貝殻のような構造

　HPシェル構造とは、薄い曲面板からなる構造で、まるで「シェル（貝殻）」のような外観を持ち、流れるような曲線美と曲面による空間作りが鮮烈です。マドリード出身の建築家フェリックス・キャンデラ（1910～1997年）が得意とする構造で、彼の住んだメキシコシティに数多くの作品が残っています。

　キャンデラが設計したバレンシア芸術科学都市内にあるヨーロッパ最大の水族館「オセアノグラフィック」は、四方に大きなシェルを翼のように広げ、非常に印象的な外観が多くの人を魅了しています。

　水量合計が約4万2,000t、展示されている生き物の数は約500種と、世界的にもトップクラスの水族館です。

　水槽のほとんどが地下に埋められ、地上には大きな池があって、魚やカメ、水鳥などが生息しています。陸上にはあまり高い建物がなく、広い公園のような雰囲気があり、外側も居心地がいい空間です。

もっと知りたい！　オセアノグラフィック水族館には、外側に別途建設されている施設があり、もっとも目を引くのは、イルカショーが行なわれる野球スタジアムのような「イルカのプール」です。本館内でも大きなクジラが複数見られる「南極ゾーン」、約7,000tの水量で築かれた水槽のトンネル「オーシャンズ」などがあります。

シュパイアー大聖堂

121

所在地 ドイツ連邦共和国　ラインラント＝プファルツ州シュパイアー
設計 不詳

皇帝の墓所として建てられた世界一大きなロマネスク建築

　神聖ローマ皇帝コンラード2世（990？〜1039年）が、自身の墓所として1024年から1061年にかけて建てさせたシュパイアー大聖堂は、全長134m、身廊の幅が37.6mあり、4本の塔と3列の側廊を持ち、世界最大の大聖堂といわれています。またロマネスク建築の特徴である祭壇を置くアプスと呼ばれる半円形に飛び出した最奥部を持っています。

　シュパイアー大聖堂は、完成から600年以上を経た1689年にルイ14世のフランス軍によって焼かれ、1784年に再建されました。しかし1794年にも再びフランス軍に焼き討ちされ、その後、バイエルン王ルートヴィヒ1世（1786〜1868年）が再興しています。

　大聖堂内は華美な装飾はなく、窓から差し込む光とその影が大聖堂の荘厳な雰囲気をつくりあげています。建築の平面形式はバシリカ様式で、中央の身廊と両側の列柱を隔てて2辺の側廊で構成されます。均整がとれたバシリカ様式の見本といわれています。ロマネスク建築から初期ゴシックに移り変わる時期の大聖堂です。シュパイアー大聖堂は地下聖堂も世界最大で、幅35m、全長46m、丸天井まで高さは7mあります。

もっと知りたい！　地下大聖堂は、歴代皇帝、王、司教の眠る墓所で、皇帝墓所の前室正面には、1291年に逝去した、ハプスブルク家初の神聖ローマ帝国皇帝ルドルフ1世のレリーフがあります。皇帝墓所までの途中には約16の石棺が並び、ドイツで最も重要な皇帝、王の墓所とされています。

サン・カルロ・アッレ・クワトロ・フォンターネ聖堂

122

所在地 イタリア共和国　ローマ
設計 フランチェスコ・ボッロミーニ

バロック特有の動的な曲面を駆使した計算と幻想の融合

　サン・カルロ・アッレ・クワトロ・フォンターネ聖堂は、ローマにあるカトリック教会の聖堂で、建築家フランチェスコ・ボッロミーニ（1599〜1667年）の独立後最初の作品です。

　サン・ピエトロ大聖堂の現場で石工として働くうちに腕を買われ、工事主任のカルロ・マデルノの助手となったボッロミーニは、マデルノ死後は後任のベルニーニとともにバルダッキーノを完成させます。しばらくベルニーニの下で働きますが、やがて独立します。

　そのきっかけとなったのが、1638年のサン・カルロ・アッレ・クワトロ・フォンターネ聖堂の建築依頼でした。ベルニーニとは後年、建築をめぐって意見が合わなくなったといい、その後に協力しあうことはなく、1641年にフォンターネ聖堂を完成させました。

　サン・カルロ・アッレ・クワトロ・フォンターネ聖堂のファサードは、古典的建築にはない波打つ曲線の凹凸があり、高いコリント式円柱が台座の上に立ち、エンタブラチュアを支えています。この動的で幻想的な姿も、残された図面には円形や三角形を組み合わせた幾何学図形が整然と描かれ、石工出身のボッロミーニならではの建築観がうかがえます。

もっと知りたい！　同じバロック建築でもベルニーニは古典主義的で端正な作風でしたが、ボッロミーニは曲面を多用し、幻想的な効果を上げることを得意としました。その代表がサン・カルロ・アッレ・クワトロ・フォンターネ聖堂です。後のバロック建築に大きな影響を与えた建築家ですが、晩年は神経症に苦しみ、1667年、衝動的に自殺を遂げています。

ヴァイセンホーフ住宅団地

123

所在地　ドイツ連邦共和国　バーデン＝ヴュルテンベルク州シュトゥットガルト
設計　ミース・ファン・デル・ローエ

実験住宅展示場から生まれたモダニズム団地

　　ドイツ・シュトゥットガルト市郊外にあるヴァイセンホーフの丘で、1927年、ドイツ工作連盟主催の住宅展覧会が開催されました。

　　モダニズム建築のミース・ファン・デル・ローエ（1886〜1969年）が全体計画を立て、ドイツを中心に、ル・コルビュジエ（1887〜1965年）、ヴァルター・グロピウス（1883〜1969年）ら17人の建築家が参加し、21週間で21戸の住宅が建設されました。第二次世界大戦の戦火により、いくつかの住宅は失われましたが、ミースのヴァイセンホーフ住宅団地（ジードルンク）は現在も住宅として使用されています。

　　現存するミース・ファン・デル・ローエ設計の集合住宅は、外壁の鉄骨フレームと階段部分を吹き抜けに設け、部屋内部レイアウトを柔軟にしています。キッチンと浴室を除いた空間を、居住者のニーズにより自由に変更できます。

　　窓が水平に連続したように続くファサード（建物正面）、突出したバルコニーが特徴的で、外壁は今でも完成時と同じ淡いピンクトーンを保っています。

> **もっと知りたい！**　設計者のミースは、ドイツ出身のモダニズム建築家として強い影響力を持ち、「ユニヴァーサル・スペース」と呼ばれるどのような用途にも対応できる内部空間を提唱しました。「Less is more（より少ないことは、より豊かなこと）」や「God is in the detail（神は細部に宿る）」などの名言で知られています。

カデット・チャペル

124

所在地　アメリカ合衆国　コロラド州コロラドスプリングス
設計　ウォルター・ネッチュ

空軍士官学校の敷地内に建つ近未来的すぎる礼拝堂

1961年の建築ながらアルミニウム、ガラス、鋼を建材とするカデット・チャペルは、高さ46mという17本の尖塔がそびえるアメリカ空軍士官学校内の礼拝堂です。その独創的すぎる近未来的外観が物議をかもしたという当時最先端のモダニズム建築は、SOM（スキッドモア・オーウィングズ・アンド・メリル）のウォルター・ネッチュ（1920～2008年）によって設計されました。

ネッチュはアメリカ空軍士官学校全体の設計主任でしたが、チャペルはまるでモニュメントのような外観で、あらゆる宗教に対応できるよう、キリスト教徒はカトリックとプロテスタントで別、仏教徒、ユダヤ教徒、イスラム教徒とすべて異なる礼拝室が築かれています。

アルミニウムが多用された外壁に折板構造（板を折り曲げることによって剛性と耐性を高める手法）を採用したことでアコーディオンのような外観とな

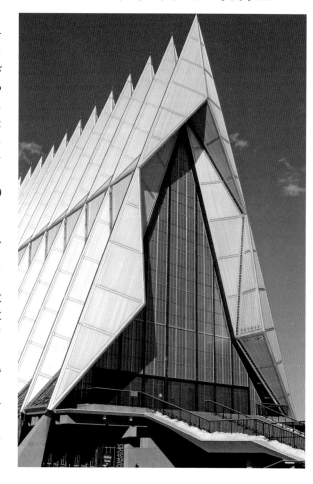

り、当初の批判を跳ね除けて士官学校のキャンパスのシンボルになっています。

2004年には国定歴史建造物に指定され、コロラド州でもっとも多くの観光客が訪れるチャペルになっています。

もっと知りたい！　折り紙のように立体化させたアルミニウムのパネルのジョイント部分には隙間があり、そこに色ガラスが嵌められています。ガラスは8色の基本色を使い、暖色から寒色のグラデーションに彩られていますが、礼拝堂内はSFに出てくる未来の宇宙基地のような雰囲気をかもしだしています。

カタルーニャ音楽堂

125

所在地 スペイン王国　カタルーニャ州バルセロナ

設計 リュイス・ドメネク・イ・モンタネール

世界遺産にもなった「モデルニスモ」の貴重な音楽堂

　　1908年建築のバルセロナのカタルーニャ音楽堂は、1997年、サン・パウ病院とともに世界遺産に登録されました。ともに設計は若き日のアントニオ・ガウディを指導した建築家リュイス・ドメネク・イ・モンタネール（1850〜1923年）です。

　　毎年50万人以上の人々が訪れるカタルーニャ音楽堂は、地元の合唱団オルフェオ・カタラの本拠地として1905年から1908年にかけて建設されました。モデルニスモ（バルセロナを中心に20世紀前後に流行した、フランスではアール・ヌーヴォーと呼ばれる芸術様式・芸術運動）の代表的な建築様式で、装飾に重点を置くモンタネールは、優れた彫刻家や手工芸家たちと協力し、音楽堂の外観を赤レンガに花模様のタイルで装飾しました。

　　さらに内部は、ドーム型のエントランス、その上にパイプ型の美しい柱が配されたバルコニー、上にはモザイク画が描かれています。

　　2階にある大ホールは、陽の光が降り注いで美しく輝く大きな天井のステンドグラスが圧巻。モンタネールの最高傑作との呼び声が高い建築です。

もっと知りたい！　カタルーニャ音楽堂の最大の見どころといわれるのは、大ホールの上で万華鏡のように美しく輝く天井の巨大な円形のステンドグラスです。3フロアからなる客席は2,200人の収容で、パイプオルガンを据えた小ぶりなステージがどこからでもよく見えるように設計されています。

クリーヴランドのアーケード

126

所在地　アメリカ合衆国　オハイオ州クリーヴランド
設計　ジョン・アイゼンマン、ジョージ・H・スミス

1890年に建設されたアメリカで初のショッピングアーケード

　工業都市として栄えたオハイオ州のクリーヴランドにある長さ88m、幅18m、高さ32mの鉄骨トラス造の屋根を持つクリーヴランドのアーケードは、1890年に建設されました。屋内ショッピングアーケードとしては、アメリカ最古といわれています。

　ジョン・アイゼンマンとジョージ・H・スミスによって設計されたアーケードは、1,800枚というガラスが使用されています。アーケードを形成する周囲の9階建ての建築物は、ヨーロッパの伝統的な都市空間の雰囲気が出るよう装飾されています。

　五大湖工業地帯の中心都市として重工業を中心に発達したクリーヴランドでしたが、産業構造の変化によって一時は「廃虚の町」とまでいわれました。それがかえって、当時のアーケードを現代に残す結果になりました。アメリカの国家歴史登録財に指定されています。

　2001年からは、アーケードはハイアットリージェンシーホテルとして再開発され、高級ホテルの一角として現役で活躍しています。アーケード部分は巧みに保存・補修され、小売店とフードコートとして一般に公開されています。

もっと知りたい！　近隣地区開発や地域最活性化が奏功し、工場の跡地がレストランやクラブになるなど、クリーヴランドは文化の発信地として劇的な変化を遂げています。ロックの歴史に名を刻んだミュージシャンの足跡を紹介する「ロックの殿堂」美術館などは、その一例です。新旧の文化が混ざりながらも、調和のとれた町並みがクリーヴランドの魅力です。

オルドス博物館

127

所在地　中華人民共和国　内モンゴル自治区オルドス市
設計　MADアーキテクツ

世界最大級の美術館は、建築自体が世界屈指の芸術

　中国の内モンゴル自治区にあるオルドス市は、砂漠と草原が広がる地域で、元々は遊牧民が定住せず暮らし、カシミアに代表される毛織物や糸を生産していました。しかし、鉱物などの膨大な量の地下資源が見つかったことで、この地の人々の暮らしは一変しました。

　資本が投下され、高級マンションや広い道路などが整備されて外から人口が流入しましたが、石炭資源バブル崩壊とともに人口減に転じ、オルドス市は苦境に立たされてしまいます。そうしたなか、2012年に観光誘致の一環としてオルドス博物館は建設されました。

　紀元前千数百年まで遡るモンゴルの歴史と文化を伝えるための博物館ですが、広大なゴビ砂漠のなかに忽然と現われた丸みを帯びた巨大な建築は、どっしりとしたブロンズの巨石のオブジェのようです。不規則で緩やかな曲線が、かえって周囲の風景に溶け込んでいます。

　館内は垂直面も水平面にも広い空間が広がり、白を基調とした涼やかな感じが演出されています。また、自然光をうまく採光し、随所に太陽光パネルを設置するなど、環境にやさしい建造物としても評価されています。

もっと知りたい！　設計を担当したMADアーキテクツは、馬岩松と党群、そして日本人の早野洋介による建築家グループで、2004年に北京で事務所が設立されました。中心的な存在の馬岩松は1975年生まれです。彼がイエール大学に留学し、ロンドンのザハ・ハディド事務所に勤務したことが、曲面・曲線を多用する現代建築を得意とすることにつながったといいます。

ボーヌの施療院

128

所在地 フランス共和国　ブルゴーニュ=フランシュ=コンテ地域圏ボーヌ
設計 ジャック・ウィスクレル

中世の民間建築を今に残す貧しい人のための施療院

　ボーヌの施療院（オスピス・ド・ボーヌ）は、ブルゴーニュ公国の宰相ニコラ・ロランによって1443年に建てられた、貧しく病に苦しむ人々を救済するための施療院です。英仏間の百年戦争の後期、ボーヌの街は貧困と飢餓にあえぎ、市民を救う必要がありました。

　当時の建築がそのまま残るボーヌの施療院は、ゴシック様式のファサード（正面）と幾何学的で色鮮やかなモザイク模様で飾られた瓦屋根が特徴です。

　窓や飾破風のトレーサリー（狭間飾）などの装飾が、火炎の形状になるのは、後期フランス・ゴシックのフランボアイヤン様式といいます。庭を囲むように4つの建物が建つのは、典型的な中世の公立病院の形です。

　施療院は非常に良い状態で保存され、中世の民間建築が今日まで残る稀有な例で、内部では家具、タペストリー、薬壺など、多種多様なコレクション5,000点が紹介されています。

　その他、色彩鮮やかな梁や装飾が印象的な大広間「貧者の部屋」、その奥のゴシック建築のチャペル、陶器や錫製の薬壺を並べた薬局などが残っています。

もっと知りたい！　世界的ワインの産地ブルゴーニュにあるボーヌの施療院は、優れたワイン醸造の技術を獲得し、生産したワインの売上を施療院の運営費や慈善事業に充ててきたことでも有名です。秘蔵ワインを保存する全長数百mのセラーがあり、現在も所有するブドウ畑を22のブドウ栽培者に託しています。

ホロコースト記念碑

所在地 ドイツ連邦共和国　ベルリン州ベルリン
設計 ピーター・アイゼンマン

2711基の石碑が整然と並ぶパブリックアート

　ホロコースト記念碑は、正式名称を「虐殺されたヨーロッパのユダヤ人のための記念碑」といい、2005年5月12日にベルリンのブランデンブルク門の南に開設されました。サッカーコート約2面分にあたる1万9,073㎡の敷地に、グリッド（格子）状に2,711基のコンクリート製の石碑が並んでいます。柱と柱の間は幅0.92mの通路になっています。

　設計したのは、脱構築主義の建築家で、アメリカ・ニューヨーク在住のピーター・アイゼンマン（1932年〜）です。ニュージャージー州出身のアイゼンマンは、「制度」「権威」「構築性」という既存の価値に、どうやって挑戦するかを考えた理論的建築家です。ホロコースト記念碑のコンペの企画書で、「ホロコーストの想起は、けっしてノスタルジーなものであってはならない」とし、訪問者側がそれぞれ思いを馳せる場として設計しています。

　横幅2.38m×奥行0.95mのブロックが、多様な高さ（0.3m〜約4.7m）で整然と並んでおり、地下にホロコーストに関する情報センター、イスラエルの記念館ヤド・ヴァシェムが提供したホロコースト犠牲者の氏名や資料などが展示されています。

もっと知りたい！　アイゼンマンのデザインは、500以上という造形コンペの応募作のなかから選ばれました。その企画書で、アイゼンマンは「ホロコーストの想起は、けっしてノスタルジーであってはならない」と記しましたが、記念碑は「体験の場」であり、「生の体験」を提供することで「生の想起」につながる場とすることを意図しています。

マジョレル邸とアトリエ

130

所在地 モロッコ王国　マラケシュ
設計 ポール・シノアール

「マジョレル・ブルー」が印象的なモロッコの邸宅

　「南の真珠」といわれる美しい街・モロッコのマラケシュに、フランス人画家ジャック・マジョレル（1886～1962年）の邸宅とアトリエがあります。

　マジョレル邸とアトリエが建設されたのは1923年のこと。結核の療養のためにモロッコに来たマジョレルは、その当地の強烈な光を気に入り、ヤシの木農園を買い取って、広大な庭園を持つ自邸とアトリエを築こうと考えます。設計は、フランス人建築家ポール・シノアールが担当しました。

　建物の外壁を「マジョレル・ブルー」と呼ばれる美しい青で染め上げるとともに、アトリエにパーゴラ風の柱廊、モロッコのアラベスク模様の伝統的なタイルやモザイクタイルなどを使用。アール・デコ様式のなかにイスラム美術を採り入れた形となっています。庭園には、ブーゲンビリアやハイビスカスなどの色鮮やかな花が咲き乱れ、大ぶりの睡蓮が浮かぶ池との色彩の対照が見事です。1947年からマジョレル邸の庭園は一般公開されるようになりましたが、1962年にマジョレルが交通事故に遭ってしまい、庭園は売却されることになりました。

もっと知りたい！　1962年にマジョレルが亡くなった頃には、手入れもされずに荒廃していた庭園は、世界的なファッションデザイナーであるイヴ・サン・ローランの目に留まりました。1980年にイヴ・サン・ローランとそのパートナーのピエール・ベルジュに買い取られ、入念に修復されてもとの美しさを取り戻したのです。

TWAフライトセンター

131

所在地 アメリカ合衆国　ニューヨーク州ニューヨーク市
設計 エーロ・サーリネン

シェル構造屋根の先駆となった国際空港ターミナル

　ジョン・F・ケネディ国際空港のターミナル5は、アメリカの世界的な建築家エーロ・サーリネン（1910～1961年、フィンランド出身）の設計により、1962年にオープンしました。サーリネンは完成の前年に脳腫瘍のため51歳で亡くなりますが、この建築物により、アメリカ建築家協会（AIA）から1962年のAIAゴールドメダルを受賞しました。

　ターミナル5はトランスワールド航空（TWA）の自社ターミナルであったことから、「TWAフライトセンター」とも呼ばれます。1955年の設計依頼から完成まで7年を要していますが、初期設計案の段階でうまくいかなかったといいます。

　しかし、完成したターミナルはRC造の薄い曲面板を採用し、鳥が羽を広げたように見える「シェル構造」の屋根を持つ建築の先駆けとして、優美で印象的なモニュメント的存在としてサーリネンの代表作のひとつとなりました。最初は彫刻家を志していたサーリネンは、コンクリートの可塑性を活かした芸術作品のような建築を多く手がけています。

　しかしターミナルそのものは旅客増に対応しきれず、2001年に利用停止になりました。

　もっと知りたい！　「TWAフライトセンター」は、1994年にニューヨーク市の歴史建造物に、2005年にアメリカ合衆国の国家歴史登録財に指定されました。しばらくは放置されていましたが、2019年、505の客室を擁する「TWAホテル」が隣接してオープンし、観光用に「TWAフライトセンター」には再び灯りがともっています。

グラスゴー美術学校

132

所在地 イギリス　スコットランド　グラスゴー
設計 チャールズ・レニー・マッキントッシュ

卒業生の建築家が設計した歴史的存在の美術学校校舎

　建築、ファインアート、デザインの3つの学部を持つグラスゴー美術学校は、1845年創立の伝統ある公立美術大学です。1884年、その夜間部に16歳で入学し、のちに現在に残る校舎を設計するのが、建築家チャールズ・レニー・マッキントッシュ（1868〜1928年）です。

　傾斜地に建つ細長い土地に新校舎の設計案を募集する母校のコンペに応募したマッキントッシュは、革新的で実用性あるシンプルな設計で優勝し、1897年から1899年にかけて東館、1907年から1909年に西館を建設しました。

　道路に面して配されたタテに細長いガラス窓は部屋の大きさごとに異なり、校内にバランスのいい自然光を採り入れています。外観は砂岩を用いて古代建築のような重厚さを出す一方、校内は近代的で機能的なデザインを採用しています。

　マッキントッシュは、イギリスのウイリアム・モリス（1834〜1896年）が主導したアーツ・アンド・クラフツ運動（美術工芸運動）の実践者でありながら、スコットランドのアール・ヌーヴォーといわれる独自のスタイルをグラスゴー美術学校の校舎建築で確立しました。

もっと知りたい！ グラスゴー美術学校の建築に関する学部の名前は、マッキントッシュ建築学部といいます。母校の校舎で大きな足跡を残した設計者を称えた名称です。しかし、2014年5月に地下から火災が起こり、有名な校舎は大きく損傷しました。有名なマッキントッシュ図書館は水に浸り、校舎全体の復旧もまだ目処が立っていません。

ボデガス・イシオス

133

所在地 スペイン王国　バスク州ラグアルディア
設計 サンティアゴ・カラトラバ

羽ばたく巨大な翼のような屋根を持つ独創的なワイナリー

　ブドウの栽培面積世界一、ワイン生産量は世界第3位のスペインのラグアルディアという小さな町に、バレンシア出身の建築家サンティアゴ・カラトラバ（1951年〜）が設計したアルミ色の屋根が波うつ鮮烈なデザインの建築物のワイナリーがあります。

　幅が約200m、広さ約8000㎡のボデガス・イシオスは、大きな屋根全体がゆるやかな曲線を描いて波打ち、あたかも自由に生長したブドウのツタのうねりか、飛び立とうとする鳥の翼のように見えます。

　外壁の多くは木材でつくられた木造建築ですが、屋根は木材をアルミ板でカバーして使用されています。巨大な建築ながら建物の高さは抑えられ、周囲の山々との調和もとれた景観に溶け込んだような造りになっています。

　「ボデガス」とはワイナリーの意味。「イシオス」はワインの製法を人間に伝えたとされるエジプトの神イシスとオシリスにちなんでいます。ボデガス・イシオスの前には水が湛えられ、波打つ建物の曲線美が映り込む趣向になっています。

もっと知りたい！　うねるような曲線の天井を持つボデガス・イシオスの内部にはたくさんのワイン樽が整然と並び、保管されています。しかしこのワイナリーの生産量は、年間9万本ほどで、国外にはほとんど出回っていません。

30セント・メリー・アクス

所在地 イギリス　ロンドン
設計 ノーマン・フォスター、フォスター・アンド・パートナーズ

「小さいきゅうりのピクルス」の愛称を持つ金融街の巨大ビル

　イギリスの首都ロンドンに位置し、同国経済の中心地となっている金融街「シティ」。そこにひときわ目立つ姿でそびえるのが、巨大な砲弾のようなロケット型の近未来的な超高層ビル「30（サーティ）セント・メリー・アクス」です。

　その名の通り、セント・メリー・アクス通り30番地にあるこのビルの愛称は「ガーキン」といい、「小さいきゅうりのピクルス」を意味します。この独特の設計は、ハイテク建築で数々の賞を受賞し、1999年に一代貴族として男爵の地位を与えられたイギリスの建築家ノーマン・フォスター卿（1935年〜）と、その建築設計事務所フォスター・アンド・パートナーズ社によるもの。ビル周辺に起こる風の乱気流を減少させるため、精巧な円錐形状の高層建築としているのです。このアイデアにより英国王立建築家協会（RIBA）から、2004年にスターリング賞を受賞しています。

　施工はスウェーデンのスカンスカ社で、2003年に完成しました。同レベルの高層建築に比して半分の消費電力で済む省エネ構造にもなっています。

もっと知りたい！　ビルの最上階である40階はバーで、ロンドンの街の360度パノラマを堪能できます。残念ながら30セント・メリー・アクスはオフィスビルのため、オフィス関係者しか内部には入れませんが、ロンドンで毎年開かれている「オープン・ハウス・デー」の期間中は一般公開されるようです。

ブリュッセル市庁舎

135

所在地　ベルギー王国　ブリュッセル

設計　ヤコブ・ファン・ティエネン、アルマン・ド・ヴォーゲル、ヤン・ファン・ロイスブルーク

ベルギー独自のゴシック建築が左右非対称の理由

　中世ヨーロッパのゴシック建築の傑作のひとつに数えられるブリュッセル市庁舎は、最も古い東棟（正面からみて左側）と中央の高い塔、西棟は別の建築家が時期をずらして手がけています。棟を真ん中に左右非対称に見えるのはそのためです。

　東棟は、1401年から1421年の間にフランドルの建築家ヤコブ・ファン・ティエネンによって設計されました。西棟は1444年の着工ですが、建築家の名前は不明です。

　建物の中心からややずれたところに建つブラバント・ゴシック様式の高さ96mの塔は、宮廷建築家であるヤン・ファン・ロイスブルーク（1293？～1381年）によって、1455年までには古い塔に代わって建てられたとされます。

　ブラバント・ゴシックとは、1183年頃成立したブラバント公国からとった名前で、16世紀後半からオランダを中心に見られた高い塔を正面に備えるゴシック建築の亜種です。オランダ、ベルギーでは宗教建築にも用いられましたが、都市の発展に伴って市庁舎、商人や職人の組合会館も好んで高い塔を備えたブラバント・ゴシックが採用されました。

もっと知りたい！　ブリュッセル市庁舎は、1998年登録の世界遺産「ブリュッセルのグラン・プラス」に面しています。グラン・プラスは首都ブリュッセル中心部にある縦110m×横70mほどの石畳の広場で、市庁舎のほか王の家（市立博物館）、ギルドハウスなどの歴史的建造物に囲まれています。

フランクリンコート

136

所在地 アメリカ合衆国　ペンシルヴェニア州フィラデルフィア
設計 ロバート・ヴェンチューリ

鉄のフレームで家の骨格を再現したモニュメント

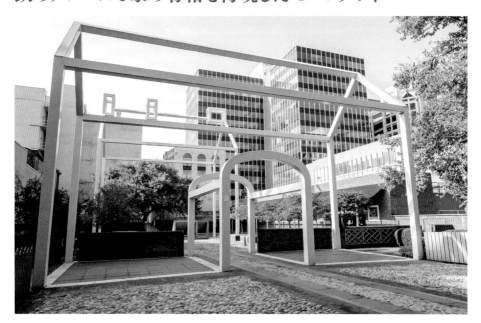

　「アメリカ建国の父」と称えられ、100ドル紙幣の顔であるベンジャミン・フランクリンは、1763年から1790年に亡くなるまでの27年間をフィラデルフィアで過ごしました。「フランクリンコート」は、その住居跡とミュージアム、歴史的建築物からなる複合施設です。

　住居は1812年に取り壊されましたが、アメリカ合衆国建国200年にあたる1976年に家の跡地に、世界的なポストモダンの建築家ロバート・ヴェンチューリ（1925〜2018年）が設計した、「ゴースト復元」と呼ばれるフレーム展示のモニュメントが設置されました。

　鉄のフレームを組み上げ、家の輪郭だけを抽象的に表現したもので、地面には白い大理石が敷かれています。いくつか覗き穴のある設備があり、実際の遺構はそこから観察することができます。

　ヴェンチューリは単純性・純粋性などを美学とするモダニズム建築を批判し、装飾性・表象性などの概念の重要性を説いたポストモダン建築の主導的人物といわれています。まさに「概念」によって組み上げられた住居跡のフレームは、究極のポストモダンともいえます。

もっと知りたい！ 　フランクリンコートの表玄関にあたる「マーケットストリートハウス」は、マーケット通りに面した3階建ての建築物で、かつてフランクリンが所有していた雑居ビルです。現在でも現役の郵便局や全米初のタブロイド紙が発行された印刷所の内部を見学できます。印刷所は博物館になっており、当時の印刷技術の再現や、道具類の解説も行なっています。

アアルト自邸

137

所在地　フィンランド共和国　ヘルシンキ
設計　　アルヴァ・アアルト

建築の中心は「人間の生活」とした巨匠の質素な邸宅

　　ヘルシンキ中央駅から北西へ5km。フィンランド建築界の巨匠アルヴァ・アアルト（1898〜1976年）の自邸は緑豊かな閑静な住宅地にあります。アアルトが、妻アイノとともに1936年に設計し、以後40年にわたって暮らした住宅です。

　　北欧を代表する巨匠の邸宅とは思えないほど質素で小さく、飾らない落ち着いた雰囲気が魅力的です。ファサードのアクセントでもある木製ドア前の小さな石段と植栽が、入口へ繋がる空間を巧みに演出しています。外観は、白ペンキのレンガに、ダークブラウンの羽目板を組み合わせた2層の外壁に、安価な間伐材を使った典型的なフィンランド住宅です。

　　また、アアルト自邸は上から見るとL字形の建物になっており、中央のリビングルームの西側に2層吹き抜けのスタジオがあります。リビングとスタジオの間仕切りは大きな木製のスライドドア。ところどころに障子や襖など日本的なアイデアも組み込まれています。

　　人間の生活が建築の中心にあるべきだとするアアルトは、自らの建築思想に沿ったつつましく穏やかな生活が送れる自邸を望んだのです。

もっと知りたい！　　現在も室内にはアアルトが実際に使用していた製図用具と図面や模型も展示されており、置かれた家具もアアルト自身のデザインです。美しい中庭から差し込むやわらかな光が飾り気のないシンプルなリビングに注ぎ、棚やテーブル、椅子を背の低めなものに揃えられ、ペンダント照明もそれに合わせて低めに設定されて落ち着きが感じられます。

ベルリン・フィルハーモニー

所在地 ドイツ連邦共和国　ベルリン

設計 ハンス・シャロウン

「ワインヤード型」の音楽ホール第1号が誕生した施設

　　ベルリン・フィルハーモニーは、1882年建設の旧ホールが別の地にありましたが、第二次世界大戦のベルリン空襲で大破し、戦後になって解体されたままになっていました。1956年になって新しいコンサートホールの設計コンペが行なわれた結果、ドイツの建築家ハンス・シャロウン（1893〜1972年）の提案が選ばれました。

　　1963年に竣工したベルリン・フィルハーモニーは、コンクリート造の五角形の外観に、外壁を金で皮膜加工したアルミで覆った印象的なモダニズム建築です。「ワインヤード型」の大ホールの座席数は2,440席で、ステージの雛壇はパンタグラフ方式で上昇し、客席のブロックが丘陵地帯に広がるブドウ畑のようにさまざまな角度と層でステージを囲むため、どの座席でも同じように演奏会を楽しみ、聴衆が感動を共有しやすい特長があります。

　　ベルリン・フィルハーモニー管弦楽団の音楽監督ヘルベルト・フォン・カラヤンが最初から強く支持したシャロウンの「ワインヤード型」の設計は、このホールの建設以降、音楽ホールのトレンドになります。

もっと知りたい！　ベルリン・フィルハーモニー管弦楽団の定期演奏会だけでなく、ジルベスターコンサートなどの特別演奏会も開催されるベルリン・フィルハーモニーは、国立音楽楽器研究所も設置されています。コンサートホールであるだけでなく、ティーアガルテン地区の広大な公園内にある文化施設の中心的存在です。

ホーリークロスチャペル

139

| 所在地 | アメリカ合衆国　アリゾナ州セドナ |
| 設計 | マーガレット・ブルンスウィヒ・ストード |

アリゾナの広漠たる土地に立つ、人気のモダニズム教会

　　ネイティブアメリカンが聖地とした、荒涼たる赤岩の台地が続くアリゾナ州中部にホーリークロスチャペルが建てられたのは、1956年のことです。マーガレット・ブルンスウィヒ・ストードという建築家が1932年から取り組んでいたので、24年という長い時間がかけられていることがわかります。

　　岩山の上に細長い長方形の箱を立てたような独特の建物は、訪問者に見えるよう南西の壁向きにガラス窓が大きく開かれ、その窓枠と一体になって教会内に高さ27.4mの鉄の十字架があります。

　　壁と十字架は、厚さ0.3mの強化粗骨材コンクリートで構成され、内側と外側で、壁をサンドブラストして、テクスチャード加工された骨材が表面に出されています。まぶしさを軽減するために、礼拝堂の両端にはスモーキーグレーのガラスが使用されています。

　　150人が入れる礼拝堂だけが地上部分にあり、告白の部屋や、オフィス、聖具室などの教会に付随する部屋は、すべて建物の地下に収められています。

もっと知りたい！　セドナには、4大ボルテックス「エアポートメサ」「ベルロック」「カセドラルロック」「ボイントン・キャニオン」があり、これらはパワースポットとして人気を集めています。近年では、教会というには神秘的な形状のホーリークロスチャペルも加わり、パワーをもらおうとする観光客が増えているようです。

アインシュタイン塔

140

所在地　ドイツ連邦共和国　ブランデンブルク州ポツダム
設計　エーリッヒ・メンデルゾーン

相対性理論を実験実証した!?　ポツダムの歴史的建造物

　1921年に建設されたアインシュタイン塔は、重力によって太陽光のスペクトルがわずかに変化するという、一般相対性理論による「アインシュタイン効果」を検証するための実験施設です。結果的に実験は成果がありませんでしたが、第二次世界大戦中に一部が破壊されるまで、長年にわたってドイツでも重要な観測所のひとつとして機能していました。

　ポツダム天体物理研究所内にあるアインシュタイン塔は、太陽観測所として今も使用されており、同時に観光名所ともなっています。1.5mの太陽望遠鏡が、塔を貫くように設置され、建物の外観にも強いインパクトを与えています。

　設計は建築家エーリッヒ・メンデルゾーン（1887〜1953年）で、表現主義建築の代表作といわれます。ユダヤ系建築家であったメンデルゾーンは、アインシュタインの熱心なファンでした。尊敬するアインシュタインの相対性理論をイメージしてコンクリートを成形して見事な曲線を描き、レンガ、コンクリート、漆喰塗りレンガを用いて、類型的な造形を拒否した独自の世界を築き上げました。

　もっと知りたい！　ポツダムのアインシュタイン塔は、当初はまだ建築素材として珍しいコンクリートを使用して建てられる予定でしたが、第一次世界大戦後の資材不足により、実際には煉瓦造の上にコンクリートを被せた構造です。なお東京都三鷹市の国立天文台も、一般相対性理論の検証を行なうことを目的にして1930年に建設され、日本のアインシュタイン塔と呼ばれています。

マルクトハル

141

所在地 オランダ王国　南ホラント州ロッテルダム
設計 MVRDV

トンネル型フードマーケットの周囲は集合住宅という奇想

　オランダ第二の都市ロッテルダムに2014年にオープンした巨大なトンネルのような外観の「マルクトハル」。トンネルの高さは40mに達し、その空洞のなかはフードマーケットが配され、トンネルを形づくる構造物が集合住宅という発想が極めてユニークな構造です。

　マーケットがあるトンネルの壁面には、花や果実などのカラフルな壁画が描かれています。フードマーケットに入った目に飛び込んで来るこれらの壁画は、オランダ人アーティストが市場でお馴染みの食料品や17世紀のオランダ絵画をモチーフに描いたもので、ここは「コルヌ・コピア（収穫の円錐）」と呼ばれています。トンネルは高さもあるので向こう側まで見通せ、屋外空間のマーケットのような開放感があります。マーケットの側面には各住戸の窓があり、当初は窓からロープを垂らして買い物をする提案もなされたそうです。

　側面に回ってマルクトハルを観ると、ファサードはトンネルそのものの極端な個性を持つものの、モダンな集合住宅としての落ち着いた雰囲気を持っています。生活と消費の場が一体化した施設として、これほど個性的なデザインは他に類を見ません。

　もっと知りたい!　マルクトハルの設計を手掛けたMVRDVは、拠点をロッテルダムに置き、首都アムステルダムでもユニークな建築を数多く手がけた建築家集団。ヴィニー・マース（1959年〜）、ヤコブ・ファン・ライス（1964年〜）、ナタリー・デ・フリイス（1965年〜）の3人によって1991年に創業されました。

グレンダーロッホの円塔

所在地　アイルランド　ウィックロー州グレンダーロッホ
設計　アイルランドの修道士

人里離れた渓谷に遺された1000年以上前の見張り塔

　アイルランドの首都ダブリンから南に約60km離れた氷河で削られてできた渓谷にあるグレンダーロッホは、ゲール語で"2つの湖の谷"という意味を持つ地で、人里離れたその立地から忘れ去られ、創建時の円塔が今日まで遺ることになりました。

　アイルランド島では6世紀に聖パトリックによってキリスト教がもたらされ、多くの場所で修道院や教会が建てられました。グレンダーロッホの円塔も、この時代のある修道院に属す円塔でした。この町は当初、修行僧たちが慎ましやかに暮らし、祈りを捧げる場所でしたが、やがてヨーロッパ中から修道士や信者が集まり、大きな宗教都市となっていきます。

　グレンダーロッホの円塔は、都市の財力を狙ったヴァイキングの襲来に備え、10世紀から12世紀に見張り塔として建設されました。高さは30m、6階建てのタワーで、入口は約3.5mの高さにあり、はしごで中へ入るようになっていました。

　かつては、アイルランド中の修道院や教会にこうした円塔があったといいますが、イギリス支配の時代にほぼ破却され、グレンダーロッホの円塔だけが往時のまま遺されました。

もっと知りたい！　グレンダーロッホの円塔とともに、往時の面影を遺すのはケヴィン教会です。この地で修道僧生活をはじめた僧侶ケヴィンと弟子たちが最初に建てた教会で、11世紀の建築とされています。屋根そのものから、その上に生えるように建つ鐘楼まで、すべて石造りの小さな教会です。アイルランドのキリスト教最盛期の教会建築を今に伝えています。

カサ・デル・ファッショ

143

所在地 イタリア共和国 ロンバルディア州コモ

設計 ジュゼッペ・テラーニ

ファシスト党の地区本部として建てられたモダニズム建築

　1920年代にベルリンの美術学校バウハウスなどを中心に起こった国際様式建築（インターナショナル・スタイル）をいち早く採り入れ、イタリアで普及させたのが建築家ジュゼッペ・テラーニ（1904〜1943年）です。

　テラーニは1930年代からファシズムに傾倒し、ベニート・ムッソリーニ率いるファシスト党の党員になりました。ムッソリーニ政権下で優れた建築を手がけましたが、そのなかに1936年にファシスト党の地区本部として建設されたカサ・デル・ファッショがあります。

　イタリア合理主義建築の規範ともいわれるカサ・デル・ファッショは、1辺33.20mの正方形の平面に、高さは16.6mあり、縦・横・高さの比率が1：1：1／2というサイズで、厳格な幾何学的なプロポーションを持っています。

　ファサードを構成する壁とフレーム、内部の柱・梁などはすべて大理石で仕上げられるなど、すっきりとした外観に対して贅沢な内装です。装飾性は排除され、国際様式の建築らしくさっぱりと明快なデザイン思想で設計されています。

> **もっと知りたい！** ジュゼッペ・テラーニは、ムッソリーニ政権崩壊直前に脳卒中で倒れ、39歳で他界しました。若くして没したこと、戦時体制にあったことから、多くの優れたコンペ案が残されたままになりました。テラーニの建築は、戦後の建築家たちに愛され、評価されますが、カサ・デル・ファッショがイタリアの文化遺産になるのは、建築50周年の1986年のことでした。

カヴァナー・アパートメント

144

所在地 アルゼンチン共和国　ブエノスアイレス

設計 グレゴリオ・サンチェス、エルネスト・ラゴス、ルイス・マリア・デ・ラ・トーレ

完成当時は世界一だった南米の超高層アパートメント

　　1936年に建設された当時は世界最高の超高層ビルだったカヴァナー・アパートメントは、高さ120mの鉄筋コンクリート建築です。30階建てのビル6棟に105戸の住戸があるアパートメントは、教会の尖塔のようにそびえ、ブエノスアイレスの富裕層「ポルテノス」と呼ばれる人たちに好まれました。

　　ヨーロピアンオーク材のフローリング、マホガニー材のドア、セントラルエアコン、エレベーター12基、電話交換室、食肉用の冷蔵室まで完備されており、現代の高層高級マンションにも引けを取らない屋内設備になっています。高層階には、ひな壇式に庭園を設けた部屋があり、広い庭園のものでは700㎡におよびます。

　　1930年代には、世界有数の豊かな国になったアルゼンチンの首都として、ブエノスアイレスにも繁栄を象徴するニューヨークに匹敵する近代建築が築かれるようになりました。アール・デコ様式の白亜の優美な高層ビルであるカヴァナー・アパートメントは、現在でも住人になることが富裕層の証として羨望の的になっています。

もっと知りたい！　2014年着工、2018年竣工でブエノスアイレス近郊に建設が発表されたオーディオビジュアル・タワーは、67階建てで高さ335m。完成すれば南米一の高層建築になります。スキーのジャンプ台のような急勾配の弓なりのフォルムを持ち、映像産業にまつわるメディアや企業が入り、上層階はホテルになります。

国立代々木競技場
第一体育館・第二体育館

145

所在地 日本　東京都渋谷区
設計 丹下健三

「吊り下げ屋根」構造で大空間を実現した2棟の体育館

　1964年の東京オリンピックに際して建設された国立代々木競技場内の第一体育館・第二体育館は、世界でも珍しい「吊り下げ屋根」の技術で館内に大空間を確保した建築として知られています。設計は、戦後日本を代表する建築家・丹下健三（1913〜2005年）です。

　約1万3,000座席が確保された第一体育館では、2本の巨大な支柱の間に2本のメインワイヤーロープが張られ、これを背骨として左右の縁にケーブルを渡して屋根を吊り下げています。美しい懸垂曲線を描いた外観は、こうした構造があって得られたものです。

　小型の第二体育館（約4,000席）の場合は、1本の支柱かららせん状にメインワイヤーロープがアンカーブロック（メインケーブルを固定するブロック）に向かって張られ、そのワイヤーと円形スタンドの外側にある柱を結んだトラスによって屋根が貼られています。

　吊り橋のような中だるみの曲線を描いた頂部に、周囲をなだらかな2枚の半円の屋根が覆う第一体育館と、巻き貝かカタツムリのような立体的ならせん構造の屋根になった第二体育館は、オリンピックを通じ、日本の建築技術の高さを世界に示すことになりました。

もっと知りたい！ 1964年の東京オリンピックでは、第一体育館は水泳会場、第二体育館はバスケットボール会場になりました。オリンピック開催時に51歳だった丹下健三は、この建築によって「世界のタンゲ」として知られ、日本建築界のレジェンドになります。「美しきもののみ機能的である」と語った丹下健三の代表作であり、モダニズム建築の傑作として称されました。

デンマーク王立図書館新館

146

所在地 デンマーク王国　コペンハーゲン
設計 シュミット・ハマー・ラッセン

「ブラック・ダイヤモンド」と呼ばれる北欧最大級の図書館

　デンマーク王立図書館は、法定納本図書館であり、デンマークにおけるすべての出版物が集約されています。アンデルセンの直筆原稿のほか、デンマーク出身作家の文献や資料など、北欧最大級の2,000万点の資料が所蔵され、同国が生んだ作家たちの息吹に触れる空間ともなっています。1906年建築の赤レンガ造の旧館の隣りに、「ブラック・ダイヤモンド」と呼ばれる新館が完成したのは1999年のこと。南アフリカ産の黒色花崗岩を外壁に用い、太陽光やライトアップで輝く様子から、そのニックネームがつけられました。

　内部は吹き抜けの巨大なアトリウム、ガラス越しに目の前を流れる運河への眺望が開けます。図書館としての機能だけでなく、音楽や舞台芸術のための別室や、カフェ、レストラン、多目的シアターなども完備されています。各階のフロアは波打つような曲線のデザインの通路が両側からアトリウムに面し、さながら現代のショッピングモールのようです。各フロアにはアトリウムを眺められる位置に大きな学習室が並び、利用者は室内から運河の景色を眺めつつ読書を楽しめます。

もっと知りたい！　設計は、1986年創業のデンマークの建築家集団シュミット・ハマー・ラッセンです。「ブラック・ダイヤモンド」は彼らの出世作といってよく、その後は「図書館建築のプロ」と呼ばれるほど、スウェーデンのハルムスタッド図書館など、各国から図書館建築の依頼が殺到しました。

フラットアイアンビル

147

所在地　アメリカ合衆国　ニューヨーク州ニューヨーク
設計　ダニエル・バーナム

アイロン型のせまい敷地に建つ "うすい" 高層建築

　ニューヨーク5番街とブロードウェイ通り交差点の22丁目と23丁目にあり、美しいスクエア
を見渡すフラットアイアンビルは、シカゴの建築家ダニエル・バーナム（1846〜1912年）の設
計によって1909年に完成しました。オーナーの名前から「フラービル」とも呼ばれました。

　フラットアイアンの名称は、そもそもアイロン型の三角形の狭い区画に建つ高層建築への
ニューヨーカーたちからの愛称として生まれました。この高層ビルの建築は、当時さびれてい
た14丁目より北のエリアを活性化させるプロジェクトの一環でした。フラットアイアンビルが
人気を呼んだのは、鉄骨フレームを全体に採用し、初めて電動エレベーターを設置し、かつ当
時最高の高さの高層ビルになったためでした。消防システムに加え、ビル内暖房や建設当初か
らのエレベーター動力に必要な熱を生産する余剰蒸気を活用した発電プラントも完備した、初
の自立型高層ビルだったのです。

　高さ約80m、22階建ての高層建築で、石灰岩と粘土を使用した外壁に美しい文様を施した外
観の鉄骨ビルは、ルネサンス建築の流れを汲む当時流行の「ボザール様式」です。

もっと知りたい！　しかし、ビルに窓が多すぎる上に狭い間取りの部屋も多く、小さな書斎もつくるのが難しいとユーザーからは
不評だったといいます。とくに道路が鋭角に交差する特殊な三角形敷地に建てられたため、最も細いところでは建物の幅が1m弱
しかないというのが大きな弱点でした。

台中国家歌劇院

148

所在地 台湾　台中市
設計 伊東豊雄

曲線の美しさで「音の洞窟」をイメージしたオペラハウス

　完成までに約11年もの歳月を要し、2015年に完成したオペラハウス・台中国家歌劇院は、あまりにも大胆なデザインと前例のない施工法のため、何度も工期が延期されたといいます。設計は日本人の伊東豊雄（1941年～）で、設計者本人も「完成自体が奇跡。日本だったら絶対に採用されなかっただろう」と述べたといいます。

　設計のコンセプトは「音の洞窟」で、「芸術と心の音を聴く」という意味合いが込められています。外観がビルというより巨大なオブジェのようで、壁面を川が流れるような曲線のコンクリートが覆い、エントランス部分を入るとまさに洞窟のような空間がコンクリートを利用して生み出されています。

　台中国家歌劇院は、観劇でなくても自由に建物内に入ることができます。エントランスにとどまらず、天井も壁もすべて全体が曲線によって表現され、しかも同じ空間はふたつとない造りになっています。最もよく体感できるのが2階のホワイエ（劇場のロビーや休憩所）で、特別な催しがないときには無料開放されています。

もっと知りたい！　台中国家歌劇院の内部には、建築物に必要な梁や柱が見当たりません。「音の洞窟」にふさわしく、空間全体に生き物のようなうねりを感じます。光や空気、水が部屋から部屋へと流れていく自然がイメージされています。1階には小川のような水路が設けられ、階段踊り場の壁に投影された水玉は、外壁に空けられた丸い穴から陽光が差しています。

メスキータ

149

所在地 スペイン王国　アンダルシア州コルドバ
設計 不詳

「モスク」の名を持つカトリックの聖マリア大聖堂

　　スペイン南部の地中海に面したアンダルシアは、8世紀からアフリカ北西部のイスラム勢力の支配を受け、イスラム化した地域です。紀元2世紀にはローマ神殿があったというコルドバの小高い丘に、785年、後ウマイヤ朝の初代アミール、アブド・アッラフマーン1世は、モスクを建設しました。メスキータは、スペイン語で「モスク」の意味です。メスキータは998年に拡張工事が完成し、数万人を収容できる巨大モスクになります。この時代のスペインで発展を遂げたイスラム建築をムーア様式といいます。彫刻された多翼アーチなど、高い装飾性が特徴です。

　　13世紀にレコンキスタ（国土回復運動）によってカスティーリャ王国がコルドバを再征服すると、コルドバの巨大モスクはカトリックの教会堂に転用されます。内部に礼拝堂を設け、カテドラル（司教座聖堂）が新設されてキリスト教の大聖堂に変更されました。

　　メスキータはイスラム教とキリスト教、2つの宗教が同居する世にも稀な建築物となりました。イスラム教徒が庭の池で身を浄めたオレンジの中庭や、アーチ上部の赤と白の縞模様がモスクの面影を感じさせるマヨール礼拝堂などが今も残ります。

　　もっと知りたい！　メスキータは、16世紀、スペイン王カルロス1世（神聖ローマ皇帝としてはカール5世）の治世に、モスク中央部にゴシック様式とルネサンス様式折衷の教会堂が建設され、現在のようになりました。ふたつの西洋建築とイスラム建築が融合した世界にも稀な聖マリア大聖堂は、1984年に世界遺産に登録されました。

シュトゥットガルト州立美術館新館

所在地　ドイツ連邦共和国　バーデン＝ヴュルテンベルク州シュトゥットガルト
設計　ジェームス・スターリング

歴史ある美術館に隣接したPOPなデザインの新館

　1843年に設立されたシュトゥットガルト州立美術館に隣接する場所に、新古典様式の旧館とはまるで趣の違うポストモダン的な「シュターツギャラリー新館」が1984年に竣工しました。設計は、イギリスの建築家ジェームス・スターリング（1926〜1992年）です。

　薄い色調の石のタイルにピンクやライトグリーン、ブルーなどの明度の高い色彩の金属バーを横に渡してアクセントにし、うねる曲面のガラス・スクリーンが前面に出た斬新な外観は、歴史ある美術館の新館としてふさわしいか論議になったといいます。

　しかし1977年からの建築の最中にジェームス・スターリングは建築界のノーベル賞・プリツカー賞を受賞し、新館は受賞第一作としてオープンしました。現在では、スターリングの作品中最高傑作とも評されています。

　スターリングは1975年、ノルトライン・ヴェストファーレン美術館の設計コンペに参加し、円形の中庭を建物中央に配した設計案で注目を浴びます。しかしこれには落選し、その反省の上にシュトゥットガルト州立美術館新館の設計を勝ち取りました。

もっと知りたい！　シュトゥットガルト州立美術館新館の内部は3層になっており、1階は駐車場、その上を入場階としています。中央にロトンダと呼ばれる厚い壁による円筒形のスペースを設け、ベルリンの美術館「アルテス・ムゼウム」の建築思想を採り入れ、伝統と現代性の融和も意識されています。

カウフマン邸

151

所在地	アメリカ合衆国　カリフォルニア州パームスプリングス
設計	リヒャルト・ヨーゼフ・ノイトラ

アメリカにモダニズム建築を持ち込んだ邸宅

　カリフォルニア州郊外の「砂漠のオアシス」と呼ばれる高級別荘地パームスプリングスに、カウフマン邸が建ったのは1946年のことです。設計したリヒャルト・ヨーゼフ・ノイトラ（1892〜1970年）は、オーストリアのユダヤ系ドイツ人で、1929年に移住し、アメリカにヨーロッパのモダニズム建築を持ち込んだ建築家と評されます。

　切れ目のない窓が景色の額縁となって室内から景観を愛でる趣向のため、植栽や芝生の刈り込み、その先の森や山脈までの景観と眺望の融合が意識されています。そうした砂漠の景観とのつながりを意識しつつも、厳しい気候条件を凌ぐために工夫がされています。

　主要な部屋は、砂嵐や激しい熱から守るため、可動式の垂直壁によって囲まれています。ほぼ正方形のリビングとダイニングを組み合わせたスペースを中心に、家は大きく東西軸に伸び、5つのベッドルーム、5つのバスルームが配される構造。ノイトラの住宅建築のなかでの最大にして最後の最高傑作と評されています。1955年にカウフマンが亡くなった後、数年間は無人でしたが、現在は一般住宅として住人がいるため、見学することはできません。

　もっと知りたい！　カウフマン邸の依頼主は、10年ほど前の1936年、ノイトラの師であるフランク・ロイド・ライト（1867〜1959年）に落水荘を依頼した百貨店経営者のエドガー・カウフマン・ジュニアです。コロンビア大学で建築や美術史の非常勤の教授も務めたカウフマンは、富裕な実業家である一方、芸術に深い造詣を持つ建築家たちのパトロンでもありました。

ゲートウェイ・アーチ

152

所在地 アメリカ合衆国　ミズーリ州セントルイス
設計 エーロ・サーリネン

半円の巨大アーチの中を、頂上の展望台にトラムが走る

　　1803年のルイジアナ買収を記念するゲートウェイ・アーチ国立公園の名称の由来となったのが、公園内にあってセントルイス市のシンボルとなっている高さ192mのゲートウェイ・アーチです。

　　ゲートウェイ・アーチは、フィンランド系アメリカ人建築家エーロ・サーリネン（1910～1961年）による設計です。1947年に記念公園の記念建造物のコンペが行なわれ、サーリネンのアーチ案が選ばれましたが、その後、計画変更などで建設が遅れに遅れ、15年後の1962年にようやく竣工しました。サーリネンは前年に脳腫瘍のため51歳で他界しており、完成を見ることは叶いませんでした。

　　高さ192m、最大幅192mという半円アーチの断面は正三角形になっていて、一辺の長さがアーチ脚部で16.5m、頂点で5.2m。これは上に行くほど建材を薄くすることで、より高くそびえているように見せる効果を狙っているため。3面の側壁は鉄筋コンクリート造で、高さ91m地点まではステンレス鋼板で、それより上では炭素鋼板で覆われています。

もっと知りたい！　ゲートウェイ・アーチの内部は中空になっており、展望台へはトラムと非常階段が備えられています。当初はエレベーター会社に交渉したサーリネンですがうまくいかず、観覧車のゴンドラのようなトラムでようやく昇降手段のめどが立ちました。しかし開通は1968年で、サーリネンの死後、7年が過ぎていました。

ウニヴェルズム・サイエンスセンター

153

所在地 ドイツ連邦共和国　ブレーメン州ブレーメン
設計 トーマス・クルンプ

建物自体がモダンアートな子ども向け科学館

　砂浜に斜めに刺さった貝殻のようなウニヴェルズム・サイエンスセンターは、貝の部分を4万枚のステンレス製のうろこで覆った近未来的なデザインの科学博物館です。300ある展示の多くが体験型の展示となっていて、実際に五感を通じて体験し、幅広い科学の世界に興味をもってもらおうという趣向になっています。

　建物自体がモダンアートといえるウニヴェルズム・サイエンスセンターは、「人間・地球・宇宙」をテーマにした科学館で、骨格や脳といった理科の学習でお馴染みの展示から、実際に触れたり実験したりできる展示も多く、子どもを楽しませる趣向が凝らされています。ボールを浮かす実験、水や泥を実際に使うコーナー、鏡を使った実験など、五感と好奇心を刺激するような工夫に満ちています。

　2000年に竣工されたこの建物は、ブレーメン大学に属し、その科学館と位置づけられています。手がけたのはブレーメンの建築家トーマス・クルンプです。ブレーメンの都市計画や都市開発を多数手がけましたが、クルンプの仕事のなかではきわめてユニークなものです。

　もっと知りたい!　ウニヴェルズム・サイエンスセンターは、周辺の敷地も広くとられ、子どもたちを楽しませる設備が盛りだくさんです。展望台、ブランコ、すべり台、人工の丘などの公園の遊具のようなものから、水車での水のくみ上げや飛び石を踏むと水が飛び出すコーナーなど、1日遊ぶのに事欠かない施設です。

三里屯SOHO
(さん　り　とん)

154

所在地　中華人民共和国　北京
設計　隈研吾

9つの高層棟が独特の空間美を生み出す「塔の村」

　北京市・故宮の北東にある三里屯は、世界各国の大使館が集まり、外国人が経営するレストランやカフェも多い国際色豊かな地区です。三里屯SOHOは2010年、この一画に日本の建築家・隈研吾（1954年〜）が設計した複合商業施設（商業、オフィス、住宅）です。2008年に北京オリンピックにあわせて開発され、隈自身が手がけた三里屯VILLAGEの隣地51,245㎡にあります。中国各地で大規模開発を手がける、SOHO中国というデベロッパーが、隈研吾建築都市設計事務所に依頼したものです。

　高いビルを密集させる都市計画では、しばしば室内にばかり目が向けられがちですが、三里屯SOHOでは「都市の室外化」を狙ってビルをスリム化、複数化し、四角ではなく曲面のタワー9棟を組み合わせ、変化に富んだ「立体的路地」をビルの谷間に生み出しています。

　「『塔の村』のようなものを作りたいと考えた」（隈研吾建築都市設計事務所HPより）という言葉のとおり、複数のビルの間に生まれる「谷の空間」には人工の小川が引かれ、建物の曲線美とシンクロさせたような印象的な外部空間が形成されています。

もっと知りたい！　三里屯SOHOの9つのビルは、すべて100m前後に高さが揃えられ、それぞれが単独では奇抜なデザインながら、外観の統一感によって個性を抑え、谷間の空間のアイデンティティを高めています。その独創的な空間も集客に寄与し、ショッピングセンターの多い三里屯地区でも人気スポットとなっています。

リバー・サイド博物館

155

所在地 イギリス　スコットランド　グラスゴー
設計 ザハ・ハディド

20世紀初頭の建築と脱構築主義が衝突した博物館

　スコットランド最大の都市グラスゴーに2011年、交通・運輸をテーマとする博物館がグラスゴーリバーサイドに完成しました。馬車から初期の自動車、機関車、スコットランドの初期のバスや路面電車まで、興味深い乗り物の歴史に出合うことができる博物館です。

　しかし、この博物館を最も有名にしたのは、斬新な建築でした。まるでチューブから飛び出した歯磨き粉のように複雑な曲線を描き、しかも銀色に輝く壁面という「交通博物館」とは一見思えない構造物です。

　一方で、川側のほうはガラス張りで内部の展示も見える構造になっており、川の光が美しくガラスが輝く立地を十分に計算したデザインになっています。

　設計はザハ・ハディド（1950〜2016年）の会社ザハ・ハディド・アーキテクツが担当し、脱構築主義の建築家らしい、ふたつと存在しない特別な博物館が生まれました。

　館内の展示は、1964年に設立されたグラスゴー交通博物館から引き継がれたものが多く、普通に「交通博物館」として充実した展示を楽しむことができます。

もっと知りたい！　リバー・サイド博物館では、現存する最古のペダルサイクルや、1977年以前のグラスゴー地下鉄駅の正確で本格的な再現、スコットランドメーカーの先駆的なトラックなどがある一方、その名の通り船舶も展示が充実しており、約250の船のモデルが展示されています。地元グラスゴーの発展の歴史にテーマを引きつけた展示になっています。

サンタ・マリア・デル・フィオーレ大聖堂の大ドーム

156

所在地 イタリア共和国　トスカーナ州フィレンツェ

設計 フィリッポ・ブルネレスキ、ジョットほか

ルネサンスの建築家が古典建築に着想を得た大ドーム

　14世紀から16世紀にかけて興った古典復興運動ルネサンスは、中世の教会権力から脱してローマ帝国時代に人間性回復の理想を見ようとするものでした。1296年に建築開始されたサンタ・マリア・デル・フィオーレ大聖堂は、まさにこの時代の初期から複数の建築家の手を経て、建設が続けられました。

　1418年、大聖堂の象徴であるクーポラ（ドーム部分）を残すところまで完成すると、クーポラの設計案について公募が行なわれました。ここでルネサンス最初の建築家といわれるフィリッポ・ブルネレスキ（1377〜1446年）の八角形の二重殻構造案が採用され、1420年に建設が始まります。ブルネレスキは透視図法的な建築下絵を描いた最初の建築家とされ、同時並行的に建築が進んだ捨子保育院では、コリント式円柱、半円アーチ、エンタブラチュアなど、古代ギリシア・ローマ建築のデザイン・技法を採り入れました。

　1434年、ついにクーポラの頭頂部が閉じられました。木枠を組まずに作られた史上初の、しかも建設当時では世界最大のドームが完成したのです。

もっと知りたい!　ブルネレスキはクーポラを完成させたものの、頭頂部に載せるランターン（明り取りの先端部）についてはデザインのみで建築方法を考えておらず、新たにランターンを載せる方法のコンペが行われました。ミケロッツォ・ディ・バルトロメオ（1396〜1472年）の設計が採用され、ブルネレスキが死去する1446年に建設が始まり、1461年に完成しています。

中国中央電視台本部ビル

157

所在地 中華人民共和国　北京
設計 OMA

中国国営放送が丸ごと入った「ロ」の字型の高層ビル

　中国の国営放送・中国中央電視台の各部門を一堂に集めた中国中央電視台本部ビルは、高さ234m、51階建ての高層ビルです。その外観は、2棟の傾斜した高層ビルを上部と下部で横に渡されたビルがそれを支えるような「ロ」の字型の独特の外観になっています。

　建物の配置から6つの辺からなる巨大な空洞が中央に作られ、その特異な形状と耐震性確保には難しい構造計算が必要でした。設計したオランダの建築設計事務所OMAは、構造面の実績の豊富なアラップ社の協力を得て外壁の支柱配置などを決定しています。

　1975年にOMAを設立したレム・コールハース（1944年〜）は実験的な作風で知られ、1986年からはアラップ社の建築構造家セシル・バルモンド（1943年〜）との協力関係を続け、予定調和を廃した独特の外観を持つ現代建築を世に送っています。

　2009年に完成した中国中央電視台本部ビルの周辺は、「メディアパーク」として整備が続いており、緑地は北京東部に広がる新都心緑地の延長上にあります。新都心には300以上の超高層ビルが立ち並ぶ予定で、中国中央電視台本部ビルはその皮切りになりました。

もっと知りたい！　設計を担当したOMAは「Office for Metropolitan Architecture」の略で、代表のレム・コールハースは元ジャーナリスト・脚本家という異色の経歴から、数多くの著作を残しています。OMAはまた優れた建築家を多数輩出しており、脱構築主義の旗手ザハ・ハディド（1950〜2016年）などが育っています。

マリーナシティ

158

所在地	アメリカ合衆国　イリノイ州シカゴ
設計	バートランド・ゴールドバーグ

「都市のなかの都市」を実現した超高層邸宅

「コーンコブ（トウモロコシの穂軸）」の愛称で知られるシカゴのツインタワー・マリーナシティは、シカゴ川北岸にそびえる高さ168mを誇る2棟の高層タワーマンションです。65階建て（うち下層の19階までは駐車場）の2棟のコーンコブは、1964年の完成当時には世界でもっとも高いコンクリート製のアパートメントとして有名になりました。

1871年のシカゴ大火で焼け野原になったシカゴでは、復興のため多くの高層建築が建てられますが、1960年代になると郊外暮らしがブームとなり、人口流出が始まりました。そうしたなかで設計を依頼された建築家バートランド・ゴールドバーグ（1913～1997年）は、街のランドマークになるよ

うな「都市のなかの都市」を建設し、小世帯家族を取り込むことを考えます。

バウハウス後期にミース・ファン・デル・ローエから学んだゴールドバーグでしたが、モダニズム建築から離れて直線を排除し、円形を基調として建物全体から各戸のバルコニーまでをデザインしました。建物が広場の中に孤立せず、街路からアプローチできるのも大きな特徴です。

もっと知りたい！　マリーナシティが「都市のなかの都市」といわれる所以は、900戸のアパートメントの周囲に、劇場、レストラン、ナイトクラブ、ボーリング場、スポーツクラブ、スケートリンク、マーケットなどが1地区に集まり、ここだけで生活が成り立つところにあります。商業用途と住宅用途の混合を禁じた当時の区画法を乗り越えるのが、最初の困難だったようです。

ロンドン動物園のペンギンプール

所在地 イギリス　ロンドン

設計 オヴ・アラップ

「鉄筋コンクリート」の造形美に迫ったペンギンのプール

　19世紀半ばにはペンギンを飼育していたロンドン動物園は、20世紀半ばの1934年（1933年説や1936年説もある）になって、ペンギン専用の飼育・展示スペースを建設します。設計は、イギリス人の構造家オヴ・アラップ（1895〜1988年）です。

　楕円形のペンギンプールの上に、弓なりの2本の薄いスロープがらせん状に交差する造形美は、鉄筋コンクリートが開発されてまもない時代には鮮烈でした。これはアラップの高い建築技術を示すとともに、鉄筋コンクリート建築の可能性を切り開いたものとして、建築史上に高く評価されています。

　また、設計の斬新性に加え、ペンギンの生息地を研究し、興味深い環境を作り上げたことも称賛の対象となりました。

　プールの外の陸の部分が白く塗られているのは、コンクリートの灰色に明るさを与え、温帯性ペンギンを展示する施設ながら、ペンギンを雪と氷に結び付ける見学者の一般的なイメージを満たしています。2004年まで使用され、役割を終えました。

　もっと知りたい！　2004年にプールの補修が必要になったとき、現在のコンクリート造の環境はペンギンの飼育に負荷が大きいとして、ロンドン動物園は使用を中止します。2011年以降、生息地に近い環境を再現した施設にペンギンは移されました。イギリス指定建造物の「グレードⅠ」に登録されているペンギンプールは、水が入ったまま園内で保存されています。

キアズマ現代美術館

160

所在地 フィンランド共和国　ヘルシンキ
設計 スティーヴン・ホール

曲がったチューブを切断したような美術館

　　キアズマ現代美術館の「キアズマ」とは、ギリシア語で「交差」を意味し、人々がアートと出会い、誰からも歓迎される場所という意味です。

　　設計したのはアメリカの建築家スティーヴン・ホール（1947年〜）で、1993年の合計516のエントリーがあった建築デザインコンペティションで優勝し、1998年に完成・一般公開になりました。キアズマ現代美術館には5階建てのギャラリーがあり、スロープ、階段、エレベーターでつながっています。天井の高い、白を基調とした落ち着いた内装です。

　　ホールは、雑誌に掲載された建物がどう見えるかという外観に興味がなく、「そこにいるのがどんな感じか、通り抜けるとどんな感じか、街でどのように見えて機能するのか」に意識を向けました。垂直な外壁はなく、チューブを切断して置いたような独特な外観にコンセプトが表われています。

　　またキアズマ現代美術館の寸法は目の高さ165cmを基本単位とし、人体の比率で室内の高さと幅、ドアと壁など、建物のほとんどの寸法を黄金比の倍数としました。

もっと知りたい！　床面積は約1万2,000㎡で、そのうち9,100㎡が美術の展示で使用されています。ギャラリーのほかには、キアズマ劇場、図書館、レストラン、ミュージアムショップもあります。またキアズマ現代美術館の特徴に、採光に対する配慮があり、季節や時間帯によって変化するフィンランドの自然光を念頭に外観の設計をしています。

キャピタル・ゲートビル

161

所在地　アラブ首長国連邦　アブダビ
設計　RMJM ドバイ

「世界一大きく傾いた人工建造物」の超高層ビル

　2011年にアラブ首長国連邦（UAE）の首都アブダビに出現した高さ160m、35階建てのキャピタル・ゲートビルは、西方向に18度傾いた姿で完成し、人々を驚かせました。

　ホテルやオフィスが入居する複合施設で、建設中の2010年6月、「世界一大きく傾いた人工建造物」としてギネス世界記録に認定されました。

　ピサの斜塔が約4度の傾きですから、その4.5倍もの傾きは相当危険に思えます。しかもキャピタル・ゲートビルは地上12階までは垂直に建てられていて、それから上を30cmから140cmとずらしています。

　傾いた建物といっても、もちろん建物のなかのフロアは地面と平行であり、この形状を維持するために、490本の杭が地下30mまで打ち込まれています。

　設計は、ドバイ国際コンベンションセンターなどを手がけた地元の一流設計会社であるRMJMドバイ社が担当しています。

　斜めの格子状のフレームで構築するダイアグリッド構造が用いられ、中東では独特の高層建造物として存在感を示しています。

もっと知りたい！　18階から35階までは、5つ星の「ハイアットキャピタルゲートホテル」です。24時間対応ルームサービス、全室Wi-Fi無料、24時間セキュリティはもちろん、各部屋は快適かつ便利に利用できるよう、気配りの行き届いた設備・サービスで整えられています。ホットタブ、フィットネスセンター、屋外プール、スパ、マッサージなども充実しています。

ソウマヤ美術館

162

所在地　メキシコ合衆国　メキシコシティ
設計　フェルナンド・ロメロ

世界最大級のロダンコレクションに合える近未来的空間

　1994年開館の「ソウマヤ美術館」は、メキシコの実業家で世界の長者番付でビル・ゲイツと争う大富豪のカルロス・スリムによって創立され、フランスの著名な彫刻家オーギュスト・ロダンの世界有数のコレクションを誇る美術館として世界に名を馳せています。「ソウマヤ」とはスリム氏の亡くなった妻の名前だといいます。

　2011年3月に設計の依頼を受けたメキシコの若手建築家フェルナンド・ロメロは、約1万6,000枚の六角形のモザイクタイルで構成された現代アートさながらの銀色に輝くオブジェのような美術館を建設しました。

　独特な外観に合わせて、内部も不定形な空間が独特な世界観を引き立てています。どこにも角がない曲線に包まれた空間は、さらに未来的な雰囲気を高めます。

　最上階の展示室は、創設者のカルロス・スリムが愛して止まないロダンの作品がズラリと並びます。その数々の作品を照らすのは頭上からの自然光で、ソウマヤ美術館で最大のスペースを持つ最上階フロアにも一切柱がなく、人と自然光を妨げないデザインです。

もっと知りたい！　「考える人」で知られるオーギュスト・ロダンのコレクションは、じつに6万点におよび、フランス以外の国では世界最多です。ほかにも、15世紀から20世紀のヨーロッパ芸術を多数所蔵し、エル・グレコ、ティントレット、ルノワール、ドガ、ゴッホ、ミロ、ピカソ、ダリなどが展示されています。

パラッツォ・ルチェッライ

163

所在地	イタリア共和国　トスカーナ州フィレンツェ
設計	レオン・バッティスタ・アルベルティ

ルネサンス初期の建築様式で生まれた大商人の邸館

　1420年代のイタリア・フィレンツェに始まるルネサンスは、イタリア市民が都市の街路に面した大規模邸館を建て始めた時期でした。これをパラッツォ（邸館）といい、一般に中庭を配してこれに面した3〜4層の階をめぐらし、2階以上を目的に応じた居室にあてる構造を取ります。道路面の外観は秩序と威厳を示し、層ごとにさまざまな注文に応えて表現を変えます。一方内部の中庭や室内は開放性や快適性を軸に設計されています。

　その代表例が、パラッツォ・ルチェッライです。1446〜1451年頃にフィレンツェの豪商ジョバンニ・ルチェッライの依頼でレオン・バッティスタ・アルベルティ（1414〜1472年）が設計し、ベルナルド・ロッセリーノ（1409〜1464年）によって施工されました。

　古代ローマ建築、とくにコロッセオに範をとり、街路に面した3層構成のファサードにコロッセオの立面をアレンジしています。3層とも規則的な石積みとしたなめらかな外壁は、下層はトスカーナ様式、上層はコリント式のピラスター（付柱）を用い、上部ほど軽やかにみえる工夫がなされています。

もっと知りたい！　パラッツォ・ルチェッライのオーダー（円柱と梁の構成方法）は平滑なレリーフ上の壁面パターンにすぎませんが、各階プロポーションや窓の配置は、オーダーの原理に従って決められています。内部には各所に装飾を施した方形の中庭があり、ギリシア・ローマ建築由来の古典的手法が用いられています。

ブラジリア・メトロポリタン大聖堂

164

所在地 ブラジル連邦共和国 ブラジリア
設計 オスカー・ニーマイヤー

16本の支柱で「祈り」を表現した現代建築の大聖堂

　ブラジルの首都がリオデジャネイロからブラジリアに遷ったのは、1960年のことです。1956年に何もない荒野に2本の線を引くところから始まったブラジリアの都市計画は、わずか3年10か月で完成し、その特異性から1986年に首都自体が世界遺産になっています。

　この街の建築物で世界的に知られるもののひとつが、ブラジリア・メトロポリタン大聖堂です。都市建設と同時に着工され、首都移転から10年後の1970年に完成しました。

　外観は円形の建物で、屋根は円錐形をしています。一番高いところで高さ40m、内部は36mあります。16本の曲線を描く支柱が天に向かって伸びており、これは「祈りの手」を表現しています。建物の周囲は水に囲まれ、日光を反射して白い建物を輝かせています。

　手がけたのは、ブラジルを代表する建築家オスカー・ニーマイヤー（1907～2012年）。ニーマイヤーは1952年にル・コルビュジエ（1887～1965年）とともにニューヨークの国際連合本部ビルを手がけるなど、すでに世界的に知られた建築家でした。首都ブラジリアでは、ほかに大統領官邸、国民会議議事堂や外務省など、主要建築物の多くを設計しています。

もっと知りたい！ 　ブラジリア・メトロポリタン大聖堂のなかに入ると、16本の支柱の間にはめ込まれたステンドグラスが視界を埋め尽くすようにして広がります。白と緑と青のみで表現され、一般的な教会のものとは違った印象を受けます。天井には、スチールのケーブルで吊るした天使の像が浮かんでいます。

シロダム

165

所在地　オランダ　アムステルダム
設計　MVRDV

湾に浮かぶ彩色豊かな箱のような集合住宅

　オランダ・ロッテルダムの建築集団MVRDVにより設計された集合住宅のひとつに、シロダムがあります。アムステルダムの住宅不足解消のため、2002年に建築されたもので、奥行き20m、10階建ての箱形の建築物は、面するアイ湾に浮かぶコンテナのようなデザインです。しかも各階ごとに窓枠の切り方や大きさもマチマチで、カラフルに色づけされたフロアもあり、非常に特徴的な外観となっています。

　内部は157の住戸と600㎡の商業施設区画からなりますが、シロダム最大の特徴は、住居空間と商用空間を混在させている点にあります。これによってシロダム内に4戸〜8戸で「町内」が形成されることを促しました。

　また、建物の至る所に個人向けの空間や共用スペースが設けられています。集合住宅ながらレストランを備えているところも珍しい工夫といえるでしょう。

　湾に張り出した建物を支える支柱は、住民がボートを係留できるマリーナの役割も果たし、周辺環境と居住環境を快適にするべくさまざまな機能が工夫されています。

もっと知りたい！　居住空間を1戸ごとにバラバラにするのではなく、区画ごとがユニットになっていることにより、居住者は1区画まるごと、あるいは区画の半分、フロアを替えて2区画所有などとすることで、さまざまな「住むこと」の形を希望に合わせて組むことができます。専有スペース内部の壁も、居住者の条件に合わせて動かしやすく設計されています。

モントリオール万博アメリカ館（バイオスフィア）

166

所在地 カナダ　ケベック州モントリオール
設計 バックミンスター・フラー

最少の建材で大空間ドームを生み出した建築技法

　合金、合板、プラスチックなどによる規格化した三角形の部材でドームを形成し、内部に可能な限り大きな空間を生み出す「ジオデシック・ドーム」という建築技法があります。この技術はマサチューセッツ州出身の発明家・思想家で、建築家のバックミンスター・フラー（1895〜1983年）によって、1945年から1949年にかけて確立されました。

　フラーの設計により1967年に建設された直径80mのモントリオール万博アメリカ館「バイオスフィア」が、その代表例です。

　バイオスフィアとは「生物圏」の意味で、「モントリオール・バイオスフィア」は、完成後、環境学習のために使われました。

　しかし1976年に改修工事が行なわれた際に溶接の火花が原因で火災が起きてしまい、現在はパイプの枠組みだけが残っています。

　最小限の構造で、最大限の強度と大空間を生み出すことができるジオデシック・ドームの技法は、世界中に広がり、日本の富士山レーダーなど、数万の建築がこの技法で造られています。

もっと知りたい！ フラーは「宇宙船地球号」という有名な言葉の提唱者で、地球上の資源の有限性から、資源の適切な使用によって「人類を無限に存続させるにはいかにあるべきか」を考え続けました。地球を多面体状に投影してさまざまな展開図にする「ダイマクション地図」（1946年特許）、ユニットバスの原型（1938年特許出願）もフラーの発明です。

アアルト歌劇場
（エッセン・オペラハウス）

167

所在地　ドイツ連邦共和国　ノルトラインヴェストファーレン州エッセン
設計　アルヴァ・アアルト

北欧の巨匠アアルト最後の作品となったオペラハウス

　　ドイツ北西部の街エッセンのアアルト歌劇場は、フィンランドが生んだ北欧モダニズムの巨匠アルヴァ・アアルト（1898〜1976年）の最後の作品です。設計開始から着工に20年を要し、完成したのはアアルトの死から12年を経た1988年のことでした。

　　非対称で曲面を活かした外観のフォルムはモダニズム建築の典型で、ここに最新式の音響環境が組み込まれています。明るい色の花崗岩製のファサードや、ゆったりとカーブを描く外壁は、階段を上がってエントランスからロビーに入ると、階段やテラスが曲線を描いてホワイエ（入口から観客席までの広い通路）を優美に横切っています。

　　階段を上がってエントランスホールに入ると、高いホワイエに向かって突き出たふたつギャラリーがあり、ホールの2階席と3階席に続いています。ホールの観客席数は全1,100席あり、白と藍色でまとめられた非対称のデザインが特徴です。

　　オペラハウスとして大きな劇場ではありませんが、世界トップクラスの音響効果は客席で最大の効果を発揮し、多くの音楽ファンを集めています。

もっと知りたい！　炭鉱の街だったエッセンに芸術文化の種を植えたアアルト歌劇場は、エッセン市の南側のエリアに位置し、エッセンの中央駅から徒歩でも行けるアクセスの良さも売りのひとつです。バレエやオペラなどの公演チケットは、オンラインでの購入はもちろん、歌劇場のチケット売り場で購入することができます。

エル・アテネオ・グラン・スプレンディッド

所在地 アルゼンチン共和国　ブエノスアイレス
設計 ペロー・アンド・トーレス・アルメンゴール

劇場の設計を利用して本棚が並ぶ「世界一美しい書店」

　エル・アテネオ・グラン・スプレンテッド（El Ateneo Grand Splendid）は、英国紙『ガーディアン』が選んだ「世界で最も美しい書店」といわれる書店です。アルゼンチンの首都ブエノスアイレスの中心街にあり、その美しさから地元の人たちはもちろん、観光客も多く訪れます。

　以前は、劇場だった建物を改装し、2000年に書店としてオープンしました。舞台を囲む「U字型」の三層の客席は本棚に、舞台もそのままカフェとして利用されており、ドーム型の天井も、聖堂にあるような美しい宗教画で彩られています。

　店内のレイアウトは、1階席部分に木目調のシックな5段配架が可能なスタンダードな書棚が並び、2階席、3階席の部分に劇場の曲線にあわせた特注の書棚が壁一面に沿った形で配置されます。美観を損ねないようにしつつ、十分な冊数を確保する工夫がなされています。

　劇場のホール部分は天井が吹き抜けになっており、3階から見下ろすと1階の売り場を真上から眺める感じになります。店内の美しさはもちろん、扱う書籍の数が多いことも人気の理由のひとつで、年間で100万人を集客するといいます。

もっと知りたい！　店内の人気の撮影スポットは、2階席部分から舞台の方向を見たアングルです。2階席、3階席の曲線が円形の劇場の造形を際立たせ、舞台上のカフェでくつろいでいる人たちを奥に絵になる写真が撮影できます。オペラを観劇に来たような雰囲気のなかで、ゆったり本を探すことができ、リッチな気分を味わえます。

MAAT

169

所在地 ポルトガル共和国　リスボン
設計 アマンダ・レヴェット

ヨーロッパでもっとも叙情的とされる川辺の現代博物館

　MAATはリスボン市の文化プロジェクトであり、2016年開館の市内中心部の西にあるタホ川（テージョ川）沿いにある文化施設。アート、建築、テクノロジーの3つの分野に焦点を当てた施設です。もとは発電所だった敷地を活用し、20世紀前半のポルトガルでもっとも有名な産業建築を融合させています。

　タイルの開発だけで4年もかかったというMAATは、外壁が1万5,000枚というタイルによって成り立っています。館内はバロックの聖堂のような楕円形の室内で、展示物が映えるよう白を基調とし、空間も70m×40mとゆったり取られています。「楕円型」は地震に強いとされ、18世紀にリスボン地震で大被害に遭った街にふさわしい安心感を与えます。

　スターリング賞受賞の女性建築家アマンダ・レヴェット（1955年〜）が設計したMAATは、川の堤防のような控えめさを見せる一方で、鳥が羽を広げたような高さの場所と全体に曲線で構成されたやわらかで流れるような外観が特徴的です。その優美さから、「ヨーロッパでもっとも叙情的な新しい美術館のひとつ」と称されています。

もっと知りたい！　MAATとは、その名の通り「Museum of Art, Architecture and Technology」の頭文字からの命名です。「21世紀のバロック」と称えられるMAATを中心に、周辺には電力博物館をはじめ、海洋博物館、古代博物館、世界的にも珍しい国立馬車博物館に加え、モダンアートの常設展もあり、リスボン文化の一大情報発信地となっています。

ヴィラ・アルメリコ・カプラ

170

所在地 イタリア共和国　ヴェネト州ヴィチェンツァ

設計 アンドレーア・パッラーディオ

古代ローマのスタイルを取り入れたルネサンス様式の邸宅

　北イタリアのヴェネト州にあるヴィラ・アルメリコ・カプラは、同じヴェネト州出身の建築家アンドレーア・パッラーディオ（1508〜1580年）が手がけた有名な作品のひとつです。古代ローマの建築を徹底して学び、厳格に古典を重んじる作風（パッラーディオ様式と呼ぶ）で後世に大きな影響を残したルネサンス後期の大建築家です。

　ヴィラ・アルメリコ・カプラは、四方にファサードがある正方形の完全な対称形の建物で、それぞれのファサードにポルチコ（玄関に導くポーチ）があります。建物の四隅と各ポルチコの中心を通るように円を描くと、建物のほぼすべてがその中に納まる設計になっています。

　ルネサンス建築の人間性回帰の価値観を反映して各部屋の採光に配慮して建物の4つの面を東西南北から45度の角度する一方、4つのポルチコの上にはペディメント（切妻屋根に囲まれた三角の平面部分）があり、その上に古代の神々の像が配置されています。

　ペディメントは6本のイオニア式円柱で支えられ、そのポルチコの両側にひとつずつ窓があります。主要な部屋はすべて2階または主階に配置した構造になっています。

もっと知りたい！ 設計したアンドレーア・パッラーディオは、平面図を基本にして空間を設計した最初の建築家とされ、それまでの彫刻家や画家が建築を創る手法と本質的に異なり、最初の専業建築家と評されます。ヴィラ・アルメリコ・カプラは1567年に着工しますが、パッラーディオが1580年に死去し、後任者が何度か入れ替わりその11年後に完成しています。

広島平和記念資料館

171

所在地 日本　広島県広島市
設計 丹下健三

平和への祈りを込めた日本のモダニズム建築の傑作

「世界のタンゲ」といわれた建築家・丹下健三（1913〜2005年）が、原爆投下の爆心地に近い旧中島地区の「広島平和記念公園」建設コンペで1等となったのは1949年のことです。広島平和記念資料館はその目玉と位置づけられ、平和記念大通りから原爆ドームへ向かう軸線に垂直に交わる向きで、簡素なモダニズム様式の鉄筋コンクリート造で建築されました。

資料館は平和大通りから原爆ドームへの景観を遮らないよう、ピロティで空中に浮かせています。途中の慰霊碑からその向こうの原爆ドームを経て、4km先まで一気に視界が抜けるようになっています。

旧制広島高校（現・広島大学）に学び、1945年8月6日の原爆投下前後に立て続けに父母を亡くした丹下は、翌年夏には残留放射能の危険性も顧みず広島入りして都市計画業務に従事し、資料館を含めた広島平和記念公園全体の設計を任されるに至ったのです。

世界的な評価を得た広島平和記念資料館は、丹下健三の名を世界に知らしめ、2006年には戦後の建築物で初の国指定重要文化財となりました。

もっと知りたい！ 旧制広島高校時代に進路を決めかねていた丹下は、学校の図書室で見たル・コルビュジエの「ソビエトパレス」に衝撃を受け、建築の道に進むことを決めたといいます。戦時下で十分な活躍の場を得られなかった丹下にとって、広島平和記念資料館は事実上の建築家デビュー作になりました。

ミュラー邸

172

所在地 チェコ共和国　プラハ
設計 アドルフ・ロース

「装飾は罪悪である」という建築家の思想を実現した邸宅

　オーストリアのウィーンを中心に活躍したアドルフ・ロース（1870〜1933年）は、「装飾は罪悪である」という有名な言葉を残し、モダニズム建築を先鋭的に推し進めた建築家です。1930年に竣工した「ミュラー邸」は、ロース晩年の最高傑作といわれています。

　どこがファサード（建物正面）かわからないほどコンクリートの白い壁面で囲まれた無表情な外観に、いくつかの黄色い窓枠の小窓が切り抜かれたキューブ状の建物は、邸宅かどうかもわからないような印象です。

　しかし内部は、三次元的な展開で構成されたロース提唱の「ラウムプラン」に基づいた非常に個性的な設計です。ほとんどの建築では、部屋割りはフロアごとに平面的に考えられていますが、ラウムプランでは垂直方向も含めて展開されます。

　広さも天井の高さも異なる部屋が隙間なく積み重ねられ、床はいくつものレベルで成立して、それが階段でつながれています。ダイナミックな流動性を室内空間にもたらした、90年以上を経てなお新鮮さを失わない画期的な建築物です。

もっと知りたい！　「装飾は罪悪である」というアドルフ・ロースの言葉は、20世紀のモダニズム建築全盛へ向かう初期の名言として有名になりました。しかし「ラウムプラン」は実際には普及せず、実例は多く残っていません。ミュラー邸はそのビジョンが高い完成度で残された貴重な建物で、2000年から博物館として公開されています。

ザルギナトーベル橋

173

所在地 スイス連邦　グラウビュンデン州シールズ
設計 ロベール・マイヤール

鉄筋コンクリート橋の草分けとなった渓谷の道路橋

　20世紀は、鉄筋コンクリート技術の発達によって、さまざまな新しい建築が次々に生まれました。スイス東部のザルギナ渓谷にかかるザルギナトーベル橋は、鉄骨と石材が主流の時代に生まれた近代コンクリートアーチ橋の草分け的存在といわれています。

　1930年にスイスの構造家・橋梁技師ロベール・マイヤール（1872～1940年）によって設計されたザルギナトーベル橋は、緑深い山々と深い渓谷に包まれるようにして架かる全長132.3m、幅3.5mの道路橋です。橋梁のアーチ支間は90mあります。

　仮設部材の支保工で90m下の深い渓谷から足場を組み、橋脚から上方向に大きく脹らんだ弓なりのアーチの両端と中央をヒンジ（蝶番）でつないだ「3ヒンジコンクリートアーチ橋」で、マイヤールの得意とする構造でした。

　スイス連邦工科大学を卒業し、いくつかの勤めを経て1902年に独立してチューリッヒに設計事務所を設立したマイヤールは、1913年までに74の橋梁を設計しました。こうした実績を経て手がけたザルギナトーベル橋は、彼の最高傑作といわれています。

もっと知りたい！ ザルギナトーベル橋の設計コンペには19の応募があり、マイヤールの案が通りましたが、うち鉄骨造は7案だったといいます。橋梁建築の技術的な過渡期だったことがわかり、橋桁が箱の形の構造を持つ箱型断面2径間3ヒンジコンクリート橋は、時代のなかでは斬新でしたが、マイヤールが実務のなかで十分な経験を積んだデザイン構造でした。

ベルリン国立歌劇場

174

所在地　ドイツ連邦共和国　ベルリン
設計　ゲオルク・ヴェンツェラス・フォン・クノーベルスドルフ

「ベルリンの壁」が分けた歌劇場の数奇な運命

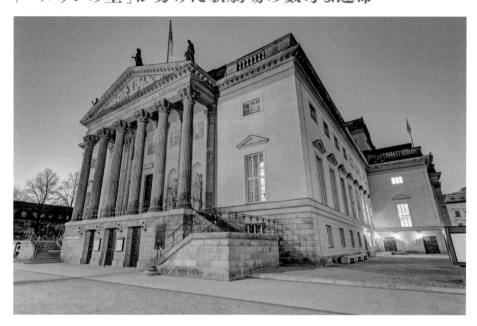

　ベルリン国立歌劇場はベルリンで最も古い劇場建築であり、世界で最も美しいオペラ劇場の
ひとつに数えられています。1741年から1743年にかけて、建築家ゲオルク・ヴェンツェラス・フォ
ン・クノーベルスドルフ（1699～1793年）によってフリードリヒ大王の宮廷歌劇場として建造
されました。

　クノーベルスドルフは、20年間プロイセンの宮廷建築家として活躍し、フリードリヒ大王の
サンスーシ宮殿も手がけました。「フリードリヒ式ロココ」といわれる、ロココながら外装の装
飾は控えめにして内装に豪華な装飾を施すというスタイルは、ベルリン国立歌劇場でも踏襲さ
れました。

　ファサードはコリント式の6本の列柱が並ぶ古典的な佇まいで、乳白色の外壁とシンメトリー
な整然とした設計が、端正なオペラハウスらしい外観を生み出しています。内部は、客席が4層
あり、赤の座席に白の壁とところどころ金をあしらったロココ装飾、ホール天井の細やかなデ
ザインが見事です。

もっと知りたい！　ベルリン国立歌劇場は1945年に第二次世界大戦の爆撃によって破壊され、ドイツの東西分割後、長らく再
建されませんでした。旧東ドイツの国立歌劇場として、もとの場所に当時の建築を再現した現在の建物が完成したのは1955年で
す。ベルリンの壁崩壊後は、世界のオペラを牽引し、2010年から建物の大改修工事が行なわれました。

ペンタゴン（米国国防省本部庁舎）

175

所在地 アメリカ合衆国ヴァージニア州アーリントン
設計 ジョージ・バーグストローム

世界最大のオフィスビルでもある、米国軍事の中枢庁舎

　「五角形」を意味する"ペンタゴン"の名で、世界的に有名な米国国防省本部庁舎は、世界最大の収容力を持つオフィスビルでもあります。ビルが収容する軍部と民間の職員の数は約2万3,000人といわれています。

　建物は地上5階に地下2階、各階にある廊下は5角形の建物それぞれのものが環状につながっており、総延長は28kmという巨大さです。延べ床面積14ha、階段131本、エスカレーター19基、エレベーター13基、窓は7,754個あります。

　設計したのはウィスコンシン州出身の民間建築家ジョージ・バーグストローム（1876〜1955年）です。バーグストロームは、光庭の役割を果たす2万㎡の中庭に向けて窓数を増やし、建物内部に自然光を多く採り入れる構造としました。

　またペンタゴンの五角形の形や内部のデザインは、有事の際に省内のあらゆる部署に10分以内にたどり着けるように考えられた構造なのです。ペンタゴンの竣工は1943年ですが、第二次世界大戦中ということで、昼夜を分かたず急ピッチの工事で建設されました。

もっと知りたい！ ペンタゴンを偵察衛星の写真で見ると、中庭の真ん中に一定の時間になると軍人と思われる一団が毎日同じ時間にこの建物に出入りしています。旧ソ連の時代、最高司令会議が行なわれる特殊施設かと疑ったソ連の核ミサイルの照準は、ここに定められていたという逸話があります。実際は「ホットドッグ屋台」で、軍人たちはお昼を買いに来ていただけでした。

天津浜海図書館

<small>てん　しん</small>

176

所在地　中華人民共和国　天津
設計　MVRDV、TUPDI

「美しすぎる図書館」として世界を騒然とさせた近未来建築

　中国北東部の中心都市・天津の大規模な文化地区構想の一環として2017年に開館した天津浜海図書館は、図書館と呼ぶにはあまりに近未来的な外観と内部構造で、「美しすぎる図書館」としてネットで話題となり、一躍人気スポットになりました。

　ファサードから見ると、楕円形の開口部があたかも「人の目」の形をしており、建物内の中心にある光り輝く球体の講堂（110人収容のオーディトリアム）が瞳に見える度肝を抜くようなデザインです。そのため図書館は「ザ・アイ」の愛称で呼ばれています。

　球体の周囲は建物のメインであるアトリウム（光を通す材質による大規模空間）が広がり、その周囲をまるで等高線のように階段状に配置された書棚がぐるりと展開されています。それも同心円を描くのではなく、自然の地形のように波打って広がります。

　天津浜海図書館は、ロッテルダムを拠点とする建築家集団MVRDVと、地元の建築家グループである天津都市計画設計研究所（TUPDI）によって設計されました。MVRDVが得意とする前衛的な試みがいかんなく発揮されています。

もっと知りたい！　5階建ての建物に床面積3万3,700㎡という天津浜海図書館の本棚には、120万冊が配架できるといいます。5階建ての建物には館内の端から端までさまざまな教育施設を配置し、どこでもメインのアトリウムからアクセスが可能。地下では図書館サービスや書庫、大規模なアーカイブの閲覧サービスが提供されています。

パラッツォ・デル・テ

177

| 所在地 | イタリア共和国　ロンバルディア州マントヴァ |
| 設計 | ジュリオ・ロマーノ |

ルネサンスの後を受ける「マニエリスム」の最高傑作

　　1526年から1533年にかけて建設された離宮パラッツォ・デル・テは、マニエリスムの最高傑作のひとつとされています。マニエリスムはとくにイタリアで1520年頃から1600年代初頭まで流行した様式で、調和や安定を理想としたルネサンス様式を崩し、複雑性・新奇性を求めた亜流とされていましたが、20世紀に再評価されました。

　　この建物はマニエリスム時代の建築家であり芸術家であったジュリオ・ロマーノ（1499〜1546年）がマントヴァ公フェデリーコ2世・ゴンザーガに依頼されて設計したもので、建築物だけでなく内部の装飾や壁画、庭園の構想まですべてをロマーノが手がけています。

　　パラッツォ・デル・テでは、ルネサンスの古典様式に学びながら、独特の感情表現や寓意を加えています。大きな石を積み重ねたような外観は、実際には漆喰で凹凸を作っており、内部のフレスコ画も含め、騙し絵的要素満載の宮殿になっています。建物内には多くの部屋がありますが、なかでも有名なのは、「プシュケーの間」「巨人の間」「馬の間」の3つ。とくに「巨人の間」に飾られるフレスコ画『巨人の没落』は、マニエリスム絵画の最高傑作のひとつです。

> **もっと知りたい！** 巨匠ラファエロ・サンツィオ（1483〜1520年）の筆頭弟子だったロマーノは、ラファエロが夭折した後、彼の後継者となり未完成の作品を引き継いで完成させました。ラファエロの死後はマントヴァのゴンザーガ家の宮廷芸術家となって、生涯をマントヴァで過ごし、パラッツォ・デル・テなどの建築で高い評価を後世に残しています。

AEGタービン工場

178

所在地 ドイツ連邦共和国　ベルリン
設計 ペーター・ベーレンス

レンガ造の重厚な外観を持ちながら機能的な近代建築

　AEGタービン工場は、ドイツの電機メーカー AEG（通称「アーエーゲー」／アルゲマイネ・エレクトリティテート社）のタービン工場として建設されました。

　20世紀初頭の急速な工業化によって、タービン需要は5年で1,000倍に増え、AEGではその需要に対応する大工場を必要としました。

　設計はドイツの建築家ペーター・ベーレンス（1868〜1940年）で、20世紀のモダニズム建築や工業建築の分野の発展に多大な影響を与えた人物です。

　鉄とガラスとレンガだけによる奥行207m、幅25.6mという巨大な無柱空間は、構造技術者のカール・ベルンハルトとの共同によって1909年に完成しました。

　ベーレンスが有名になったのは、20代のときに画家として描いた『接吻』で、ユーゲント・シュティール（アール・ヌーヴォー）の代表作のひとつに数えられています。30代は磁器やガラス、家具から建築に興味を広げ、40代でAEG社の仕事を多く手がけAEGタービン工場を完成します。50代終わりには古典主義を払拭し、近代主義の建築家になりました。

もっと知りたい！　「力の教会」とも呼ばれる外観とは対照的に、工業タービンの巨大な組み立てラインなど工場内部の機能を優先させるシンプルなデザインで、コスト削減効果にも配慮して造られました。初期モダニズムの代表的建築と評される一方、造形は古典的な教会建築の模倣に過ぎないとする批判もされています。

アブラクサス集合住宅

179

所在地　フランス共和国　セーヌ＝サン＝ドニ県ノワジー＝ル＝グラン
設計　リカルド・ボフィル

パリ郊外にある宮殿のような労働者のアパート

　パリへの通勤圏として発達したノワジー＝ル＝グランに、アブラクサス集合住宅が建設され
たのは1982年のことです。設計はスペインの建築家リカルド・ボフィル（1939年〜）で、日本
では東京銀座資生堂ビル（2001年）、ラゾーナ川崎プラザ（2006年）などを手がけています。

　アブラクサス集合住宅は、3つの呼び名のブロックで構成されています。西側にある半円形の
「劇場」、その向かいの東側に建つコの字型の「宮殿」、その間にある塔状の「凱旋門（アーク）」
です。

　エントランスから中庭部分へ入ると、大きな円形広場を囲むように18階建てのバロック建築
のような「宮殿」が建っています。ギリシア建築にインスピレーションを得たという重厚感あ
る巨大な建物には約500の住戸があります。また、「劇場」は、古代ローマの劇場を連想させる
ような外観ですが大きさは控えめで100戸ほどが配され、集合住宅全体で約600戸を要する巨大
アパートメントです。低所得の労働者向けとは思えない壮観さと独特な近未来的な景観で、映
画のロケ地としてもよく登場します。

もっと知りたい！　アブラクサス集合住宅はボフィルの出世作といわれていますが、建築作品としての成功に対して、当初の依
頼である首都圏郊外の労働者向けアパートメントとしては不十分だったとボフィル自身が語っています。移民への割り当てが少な
かったこと、生活に便利な店舗や設備の不足、建物の閉鎖性などをその理由に挙げています。

ベルリン新国立美術館

180

所在地　ドイツ連邦共和国　ベルリン
設計　ミース・ファン・デル・ローエ

内部空間を限定しない「ユニヴァーサル・スペース」の傑作

　ヨーロッパの伝統的な建築物はレンガや石で築かれ、部屋と部屋の間は厚い壁で仕切られているものでした。近代になって鉄骨造や鉄筋コンクリート造の技術が発展すると、柱・天井・床の構成の仕方の自由度が増し、より広い空間を取ることができるようになりました。

　それをさらに推し進めたのが、近代建築の三大巨匠のひとり、ミース・ファン・デル・ローエ（1886〜1969年）です。内部空間を限定せず、壁や床を自由に配置できるようにした「ユニヴァーサル・スペース（均質空間）」という概念を屋内構造に持ち込みました。

　1968年開館のベルリン新国立美術館は、ミースの生前に完成した最後の作品で、「ユニヴァーサル・スペース」の典型例としてミースのモダニズム建築の到達点とも評されます。四方がガラス張りになった単純な正方形の建物は、スチール製の屋根を8本の鉄骨柱が支えるだけの非常にシンプルな外観です。ひさし部分は片持ち梁構造で大きく周囲にせり出し、建物の向こう側に抜ける視界にさらなる開放感を与えています。

　展示スペースは主に地下にあり、もちろんすべての間取りが自由に変更できます。

もっと知りたい！　ナチスは現代美術やモダニズム建築を「退廃した芸術」として否定しようとしていました。1933年、ミースも校長を務めたバウハウスがナチスによって閉鎖されると、アメリカに亡命しています。ベルリン新国立美術館は、ミースが唱えてきた斬新な建築論を、祖国で戦後初めて具現化した作品となりました。

モスクワ国立大学本館

所在地 ロシア連邦　モスクワ
設計 レフ・ルードネフ

スターリンの権力の象徴として築かれた大学本館

　ロシアの大学の筆頭格と位置づけられるロシア国立大学（M.V.ロモノーソフ・モスクワ国立総合大学）は、帝政時代の1755年、科学者ミハイル・ロモノーソフの建言で設立された歴史ある名門です。創設時からクレムリンの近くでしたが、1940年代後半から独裁者スターリンの命によって移転が始まりました。1950年代に入ると、ほとんどの学部がクレムリンの南西6kmのスパロウ・ヒルに移ります。ソビエト建築アカデミーの建築家レフ・ルードネフ（1885〜1956年）の設計によって、モスクワ国立大学本館が完成したのは1953年です。高さ240mの主塔を持つシンメトリーな巨大建築は、「スターリン・ゴシック」の代表作といわれています。

　1940年代末から1950年代初期は、「古典主義的スターリン様式」建築の最盛期で、モスクワ中心部に「セブンシスターズ」といわれる権威主義的な高層建築が並びました。その中でもっとも高いのがモスクワ国立大学本館で、1988年まで欧州一を誇っていました。

　共産主義国家の成功を世界に示し、ニューヨークの摩天楼に対抗する高層ビルをモスクワに林立することで、スターリンは自らの権力を誇示したのです。

もっと知りたい！　モスクワ国立大学本館の巨大さは、回廊の長さをつなぐと33kmにもなり、部屋数5,000という規模に加え、中央のタワー頂上の星が12tにもなることからわかります。設計したルードネフは、本館建設以前のモスクワ大学各施設も手がけ、1949年にソ連の最高栄誉賞であるスターリン国家賞を授与されました。

ルイーズ・ワイス・ビル（欧州議会議事堂）

182

| 所在地 | フランス共和国　バ=ラン県ストラスブール |
| 設計 | アーキテクチュア・スタジオ |

「現代のバベルの塔」と物議を醸したEUの議会議事堂

　ドイツと国境を接するフランス・アルザス地方のストラスブールは、ノートルダム大聖堂があり、フランスの古い街並みを残す歴史ある都市で、旧市街・新市街とも世界遺産に登録されています。

　街の中心から離れた場所に、EU（欧州連合）の欧州議会議事堂であるルイーズ・ワイス・ビルが竣工したのは1999年のことでした。上まで空洞になっている地上17階の円筒型のガラス張りのタワービルに、それを包むようにV字型の低層のオフィス棟が配され、EU（欧州連合）各国の国旗がはためいています。

　上階に向かって構造骨格を露出し、あたかも崩れたかのようなデザインは、1563年のピーテル・ブリューゲルの絵画『バベルの塔』をイメージしたといいますが、そこが物議を醸してきました。バベルの塔の伝説のように神の怒りに触れ、各国がバラバラにならないように団結・協調しようという意味と捉えられる一方、将来的な欧州連合の崩壊を予見しているという指摘がされたのです。

もっと知りたい!　ルイーズ・ワイス・ビルのほかに、欧州議会の本部はベルギーのブリュッセルにもあり、EUのさまざまな機関もブリュッセル中心になってきたことから、ストラスブールの欧州議会議事堂で議会が行なわれる回数は減っているようです。戦後すぐに欧州評議会が置かれたヨーロッパ協調の象徴的な街は、その役割が変わりつつあります。

アブラージュ・アル・ベイト・タワーズ

所在地 サウジアラビア王国　マッカ州　メッカ

設計 ダル・アル・ハンダサ、マフムード・ボード・ラッシュ

聖地に立つ尖塔高601mの超高層を頂点とするビル群

　アブラージュ・アル・ベイト・タワーズは、601mを1棟、260m、250m、240mをそれぞれ2棟、計7棟の超高層ビルからなる複合施設です。240m（42階建て）の2棟は2007年と2008年に先行開業しており、2012年にすべてのビルが竣工して完全に開業しました。

　尖塔を持つ一番の高層建築となっている高さ601mのホテル棟は、サウジアラビア初の500m以上の超高層ビルになりました。尖塔部を含めた高さでは、ブルジュ・ハリファ（828m）と東京スカイツリー（634m）に次ぐ世界第3位の高さの自立式建造物となっています。

　さらに延べ床面積は150万㎡で、単一の構造物として世界一の床面積となっていたドバイ国際空港のターミナル3（118万m²）を抜いて世界一の床面積となりました（現在は2位）。総工費は約150億ドル（1兆5000億円）と、建築物の世界歴代最高額に達しています。

　また、高さ601mのホテル棟は「メッカ・ロイヤル・クロック・タワー・ホテル」の名称で呼ばれ、ホテルとしてはアラブ首長国連邦の「JW・マリオット・マーキス・ドバイ・ホテル」の335mを抜いて世界一の高さを誇ります。

もっと知りたい！ 　アブラージュ・アル・ベイト・タワーズのすぐ向かいには、イスラム教第一の聖地であるカアバ神殿や、「マスジド・ハラーム（聖なるモスク）」があります。メッカには毎年500万人以上のイスラム教徒が巡礼（ハッジ）に訪れるため、大規模な宿泊施設は長年切望されていました。世界一の高層ホテルは、一度に10万人の宿泊が可能だとされています。

サン・ピエトロ広場

184

所在地　ヴァチカン市国

設計　ジャン・ロレンツォ・ベルニーニ

「すべての教会の母」をイメージした信者を包み込む広場

　均整と調和のとれたルネサンス様式に対し、動的かつ劇的で量感あふれる装飾形式が特色の
バロック様式は、反宗教改革運動の高まりとともに急速に発展し、カトリック世界に波及しま
した。バロック初期の巨匠ジャン・ロレンツォ・ベルニーニ（1598〜1680年）の代表的作品が
1656年から1667年に建設されたサン・ピエトロ広場です。

　ヴァチカン市国南東端にあるカトリック教会の総本山サン・ピエトロ大聖堂の正面に広がる
サン・ピエトロ広場は、幅240mの巨大な楕円形で、4列のドーリア式円柱による列柱廊と140
体の聖人像に囲まれた広場の中央に、高さ25mのオベリスク（記念塔）が置かれます。

　宗教改革が教皇権力への批判を強めるのに対抗し、旧教会権力側は感覚に訴える劇的な効果
を狙った建築で、巻き返しをはかりました。広場の設計には、「すべての教会の母であるサン・
ピエトロは、母のように両腕を広げ受け入れる」という意図があります。またベルニーニは、
古代ローマの闘技場コロッセオが市民の熱狂と興奮を生んだように、サン・ピエトロ広場を巨大
な劇場空間に見立て、大聖堂の偉容が強調されるよう設計しています。

もっと知りたい！　広場だけでなく、サン・ピエトロ大聖堂内にもベルニーニの芸術が残っています。ローマ教皇の天蓋付き台
座「バルダッキーノ」です。教皇ウルバヌス8世は1623年の即位したその日に彼を呼び、大聖堂内部の装飾を指示しました。唯一
教皇だけがミサを行なうことのできる神聖な祭壇バルダッキーノは1627年の完成で、ベルニーニの初作品になりました。

ファグス靴工場

185

所在地　ドイツ連邦共和国　ニーダーザクセン州アルフェルト
設計　ヴァルター・グロピウス

近代建築の巨匠による初のモダニズム様式の工業建築

　ドイツの靴メーカー・ファグス社が、あえてラディカルな建築物を望んで建てたというファグス靴工場は、モダニズム建築の巨匠ヴァルター・グロピウス（1883～1969年）によって設計され、1911年から1913年にかけて建設されました。

　ヴァルター・グロピウスは、ル・コルビュジエ、フランク・ロイド・ライト、ミース・ファン・デル・ローエとともに「近代建築の四大巨匠」のひとりとされます。また、世界的に有名なドイツ・ヴァイマル共和国の美術学校「バウハウス」の創立者であり、1919年から1928年まで初代校長を務めて後進を育成しました。

　ファグス靴工場の設計について、グロピウスは師であるペーター・ベーレンス（1868～1940年）のAEGタービン工場に大きく影響を受けています。師の作品を踏まえ、独自のコンセプトを加味してファグス靴工場を設計しました。

　ファグス靴工場はグロピウスの処女作であり、世界初のモダニズム様式による工業建築です。2011年に「アルフェルトのファグス工場」として世界遺産に登録されました。

> **もっと知りたい！**　ファグス靴工場、AEGタービン工場とともに最上階まで張られたガラスのカーテンウォールが共通しています。しかし、AEGタービン工場の方は角を重厚な要素が覆って内部を区切っています。ファグス靴工場はまさに正反対で、角は開放され、カーテンウォールが前面に出て外観も工場内の明るさも開放的です。

マテウス邸

186

所在地　ポルトガル共和国　ヴィラ・レアル県マテウス
設計　ニコラウ・ナソーニ

ワインのラベルにもなっている「バロックの至宝」

　　ポルトガルを代表するワイン「マテウス・ロゼ」のラベルにも描かれるマテウス邸は、18世紀前半に建てられたバロック装飾で埋め尽くされたまさに「宮殿」です。現在もヴィラ・レアル伯が居住していますが、プライベート部分を除いて一般公開されています。

　　設計はイタリア人建築家ニコラウ・ナソーニで、ポルトのクレリゴス教会など、ポルトガル北部にすぐれたバロック建築を複数残しました。

　　マテウス邸入口の門から鬱蒼とした木立の間を抜けると、池の向こうに白亜の居館が見えてきます。ファサード側はコの字型に配置された建物の奥に、白い尖塔を従えた玄関のある建物があり、天使などの宗教的な彫刻や文様で装飾されています。左右の階段のシンメトリーなデザインも印象的です。

　　見学はガイドツアー付での邸内見学と庭園散策があり、図書室や来客用のサロンなどに入ることができます。マテウス邸の裏手に広がる庭園では、貴族の居館らしい見事に刈り込まれた植栽でデザインされた造形美を楽しめます。

もっと知りたい！　マテウス邸は財団管理になっており、果樹園もあってワインも販売されています。しかし、ラベルにイラストがある「マテウス・ロゼ」は当地の製造ではなく、製造元のスグラベ社との間にも直接の関係はないようです。マテウス・ロゼは国内ではあまり出回らないものの、世界にロゼワインを普及したトップブランドのひとつです。

ジョン・ハンコック・センター

187

所在地 アメリカ合衆国　イリノイ州シカゴ
設計 SOM

「チューブ構造」の先駆けとなった建築物

　エンパイアステートビルに次ぐ全米2位の102階建ての高層ビルとして、1968年にシカゴに建てられたジョン・ハンコック・センターは、分厚いフレームが縦横やX字型を描いてビルの外側を取り巻く独特の外観をしています。

　建物を支える構造体を隠さずに、デザインとして外に出す構造表現主義建築の考え方に沿った手法ですが、これは超高層ビルを支えるために「チューブ構造」で築かれたジョン・ハンコック・センターの構造を物語っています。

　ビルの外側に配したフレームで筒状の構造体をつくり、全体を吊るして支えるチューブ構造は、超高層建築に多く使われる技術で、風や地震の揺れからビルを守り、ビルの軽量化や100階以上への超高層化を可能にしたアイデアです。

　ジョン・ハンコック・センターの多数のフレームが壁面を覆って強靭さを際立たせる外観は、建築史上でも記念碑的な存在です。設計を担当したSOMの構造技術者ファズラー・カーン（1929～1982年）は、このビルの設計で「チューブ構造」における先駆者となりました。

　もっと知りたい！　「チューブ構造」は、その後完成したワールドトレードセンターやAONセンターにも採用されました。この構造では、ビル内部の柱を極力少なくできるため、同じ規模の建物でも賃貸オフィスの面積を増やすことができ経済性を高めることとなります。

ケンブリッジ大学歴史学部図書館

188

所在地　イギリス　ケンブリッジシャー州ケンブリッジ
設計　ジェームズ・スターリング

パステル調の色使いとガラスドームが映える図書館

　ケンブリッジ大学歴史学部の前身は、ハノーヴァー朝初代のイギリス王ジョージ1世が、ケンブリッジに歴史教育と研究のために1724年に築いた施設に始まります。現在では、ひとつの学部ながら100人以上の教職員が所属する世界最大クラスの歴史学部のひとつとなりました。

　カレッジ（単科大学）制であるケンブリッジ大学では、学部ごとに優れた図書館を持っています。1967年完成の歴史学部図書館の設計者は、ケンブリッジ大学で講師をしていた、戦後のイギリスを代表する建築家ジェームズ・スターリング（1926〜1992年）です。

　L字型に構築された校舎に円形ドームを擬したガラスのピラミッド、パステル調に近いオレンジ色のレンガタイル貼りの外壁は、ポストモダン建築のデザイン性を感じさせます。閲覧室は大きなガラスの吹き抜けの下にあり、十分な自然光が採られています。

　ケンブリッジ大学は創立が1209年のため、長い伝統を持つ図書館が数多く、総数は図書室レベルのものも含めて137あります。なかでもケンブリッジ大学歴史学部図書館は、歴史学部ながら、もっとも先端的なデザインの図書館として際立った存在感を示しています。

もっと知りたい！　いわゆるカレッジ（単科大学）制のケンブリッジ大学には31の学部があり、それぞれが日本ではひとつの大学に匹敵する規模で、カレッジごとに、専門性ある蔵書を抱えた学部図書館が存在します。大学全体の蔵書は800万冊といわれ、うち200万冊が開架での利用が可能。ただし館外貸し出しは、学部の最終学年3年生と研究者限定になっています。

バングラデシュ国会議事堂

189

所在地 バングラデシュ人民共和国　ダッカ
設計 ルイス・カーン

幾何学造型を組み合わせたモスクのような国会議事堂

「20世紀最後の巨匠」といわれたユダヤ系アメリカ人の建築家ルイス・カーン（1901〜1974年）の設計で、1962年から20年以上の歳月をかけて1983年に完成されたのが、バングラデシュ国会議事堂です。

81万㎡という広大な敷地のなかに、カーンらしい幾何学的な造型によって、ベンガル地方のモスクの風格を漂わせています。円形の議場を円柱型の建物とし、それを囲んで八角形の外観になるよう四角形の建物が並んでいます。

外壁はシンプルなコンクリートのままですが、円形、三角形、四角形に切りとってデザイン性と採光を確保。広々とした緑の中に、議事堂を囲むように人工湖が配置され、国会議事堂だけではなく、敷地そのものの全体設計の美しさが見事です。

もっとも大切な議場部分を真ん中に置き、エントランス、事務室、通路などは議場を包むように配置され、建築自体が緑や湖に囲まれるという、序列をつけた空間構成も、カーンの設計思想をよく表わしています。

もっと知りたい！　バングラデシュ国会議事堂は、多くの建築家が称賛するルイス・カーンの傑作のひとつとされます。国家の要人が使用する施設のため、内部の見学は原則不可で、身近に近寄って見ることもできませんが、世界中から建築ファンが見学に来ます。国会議事堂の周辺の湖や芝生は、市民の憩いの場でもあります。

キングダムセンター

190

所在地 サウジアラビア王国　リヤド
設計 エラーブ・ベケット

王子の求めで完成したモノリスのような高層ビル

「モノリス」とは建築や彫刻で使う一枚岩のことをいいます。初代国王の孫であり、発注者であるアル・ワリード・ビン・タラル王子は、シンプルで力強く、モノリスのようであり、左右対称の構造物であることを希望条件に、設計コンペを開催しました。

100を超す応募のなかから3年もかけて検討され、選ばれたのはアメリカの設計事務所エラーブ・ベケット社の案でした。2002年、キングダムセンターは竣工。高さ302m、真上からは楕円形をしており、上部は建物が逆放物線を描いてえぐられたような外観であり、まさに巨大な「一枚岩」の記念碑のような高層ビルが完成しました。

下層30階は鉄筋コンクリート造で、上層100m部分を飾るアーチは、軽量鉄骨トラス造です。逆放物線状のビルトップになる先端は、長さ56mの展望デッキです。全面が深い青のカーテンウォールで覆われ、まさに王権のシンボリックなモニュメントになりました。

27万8,000㎡という敷地にはさまざまな施設があります。大きなエントランスの向こうに14のオフィス施設、客室数249のホテル、住居フロアは5階あります。1階から3階まではショッピングモールのほか、テニスコートとプールがあるスポーツセンターが入っています。

もっと知りたい！ キングダムセンターのオーナーは、サウジアラビア王室サウード家のアル・ワリード王子のキングダム・ホールディング・カンパニーです。会社にしていますが、王子が所有者です。全プロジェクトの総事業費は約17億サウジアラビア・リヤル（約4.5億ドル）で、施工はサウジアラビアBechtel社です。

サンタンドレア・アル・クイリナーレ聖堂

191

所在地	イタリア共和国　ローマ
設計	ジャン・ロレンツォ・ベルニーニ

バロックの巨匠ベルニーニの最高傑作といわれる教会

　サンタンドレア・アル・クイリナーレ聖堂は、ジャン・ロレンツォ・ベルニーニ（1598～1680年）によって1658年から1670年に建築されたローマ・カトリック教会の聖堂です。イエズス会の修練所であり、現在もローマのクイリナーレの丘に建っています。

　聖堂は横に長い楕円形をしています。ファサード（正面側）には半円形に突き出した庇（ひさし）があり、イオニア式円柱が支える神殿風のファサードを抜けて聖堂内に入ると、すぐ目の前に主祭壇があり、隠された光源によって明るく照らされ、見る人を惹きつけます。聖堂内は荘厳な宗教画や彫刻で彩られており、神への敬虔な感情を引き出す仕掛けが施されています。

　内部の楕円形の構造は、柱と壁、梁によって10に分割され、それぞれが扉や祭壇に充てられています。大理石、金などを使った内部装飾も控えめで、ローマにあるバロック式の建築のなかでも華美さを抑えて上品にまとめられています。ファサード側から離れて外観を見ると、聖堂を中心に両翼の壁が翼のようにカーブを描いており、視線を中央に誘います。激しい凹凸や曲面を作り、幻惑的に多用するバロック建築の典型例です。

> **もっと知りたい！**　この聖堂は外観、内部装飾ともすべてベルニーニが手がけており、彼の目指した絵画、彫刻、建築の総合芸術という理想を最もよく表現しており、小さな聖堂ながら自身も「自らの作品のなかで最も完成されたもの」と語っています。「ベルニーニはローマのために生まれ、ローマはベルニーニのためにつくられた」と評されるバロックの巨匠による傑作建築です。

ヒルハウス

192

所在地 イギリス　スコットランド　グラスゴー
設計 チャールズ・レニー・マッキントッシュ

依頼主一家と住み込んで構想した伝統を超えた個人邸宅

　スコットランド・グラスゴー出身の建築家チャールズ・レニー・マッキントッシュ（1868〜1928年）は、アール・ヌーヴォー様式の先駆者のひとりといわれています。1904年から1906年に建設されたヒルハウスは、マッキントッシュが30代後半に手がけた個人邸宅です。

　出版業を営む富裕な依頼主ブラッキーは、スコットランド西部の伝統的なレンガや漆喰、木の梁構造、赤瓦屋根などを使用せず、グレーの粗いプラスター塗の壁とスレートの屋根を求めました。クライアントの非伝統的好みを受けて、マッキントッシュはブラッキー家と何か月も一緒に暮らし、デザインアイデアを練っていきました。

　「スコットランド男爵風」というスコテッシュ・バロニアルの様式に、幾何学的なデザインをかけ合わせます。機能的な「L字型」プランの建物に、特徴ある円筒型の階段タワー、非対称の大きな切妻を持つ急こう配の屋根に細長い窓など、中世の城のような外観です。

　住宅内部の光と影のバランスも見事で、家具や照明器具は、アール・ヌーヴォーの工芸家であった妻マーガレットともにデザインされたものです。

もっと知りたい！　チャールズ・レニー・マッキントッシュのデザインは、アール・ヌーヴォーやジャポニズムの影響を受けながら直線や幾何学を用いる「グラスゴー・スタイル」という独特の建築を生み出しました。イギリス国内では酷評されましたが、ウィーンでは称賛され、オットー・ワグナーが中心となったのちのウィーン分離派に影響を与えています。

アレクサンドラ・ロード・エステイト

193

所在地 イギリス　ロンドン
設計 ニーヴ・ブラウン

500世帯以上が暮らすコンクリート製「巨大長屋」

　赤レンガ色のタイルを敷いたゆるやかなカーブを描く一本の通路の両側に、4階建てのコンクリート製の建造物が数百mにわたって続くアレクサンドラ・ロード・エステイト。通路から上の階に行くにしたがって奥まった長蛇の建物が左右に規則正しく展開する景観は、圧巻のひと言です。

　500世帯以上が暮らす集合住宅であるアレクサンドラ・ロード・エステイトは、建物はむき出しコンクリートの外観ですが、コンクリートの冷たさを感じさせない住人たちの暮らしぶりがにじんでいます。

　通路に面したバルコニーは各戸が思い思いに緑を飾り、自由にカスタマイズされています。所々にベンチがある休憩スペースや公園が設けられ、生活感にあふれています。

　団地というより「巨大長屋」と呼びたくなるアレクサンドラ・ロード・エステイトの完成は1978年ですが、通路をはさんでVの字に幾何学的な建築が連なる近未来的な凝ったデザインが印象的です。

もっと知りたい！ アレクサンドラ・ロード・エステイトの設計はアメリカ生まれのイギリス人建築家ニーヴ・ブラウン（1929〜2018年）です。モダニズム住宅を専門とし、ほかにもロンドンに複数の公共集合住宅の設計を担当しています。ロンドンでは産業革命以後、労働者の住宅問題を絶えず抱え、自治体主導による集合住宅建設が数多く行なわれたのです。

ブレゲンツ美術館

194

所在地　オーストリア共和国　フォアアールベルク州ブレゲンツ
設計　ピーター・ズントー

「ガラス天井」により自然光を室内に生かした美術館

　オーストリア最西端ボーデン湖畔に建つブレゲンツ美術館は、コンクリート造の建築物ですが、外壁を712枚という曇りガラスで覆っています。1階の展示室は天井がコンクリートで壁面から自然光を入れていますが、2階より上（3階建て）の展示室は壁面に開口部がなく、天井のガラスパネルを通して自然光を取り入れるデザインになっています。

　1990年から1997年にかけて、スイスの建築家ピーター・ズントー（1943年〜）が建築したブレゲンツ美術館は、素材と風土の関係性を重視したズントーらしいコンセプトが表現されています。ズントーは1990年代、主にスイスの建築家たちによって提唱された「スイス・ミニマリズム」という空間表現の中心人物のひとりです。

　スイス・ミニマリズムは、明快な四角形（矩形）の平面と、装飾が削ぎ落とされたヴォリュームを基調とし、石、木材、ガラスなどを多用しつつ建物の表層の操作によって、建築単体として都市との関係性を損なわないよう意識されたデザインに特徴があります。ブレゲンツ美術館は、その典型的な表現として見ることができます。

もっと知りたい！　美術館前の広場には、カフェも併設された黒を基調とした外観の管理棟があります。これもズントーが設計し、本館を「美術品の展示」という本来の目的に特化するため、それ以外の機能の建物を分けたのです。本館の外観はおとなしいですが、内装の細部を見ると、手すり、ガラス天井を支えるフレームや室内灯まで、ズントーの精密なこだわりが伝わってきます。

アーケン近代美術館

195

所在地 デンマーク王国　コペンハーゲン近郊イシェ
設計 ソーレン・ロバート・ルンド

館外も館内も巨大な船のような脱構築主義の美術館

　コペンハーゲンから南に19㎞のコーエ湾に面した場所に建つアーケン近代美術館は、1988年のコンペで優勝した建築学部の学生ソーレン・ロバート・ルンドの建築設計案によって建てられました。美術館を周囲の環境に呼応させるコンセプトの外観デザインは、大型船の白いマストのような切り立った構造物に象徴されています。

　1996年に開館したアーケン近代美術館は、白いコンクリートの壁と床、全長150mの廊下が建物全体を貫いています。館内の展示スペースに向いた壁が平面、外側に面したもう片方が曲面になっています。狭い通路とむき出しの金属製の配管が、やはり大型船の内部をイメージさせます。

　アーケン近代美術館は、脱構築主義建築の好例のひとつとされます。脱構築主義とは20世紀の哲学用語「デコンストラクション」から来た考え方で、既存の体系や枠組みを解体し、新たに構築し直す思想です。アーケン近代美術館は、まさに構造からの制約を取り払い、独創性を前面に押し出した建築物といえるでしょう。

もっと知りたい！　コーエ湾に面した荒涼とした場所に建つアーケン近代美術館は、コペンハーゲン中央駅から電車とバスを乗り継いでアクセスできます。その外観から、「海岸に打ち上げられた難破船」などと形容されますが、実際、強い海風が吹きつける厳しい立地にあります。

トロント市庁舎

196

|所在地|カナダ　オンタリオ州トロント|
|設計|ヴィルヨ・レヴェル|

曲線を使った奇想天外な高層建築で人気になった市庁舎

　瓦せんべいを立てたような内側にわん曲した高さ違いの高層ビルが向かい合わせで建ち、ドーム型の天井を持つ低層の円盤型議事堂を囲むトロント市庁舎は、1965年の建築です。

　42か国から500件の応募があったコンペを勝ち抜いた建築家ヴィルヨ・レヴェル（1910〜1964年）の設計ですが、あまりに大胆で独創的だったため、物議をかもしたといいます。しかし現在ではカナダ最大の都市トロントの観光名所のひとつとして人気を博しています。

　2棟のビルや円盤型議事堂の下は2層に分かれていて、公共エリアと図書館になっています。高層ビルの内側部分はガラスとスレンレス鋼で、ファサード部分は鉄筋コンクリート造です。

　ビルの周囲のパブリックスペースはゆったりと確保され、リフレクティング・プール（反射池）や噴水、庭園が設けられています。

　2015年に、4年に1度の南北アメリカ大陸のスポーツの祭典である「パンアメリカン競技大会」が開かれ、「TORONTO」の文字からなるモニュメントがトロント市庁舎前広場に設置されました。

もっと知りたい！　TORONTOのモニュメントは、アルファベットそれぞれの色をさまざまに変化させることができ、228万種類もの組み合わせが可能だといいます。設置当時はニュースで騒がれ、観光客はもちろん地元の人もこぞって集まる人気スポットになったため、期間限定の予定を取りやめそのまま残すことになりました。

アブドラ国王石油調査研究センター

所在地 サウジアラビア王国　リヤド
設計 ザハ・ハディド

資源や環境の未来を考える砂の結晶のようなシンクタンク

　2016年に急逝した脱構築主義の代表的建築家ザハ・ハディド（1950〜2016年）。六角形のプリズムのような5棟の建物が密接に集合した、2017年完成の「アブドラ国王石油調査研究センター」は、彼女の遺作として完成しました。

　白い壁面にシャープな直線が鋭角的に交差し、プリズム状の小窓が一見不規則に散らばる外観は、限られた容積のなかで最小限の材料で細胞状の格子を作りあげています。垂直な柱を1本も用いず、砂漠に現われる砂の結晶の集まりをイメージしているといいます。

　ザハ・ハディド・アーキテクツが設計を担当した「アブドラ国王石油調査研究センター」は、「エネルギーナレッジ・センター」「エネルギーコンピュータ・センター」「会議センター」「研究図書館」「祈祷空間（ムサラ）」の5つの建築物で構成されます。

　同センターは、社会福祉を目的としたエネルギーの有効利用を研究する国立の非営利シンクタンクで、エネルギー供給による環境影響やコストの削減のほか、効率的なエネルギー利用の解決のため、世界中の専門家が集まってエネルギーをめぐる諸問題に取り組んでいます。

　もっと知りたい！ 米国グリーンビルディング協会の環境性能評価システムである「LEED」のプラチナ認証を受けるため、「アブドラ国王石油調査研究センター」はエネルギー消費を最小限にとどめ、標高約500mのリヤドの環境に合わせて設計されました。

建築家ザハ・ハディドの作品で、唯一の認証取得の建築物になりました。

サンティーヴォ・デルラ・サピエンツァ聖堂

198

所在地 イタリア共和国　ローマ

設計 フランチェスコ・ボッロミーニ

曲線の美と幻惑の視覚効果に優れたバロック建築の名作

　　かつてローマ大学があった敷地のなかに、大学の礼拝堂として建てられたサンティーヴォ・デルラ・サピエンツァ聖堂は、正面の凸型の入口を持つアプローチから中庭を凸型の楕円形に設計された建物が囲み、なかへ誘うような曲線を生かした構造が見事です。

　　教皇ウルバヌス8世が建築家フランチェスコ・ボッロミーニ（1599〜1667年）に依頼し、1642年から1666年にかけて建造されました。ボッロミーニはイタリア・バロック建築を代表する建築家のひとりで、曲面を多用し、幻想的な視覚効果の表現を得意としました。

　　外観は豪華にみえるバロックの装飾が施されていますが、ボッロミーニはレンガのような安い素材を上手に活かすのに優れ、壁面はレンガで曲面を構築しています。

　　聖堂の円形ドームの先端は、当時としては珍しいバベルの塔をモデルにした、優美ならせん形の尖塔になっています。

　　教会堂内の壁面は、透視画法とだまし絵的な技法によるバロック的な誇張した表現の図形で、人の目を幻惑するような効果を出しています。

もっと知りたい！　サンティーヴォ・デルラ・サピエンツァ聖堂は、のちのイタリア統一運動の混乱で、1870年には大学図書館の倉庫になりました。ボッロミーニの代表作として見直され、公開されるようになったのは、1926年のことです。ボッロミーニはイタリア・バロック建築の巨匠ジャン・ロレンツォ・ベルニーニ（1598〜1680年）とは、ほぼ同世代のライバルでした。

ケンブリッジ大学
トリニティ・カレッジ図書館

199

所在地 イギリス　ケンブリッジシャー州ケンブリッジ

設計 クリストファー・レン

17世紀に完成した大学図書館の完成形

　ケンブリッジ大学は、公式の創立年が1209年、最初のカレッジ（学寮、college）設立は1284年と、長い歴史を有する大学です。複数のカレッジで構成されるケンブリッジ大学のうち、トリニティ・カレッジは最難関のカレッジのひとつです。

　その権威あるカレッジにあるトリニティ・カレッジ図書館は、ロンドンのウエストミンスター寺院などの数々の傑作を手がけ、イギリス紙幣の肖像にもなったクリストファー・レン（1632〜1723年）の設計によるものです。1676年から1684年にかけて建設されました。

　もとは科学者として歩み始め、若くして頭角を現わしていたレンですが、建築家としての道を決定づけたのは、1666年のロンドン大火でした。大火の前から国の事業省に務めながら都市計画のあり方について独自に研究をしていたレンは、復興のための新しい建築基準作成委員に選ばれます。大きな復興プロジェクトの流れのなかで、図書館を手がけたのです。

　さらに建築家として、焼失した教会をはじめ50以上の建物の再建を依頼されました。この仕事のために設立した事務所が、イギリス初の設計事務所のひとつといわれています。

もっと知りたい！　ケンブリッジ大学トリニティ・カレッジ図書館は、1階がアーケードで2階が図書館という構造になっており、図書館の天井を高くするため、1階に並ぶアーチ上部のギリギリまで2階の床を下げて設計されています。書棚は壁に対して垂直に配置され、それでもメインの導難の通路は広々とし、天井も高く採光に優れています。

カサ・バトリョ

200

所在地 スペイン王国　カタルーニャ州バルセロナ
設計 アントニオ・ガウディ

ガラクタを再利用した「エコハウス」な世界遺産

　繊維業を営むジュゼップ・バトリョ・イ・カザノバスの依頼を受け、1904年から1906年に巨匠アントニオ・ガウディ（1852〜1926年）が増改築を手掛けたのが、カサ・バトリョ（バトリョの家）です。

　外壁にちりばめられた色とりどりのガラスモザイクは、地元企業から譲り受けた廃棄物のガラスや陶器の破片を利用し、「海」を表現。太陽の光を浴びると海面のようにきらきらと輝き、地中海を彷彿とさせます。

　建物内部は、海底や海底洞窟のイメージで設計され、内装のタイルやステンドグラスもガウディ自身が手掛けています。微妙に異なるタイルの色使いや配置、海の中をイメージした青を基調とした曲線を描く窓ガラスは、海底洞窟のなかのような不思議な室内空間を生み出しています。また、船の竜骨を思わせるような曲線美の階段がある玄関ホール、天窓のデザインは亀の甲羅をモチーフにするなど、設定したコンセプトに沿って細部までこだわり抜かれています。バルセロナを中心に当時流行った、モデルニスモ建築の代表例とされています。

もっと知りたい！　スペインの世界遺産「アントニオ・ガウディの作品群」に、2005年に追加登録されたカサ・バトリョの建設は、当初、1877年築の家を壊して新築してほしいという依頼だったそうです。ガウディはバトリョ氏を説得し、増改築によって対応し、リサイクル建造物でありながら、機能美と造形美を兼ね備えたガウディの傑作のひとつとして今日に残されました。

ミュンヘンオリンピック競技場

所在地 ドイツ連邦共和国　バイエルン州ミュンヘン
設計 ギュンター・ベーニッシュ、フライ・オットー

巨大なマストで「ケーブルネット」を吊した大空間の創造

　1972年のミュンヘンオリンピックのメインスタジアムになったミュンヘンオリンピック競技場は、メインスタンドを覆う独特な吊り構造の屋根で有名です。ドイツの建築家・構造家フライ・オットー（1925〜2015年）が開発し、初めて大規模に使われた例です。オットーが1954年に博士号を取得した論文が、まさに「吊り屋根」をテーマとしたものでした。

　メインスタジアムに限らず、周辺の諸施設も巨大なマストから吊るされたケーブルネットで覆った設計は、吊り屋根構造のなかでもオットー独特のものです。ネットのアクリルガラスを透過した自然光は、屋根の存在を感じないほど下を照らし、下からは蜘蛛の巣を張り巡らせたように見えます。

　オットーは1964年にシュトゥットガルト大学の教授に就任し、同大学で軽量構造研究所を設立します。この時代に設計したのがミュンヘンオリンピック競技場であり、陸上競技が行なわれ、開会式・閉会式の会場となったことで、オットーは吊り構造を用いた軽量建築物の世界的権威としてその名をさらに高めています。

　もっと知りたい！ 建築学を学んでいたオットーは、第二次世界大戦末にドイツ空軍に召集され、戦闘機のパイロットとして眼下の頑丈な建物が簡単に破壊されていくことに疑問を感じたといいます。またフランス軍の捕虜キャンプで、住居とする資材がなく、テントを駆使して住居を造ることに迫られ、皮膜構造建築への興味を高め、戦後その追究に傾注したと伝わっています。

王立ポルトガル文学館（幻想図書館）

所在地 ブラジル連邦共和国　リオデジャネイロ州リオデジャネイロ
設計 不明

ブラジルにあるポルトガル公認の「幻想図書館」とは？

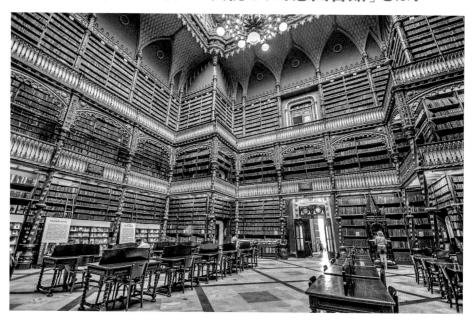

　　1807年にナポレオンのフランス軍がポルトガルに侵攻しリスボンを占領すると、ポルトガル王室は1万5,000人ほどがイギリス海軍の保護の下、植民地のブラジルに渡りました。

　　1808年から14年間、ポルトガルはリオデジャネイロを首都として存続したのです。

　　やがてナポレオンが倒れると1821年に王室はポルトガルに戻りますが、これを機に王室のブラジル統治時代の記念建築を考えました。1888年に完成したブラジル王立ポルトガル文学館もそのひとつで、19世紀の建造物ながら、16世紀後半の大航海時代のポルトガルの繁栄期に流行した「マヌエル様式」で設計されました。

　　マヌエル1世（在位：1495～1521年）の治世に流行し、勅令によってポルトガル全土に広がったマヌエル様式は、海外交易による王室の富を誇示する過剰な装飾を特徴とします。

　　館内の装飾も見事で、3層にわたって重厚な装丁の書籍35万冊が壁一面に並ぶ中央に、ステンドグラスが施された高い天窓から下がる鉄製のシャンデリア、赤茶色のローズウッドの家具が厳粛な雰囲気をつくり、日本では「幻想図書館」の愛称で呼ばれています。

もっと知りたい！　王立ポルトガル文学館は、現在もポルトガル政府公認図書館で、1900年にブラジルの公立図書館となり、今ではポルトガル以外の国でもっとも多くのポルトガル語の蔵書を持つ図書館になっています。ちなみに本棚の周りにはロープが張り巡らされ、図書館の職員と特別に許可を受けた専門家しか配架された本を触ることはできません。

ウェールズ国民議会議事堂

203

所在地 イギリス　ウェールズ　カーディフ
設計 リチャード・ロジャース

透明性の高い政治をめざした議事堂のデザイン

　カーディフ湾とブリストル海峡を見下ろす位置にあるウェールズ国民議会議事堂は、「透明性の高い開かれた政治」を目指してデザインされました。「新しいウェールズの民主主義理念を象徴する20世紀を代表する建築」という壮大な志のコンペで勝ったのは、リチャード・ロジャース（1933年〜）です。

　ロンドンで建築を学んだロジャースは、機能主義的でハイテク志向のデザインを得意とし、民主主義の理想をかたちにするために、鉄、ガラス、アルミ、木材を建材として環境に優しい「開かれている」建造物を設計しました。ウェールズ産スレートの礎石の上は透明なガラスの壁で、建物の内部に人々の関心を引きつける効果があります。

　ウェールズ国民議会議事堂を特徴付ける巨大な屋根は、ガラスの壁と中庭に浮いているように見えます。3,200㎡という木材に覆われた波打つ屋根は、建物の洗面所や植木への放水、清掃に十分な雨水を集める仕組みになっています。2005年の完成以来、環境にやさしいサスティナブルな建築として英国建築研究所の最優秀賞を受賞しました。

もっと知りたい！　議事堂内の傍聴席が漏斗型に討議場を取り囲み、市民が議員の上にあることを示しています。屋根の中央部には高さ8mのウインドカウルがあり、建物の受動換気を行なっています。ウインドカウルの下の天窓からの光は、円錐ミラーで反射させて室内の採光とするなど、さまざまな工夫でエネルギーコストがかからない工夫がなされています。

バレンシア芸術科学都市

所在地 スペイン王国　バレンシア州バレンシア
設計 サンティアゴ・カラトラバ、フェリックス・キャンデラ

建築家がプロデュースした芸術と科学の近未来都市

　バレンシア芸術科学都市は、地元バレンシア出身の世界的建築家であり構造技術家のサンティアゴ・カラトラバ（1951年〜）と、マドリード生まれのメキシコの建築家フェリックス・キャンデラ（1910〜1997年）によって設計されました。

　1996年7月に建設が始まり、1998年4月にプラネタリウム・IMAXシアターの「レミスフェリック」が開館しました。面積900㎡、直径24mの半円球型の巨大スクリーンを持つシアターで、「人の目」をモチーフとし、まぶた部分が開閉します。

　以降、オペラハウスで劇場でもある「ソフィア王妃芸術宮殿」の2006年秋の完成まで、順次「構造表現主義」「ハイテク建築」と評されるカラトラバの近未来的都市が形成されました。伝統的な街並みを重んじるヨーロッパで、ひとつの都市に匹敵する街づくりが奇抜で自由な未来的デザインの建築家に丸ごと託されるのは稀有な例です。

　ディズニーのSF映画『トゥモローランド』のロケ地に選ばれるなど、近未来な外観が人気を呼んでいます。

もっと知りたい！ 　バレンシア芸術科学都市には、ヤシの木が並ぶ散策路「ルンブラクレ」、4万㎡の科学博物館「フェリペ王子科学博物館」、ヨーロッパ最大の水族館「オセアノグラフィック」（ここのみフェリックス・キャンデラ設計）、独創的な現代建築のオペラハウス「ソフィア王妃芸術宮殿」などの施設が一堂に会しています。

セント・ポール大聖堂

205

所在地 イギリス　ロンドン
設計 クリストファー・レン

大火からの復興の象徴となったバロック建築の大聖堂

　1666年、ロンドン市内の85％の家屋を焼き尽くしたというロンドン大火からの復興に大きな役割を果たしたのが、イギリス王室の建築家クリストファー・レン（1632〜1723年）です。国王チャールズ2世に見出され、王権が脆弱だったために贅沢なバロック建築に否定的だったイギリスに、バロックを持ち込んだ建築家です。

　火災に強い街づくりの提案に始まり、50もの教会を再建したレンの仕事のうち、代表的な再建建築物が1675年から1710年まで自ら手がけたセント・ポール大聖堂です。ひとりの建築家が着工から竣工までやりきった大聖堂はヨーロッパで唯一といわれています。

　全長175m、正面幅55m、高さ115mの規模を誇る大聖堂は、中央のドームが大聖堂のほかの部分や市内のほかの建物より高くそびえ、ファサード側からみると、正面の入口両脇には見事な塔が対になって立っています。イギリス・バロックは簡素さが特徴になっていますが、フランスに渡って建築を実見し、ベルニーニにも会ってきたレンは、セント・ポール大聖堂を巨大な三重ドームを戴くローマ建築に見劣りしないものにしようとしたといわれています。

もっと知りたい！ イングランド国教会のロンドン教区主教座聖堂であるセント・ポール大聖堂は、イギリスでもっとも重要な宗教施設のひとつといえます。ホレーショ・ネルソン提督やウィンストン・チャーチル首相、マーガレット・サッチャー首相の国葬をはじめ、チャールズ王太子とダイアナ元妃の結婚式、エリザベス2世の即位60周年記念式典などが行なわれてきました。

シェーンブルン宮殿

206

所在地 **オーストリア共和国　ウィーン**
設計 **フィッシャー・フォン・エルラッハ**

ヴェルサイユ宮殿を超える壮麗さを求められた「夏の離宮」

　16世紀と17世紀にオスマン帝国による二次にわたる包囲戦にさらされたウィーンでは、脅威が去ると、神聖ローマ皇帝レオポルト1世が息子・ローマ王ヨーゼフの夏の離宮として、新しくシェーンブルン宮殿を建設することを決定します。

　神聖ローマ帝国の往時の勢威を回復させるべく、新しい宮殿は、神話や歴史にモチーフをとった壮麗なものが期待されました。設計を依頼されたのは、宮廷建築家フィッシャー・フォン・エルラッハ（1656〜1723年）です。1695年から1723年にかけて建設されました。

　パリのヴェルサイユ宮殿に対抗しつつ、それを凌駕するものをとの注文でしたが、実際は財政面から計画縮小を余儀なくされています。しかし約65万坪の敷地に、幅約175m、奥行55mのバロック様式の外観を持つ大宮殿が完成しました。

　フォン・エルラッハは、オーストリア・バロックの代表的な建築家で、15年間イタリアに遊学し、ローマの巨匠ジャン・ロレンツォ・ベルニーニに弟子入りしています。イタリア・バロックに学んだシェーンブルン宮殿は、ハプスブルク朝の歴代王宮になりました。

> **もっと知りたい！**　シェーンブルン宮殿の内部は全部で1,441室の部屋があり、約1,000人もの侍従や使用人が住んでいました。彼らの食事のために139の調理場があり、部屋の多くは、ロココ様式で装飾されています。この頃、ライバル視したフランス建築は、すでにロココの時代に入っていたのです。

ユニテ・ダビタシオン

207

| 所在地 | フランス共和国　ブーシュ＝デュ＝ローヌ県マルセイユ |
| 設計 | ル・コルビュジエ |

生活のすべてを1棟に収めた「垂直の都市」

　近代建築の巨匠ル・コルビュジエ（1887〜1965年）の「輝く都市」論では、高層ビルを建設してオープン・スペースを確保し、都市の過密化による環境改善が提唱されました。1930年の発表段階では異端だったこのビジョンを具現した作品に、1952年竣工のユニテ・ダビタシオンがあります。長さ165m、幅24m、高さ56mの18階建て集合住宅です。

　一般的な集合住宅と違うのは、商店や幼稚園、スポーツ施設、劇場などが1棟の建築物にまとまっている点です。着想の原点は豪華客船で、長期の船旅を乗客に不便をかけることなく楽しませるあり方にル・コルビュジエが感銘を受け、集合住宅に応用しました。

　ピロティのある1階はエントランスホール、2階から23タイプの住戸が337戸あります。中層階に食料品店やレストラン、ホテル、郵便局が入った商業フロア、最上階は幼稚園、屋上は体育館、プール、ランニング用トラック、イベントステージまであります。

　マルセイユのユニテ・ダビタシオンは、建築当初は批判もありましたが、タテに都市計画を実践した「垂直の都市」として、ほかにフランス国内を含めて4か所で建設されました。

もっと知りたい！　ユニテ・ダビタシオンは、2016年に日本の国立西洋美術館などとともに「ル・コルビュジエの建築作品—近代建築運動への顕著な貢献—」として世界遺産に登録されました。一般住戸としてはもちろん、ホテルとして今も健在で、インターネットで予約して、宿泊することができます。

ミネアポリス連邦準備銀行（マーケット・プラザ）

208

所在地 アメリカ合衆国　ミネソタ州ミネアポリス
設計 グナー・バーカーツ

「吊り構造」で築かれ、外観に反映したデザインのビル

　ガラス張りの直方体の長辺であるファサード（正面）外壁に、ビル頂部から下弦に張り出した大きな半円のデザインが浮き上がっている——このミネアポリス連邦準備銀行の個性的な外観は、内部構造と関係があります。

　多くの高層ビルは、梁と柱で床荷重を支えるラーメン構造などを用いますが、この建物では「吊り構造」といわれる手法で建物全体の10層の剛構造フレームの床を支えています。

　12階建て高さ約100m、奥行20mのミネアポリス連邦準備銀行は、短辺側に2本ずつある計4本の主支柱頂部のトラス（三角部材）に掛け渡された吊り鉄骨ケーブルが、全床荷重を支えているのです。ケーブルは逆放物線状のカテナリー曲線（懸垂曲線）を描き、曲線の下にある1階部分は、無柱空間のピロティ（吹き抜け空間）になっています。

　設計は、ラトビア系アメリカ人のグナー・バーカーツ（1925〜2017年）。第二次世界大戦中のソ連軍による占領から逃れ、ドイツで建築を学んだバーカーツは、エーロ・サーリネン建築事務所などを経て独立し、1973年竣工のこの建築が代表作となりました。

もっと知りたい！　ミネアポリス連邦準備銀行は、窓から水漏れするなど設計上の問題や、ビルのアスベスト使用を理由に、1997年に近隣に移転しました。その後は問題部分を含めて改修が行なわれ、現在はマーケット・プラザという名前のテナントビルとなっています。建物は建築時を保存しながら、隣接するコンクリート広場を芝生の公園にするなどの変更を加えています。

フォックス劇場

209

所在地 アメリカ合衆国　ミシガン州デトロイト
設計 チャールズ・ハワード・クレーン

「デトロイトの宝石」といわれるエンタメの殿堂

　アメリカ屈指の工業都市デトロイトは、1920年代には空前の好景気を迎えました。当然ながら労働者たちを満足させるだけの娯楽も必要になります。20世紀フォックス社の創業者ウィリアム・フォックスは1928年、この地にさまざまな娯楽施設を一堂に集めた10階建てのビルを建設しました。

　10階のうち3つのフロアにまたがる合計5,045席の収容人数を誇る劇場を設け、トーキー映画に対応した高度な音響機器を導入した最初の映画館も建設しています。

　アール・デコ調に豪華に装飾されたファサードとエントランス、内装も深紅の大理石柱やシルクの壁掛け、当時のアメリカで最大を誇った毛織敷物が敷かれています。革新性、巨大さ、装飾の豪華さは、推定総工費1,200万ドルという破格の費用からも想像できます。

　設計は、チャールズ・ハワード・クレーン（1885～1952年）で、全米に250もの劇場を設計したという建築家です。そのうちデトロイトだけで50以上に及ぶといわれ、デトロイトの空前の繁栄が偲ばれます。

もっと知りたい！　フォックス劇場は、完成当時はアメリカ最大の劇場でしたが、1932年にニューヨーク・ロックフェラーセンターにラジオ・シティ・ミュージック・ホールが完成すると全6,016席のこちらに首位を明けわたします。しかし、20年代の好景気、30年代の大不況を乗り越えて、エンターテインメント大国アメリカの象徴として今日に残されています。

スコットランド国会議事堂

210

所在地 イギリス　スコットランド　エディンバラ
設計 エンリック・ミラージェス、RMJM

歴史ある都市に出現した木の葉型の現代建築

　エディンバラの旧市街の中心部を東西に貫く石畳の道ロイヤル・マイル沿い、ホーリルード宮殿のすぐそばに建つスコットランド国会議事堂は、歴史的建築物が並ぶ旧市街にあって、斬新な外観が印象的な建造物です。

　イングランドに併合されて以来、300年にわたり途絶えていた議会を1999年に再開するにあたり、設計コンペの末、エンリック・ミラージェス（1955〜2000年）とスコットランドの建築事務所RMJMが最優秀を勝ち取りました。

　白を基調としながら、上空からは木の葉の形になっている建物、ガラス張りの天井のほか、随所に凝った意匠が用いられ、ミラージェスの最高傑作とされます。しかし1995年にエディンバラの旧市街と新市街が世界遺産登録され、その中心部にありすぎたことから、計画段階では物議をかもしました。

　しかし最終的な出来映えはエディンバラ市民を満足させるもので、称賛の声があがったといいます。議事堂内部は一般見学が可能で、カフェやショップも併設されています。

もっと知りたい！　明るいイメージの天窓が並ぶ木の葉が絡み合うような建物は、隣接する森や林に溶け込み、自然豊かなスコットランドの景観に溶け込んでいると評価されました。内装はオーク材を中心に木の温かみを随所に取り入れています。しかし設計者のミラージェスは、完成を見ることなくその5年前に死去しています。

ミルウォーキー美術館新館

211

所在地　アメリカ合衆国　ウィスコンシン州ミルウォーキー
設計　サンティアゴ・カラトラバ

建築自体が姿を変える世界屈指の芸術

　ウィスコンシン州の最大都市ミルウォーキーには、ミシガン湖沿いに白鳥が翼を広げたような美しくエレガントな現代建築が建っています。約3万1,000点のコレクションを有する世界最大級のミルウォーキー美術館です。世界的なスペインの建築家サンティアゴ・カラトラバ（1951年〜）の設計によって2001年に新館として建てられました。

　今まさに白鳥が飛び立とうとする外観に加え、その翼が時間帯によってはばたくように動くことでも有名です。これは、ガラスのパビリオンを包む翼に見立てられるブリーズ・ソレイユ（強い直射日光を遮断する材）の部分が、時間ごとに動いて姿を変える趣向になっているため。開館時は開いて閉館時間には閉じるように動きます。

　こうした工夫から、ロビーはガラス張りで、ブルーのミシガン湖とアメリカ中西部ならではの美しい青空を眺めることができます。立面も平面もほとんど優雅な曲線で構成されており、美術館とはいえ、宇宙船のなかにいるような未来的な光景が館内に広がっています。間接的な採光もやわらかく優美で美術館らしい間接照明のようになっています。

もっと知りたい！　ミルウォーキー美術館の館内に入ると、廊下も鳥の羽の骨組をイメージできるようないくつもの白い柱が屋根のほうまで彎曲して整列しており、その先にはミシガン湖を眼前に臨むガラス張りのレストランが営業しています。シカゴから車で2時間ほどの場所にあり、あまり混雑していないため、ゆっくり美術を堪能したい人にはおすすめです。

コレーギエン教会

212

所在地 オーストリア共和国　ザルツブルク州ザルツブルク
設計 フィッシャー・フォン・エルラッハ

イタリアで学んだ建築家による白亜の大学付属教会

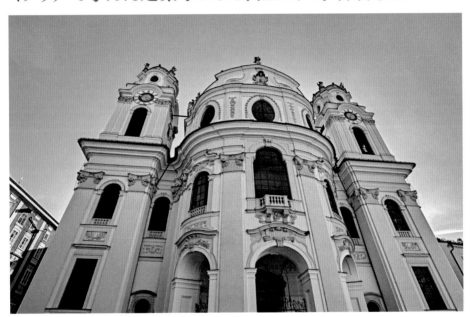

　ザルツブルク大学はカトリック神学部を持つ公立大学で、「ザルツブルク大学教会」とも呼ばれる、1707年建設のコレーギエン教会があります。シェーンブルン宮殿やカールス聖堂の設計者として有名なフィッシャー・フォン・エルラッハ（1656〜1723年）の手によるものです。バロック様式に古代ローマやオーストリアの伝統建築の要素を融合させた建築家として知られています。15歳のときにローマに留学し、ルネサンスの巨匠ジャン・ロレンツォ・ベルニーニに弟子入りしたエルラッハは、約16年にわたってローマでバロック様式を学び、帰国後はハプスブルク家の宮廷建築家として首都ウィーンを中心に多くの建築物を手がけました。

　そのなかのひとつであるコレーギエン教会は、教会堂正面の壁面が凸型に湾曲して飛び出し、曲線の美しさを生かすイタリアのバロック様式の影響が見られます。白亜の外観はひときわ映え、内装も派手な装飾がなく白を基調として清楚です。平面は一般的に多いバシリカ式ではなく、この時代に流行った集中式建築と呼ばれる中央の祭壇周囲に均等に付属的空間が配される様式になっています。

もっと知りたい！　フォン・エルラッハはヨーゼフ1世、カール6世（神聖ローマ皇帝）に仕え、ウィーン、ザルツブルク、グラーツを中心に多くの宮殿、城、教会の彫刻や建築事業を手掛けました。古今の建築物を研究し、イタリアのバロック様式にフランスのシャトーや古代ローマ建築の要素を採り入れて多くの建築物を手がけた功績から、1696年に貴族の爵位を与えられました。

ロースハウス

213

所在地　オーストリア共和国　ウィーン
設計　アドルフ・ロース

建築家の実用思想が生んだビル

　アドルフ・ロース（1870〜1933年）は20世紀オーストリアの建築家として、モダニズムの先駆的な作品を世に送り、「装飾は罪悪である」と主張して建築界に波紋を投げかけました。

　代表作となったロースハウスは、その思想を具現化したものとして、1909年から1911年にかけて建設されました。ウィーン旧市街のミヒャエル広場に面して立ち、上層階が集合住宅、下層階が商業施設となっています。まさに装飾を徹底的にそぎ落とした外観で、「眉のない建物」と揶揄されましたが、一方でモダニズム建築の先駆的な作品として評されます。

　アドルフ・ロースが提唱した建築理論に、「ラウムプラン」があります。部屋割りを階ごとに平面的に考えるのではなく、三次元の展開で考えるというものです。建築が作り出す空間を各部屋の目的と意味に応じて水平・垂直の両方向に自在に大きさをとって配置することを提唱したのです。こうした斬新的な思想を打ち出したロースですが、ロースハウスでは建設当時、ウィーンの王宮など歴史的建造物が並ぶミヒャエル広場にあることで激しく批判され、そのため建設が一時中断されたほどでした。最終的には窓辺に花壇をつけることで建設が許可されたという逸話があります。

もっと知りたい！　現在、ロースハウスは商業施設にあたる低層部を見ると、ドーリア式の列柱にガラスのショーウィンドウがあるエントランスになっています。

マーティン邸

214

所在地 アメリカ合衆国　ニューヨーク州バッファロー
設計 フランク・ロイド・ライト

巨匠ライトの「プレーリースタイル」の典型の邸宅

　屋根を低く抑えた建物が地面に水平に伸び広がる設計手法「プレーリースタイル（平原様式）」。建物の形を四角い箱から開放し、外部の空間とつなげるというこのコンセプトは、近代建築の巨匠フランク・ロイド・ライト（1867〜1959年）によって提唱されました。

　石鹸会社の重役だったダーウィンD.マーティンは、社屋の設計を頼んだライトに惚れ込み、自邸もほとんどお任せで設計を依頼したといいます。水平ラインを強調した「プレーリースタイル」らしい外観のフォルムも美しいですが、6つの構成物が回廊と階段でつながっているのもマーティン邸の大きな特徴です。

　内装ではライトの建築独特のデザインのステンドグラス窓が394あり、個人の私邸とは思えない芸術性に満たされた空間が広がっています。

　1986年にマーティン邸が国定歴史建造物に指定されたことを契機に、この区画の歴史的・文化的重要性に対するバッファロー住民の意識が高まり、1992年に非営利団体「マーティン邸復元法人」が設立され、取り壊されていた温室、馬車庫、回廊、庭が復元されています。

もっと知りたい！ マーティン邸は、年月とともに邸宅のいくつかの構成部分が取り壊されたほか、敷地内にアパートが建設されるなどして、ライトが総合的に構築した複合体としての姿は損なわれていました。現在では、「マーティン邸復元法人」がゼロから造り直した構造物を含め、内部まで見学可能です。ただし、事前に有料ガイドツアーへの申し込みが必須です。

中銀カプセルタワービル

所在地 日本　東京都中央区
設計 黒川紀章

世界で初めて実用化された「カプセル型」の集合住宅

　銀座8丁目にある中銀カプセルタワービルは、1972年建設の世界初の「カプセル型」集合住宅です。カプセル型とは、各住戸が規格化された四角いボックスになっており、鉄骨鉄筋コンクリート造（SRC造）の2本のコアシャフト棟に引っかけて設置されています。

　設計者の黒川紀章（1934〜2007年）は、11階建てと14階建てのコアシャフト棟にエレベーターや階段を集約し、140室の取り外し可能なカプセル住宅を配置しました。10㎡ほどの各部屋には、壁に収納ユニット、オープンリールデッキ、ラジオ、時計、ブラウン管テレビが据えられ、当時最先端の設備がしつらえられています。

　「住宅の質が広さであった時代は過ぎた。あらゆる都市施設を利用できる都心の場所で、フル装備のカプセル住宅を持つことが現代人の条件」と分譲時のパンフレットで黒川自身が記しています。東京の人口集中と住宅の郊外移転の問題に応えるため、自家用車を選ぶようにユーザーがニーズにあわせてカプセル住宅を選び、大量生産につなげて普及させる構想に第一歩を踏み出したのでした。

もっと知りたい！　当初計画ではカプセルの耐用年数は25年で計算され、新たなものに交換する計算でした。しかし実際には個々に取り外すことはできず、一斉交換が必要なことから一度も交換されず、腐食やアスベスト問題などから、2021年3月には敷地売却が決定。取り壊し前に、カプセルの美術館への寄贈などの保存プロジェクトが進行中です。

第2ゲーテアヌム

216

所在地 スイス連邦 ゾロトゥルン州ドルナッハ
設計 ルドルフ・シュタイナー

神秘思想家が自ら設計した表現主義の施設

　バルカン半島で生まれ、オーストリアやドイツで活躍した神秘思想家ルドルフ・シュタイナー（1861～1925年）は、バーゼル郊外のドルナッハを最初の本拠地と定め、人智学を教えました。その教育機関の中心施設を「ゲーテアヌム」といいます。

　シュタイナーの建築は、伝統的な建築の制約からの解放を特徴とし、第1ゲーテアヌムでは船大工の協力によって丸みを帯びた外観を構築しました。しかし完成後わずか2年の1922年に謎の出火で焼失してしまいました。シュタイナーは再建を期して第2ゲーテアヌムのため、当時珍しかったコンクリートを多用した彫刻的な形状を考案し、粘土模型の製作を完了します。しかし、1925年の着工直後にシュタイナーは死去してしまいました。

　その後、引き継がれた第2ゲーテアヌムは、約1,000席の中央講堂を持ち、第1ゲーテアヌム同様の天井画が描かれ、側面にステンドグラスがはめ込まれています。1928年にいったん開館したものの一旦閉鎖して再建築されるなど、紆余曲折があり現在に至っています。しかし「表現主義芸術の真の傑作」と評価され、スイスの国定史跡に指定されています。

もっと知りたい！　第1ゲーテアヌムのデザインは、2連クーポラ（屋根やドームの上に配される半円球の構造物）が中心にあり、円筒状の建物がつながった所に長方形の建物が交差しています。大きな方のクーポラは900人を収容でき、もう一方は歌劇などの舞台でした。

チャンディーガル高等裁判所

所在地 インド共和国　パンジャーブ州チャンディーガル
設計 ル・コルビュジエ

ル・コルビュジエが計画した都市の最初の建築物

　モダニズム建築の権威であり、20世紀最大の建築家と称えられるル・コルビュジエ（1887〜1965年）は晩年、1947年のインド・パキスタン分離独立のあと、インド北西部パンジャーブ州の州都チャンディーガルの都市計画を手がけました。

　何もない大平原にゼロから都市を設計するのはル・コルビュジエも初めてであり、チャンディーガル高等裁判所は、第1期計画で官庁街を築くときに建てられた最初の建物です。建材は鉄筋コンクリートのみで、その立体造形の性能をフルに活用したデザインになりました。

　優雅なアーチを描いて天に向けて反り上がる屋根の下、メインエントランスには緑、黄色、赤の長さ18mのコンクリートスラブが置かれています。内部は、専用エントランスを備えた9つの裁判所と事務所スペースで構成されています。

　ル・コルビュジエが設計した行政機関やモニュメントが集まるエリアを「キャピトル・コンプレックス」といいます。そこには、チャンディーガル高等裁判所をはじめ、議会棟、行政庁舎、オープン・ハンド・モニュメント、影の塔と呼ばれる建造物が集まっています。

もっと知りたい! 「キャピトル・コンプレックス」は、ヒマラヤ山脈を遠くに望みつつ、高等裁判所をはじめとする建造物やモニュメントが集まり、あたかも「ル・コルビュジエ美術館」といった趣です。なかでも最初に建ったチャンディーガル高等裁判所は象徴的な存在ですが、裁判所や議会棟は現役で使用されているため、議会中の見学はもちろん近づくことも禁止のようです。

アブダビ国際空港

218

所在地 アラブ首長国連邦　アブダビ
設計 ポール・アンドリュー

エキゾチックな趣と派手な美しさで人気の国際空港

　アブダビ国際空港は、アラブ首長国連邦を構成する首長国のひとつアブダビにあって、潤沢なオイルマネーを注ぎ込んで建てられた宮殿内部のような豪華な装飾で彩られた空港です。2012年には「中東で最も優れた空港」の賞を受けており、デザインだけではなく利便性でも高く評価されています。

　注目したいのは第1ターミナルの内観。出発ゲートへ向かう通路はまるで宇宙船のなかに迷い込んだかのような近未来的デザインで、映画のセットのなかを歩いているかような錯覚に捉われます。

　やがて通路を抜けると、ハニカム構造（ハチの巣構造）の中東的な模様が天井に向かって広がっていくような柱を中心に据えた空間に出くわします。巨大な空間を支える柱の構造に誰もが目を見張ることでしょう。

　待合室のチェアもフットレスト付きという豪華さで、フリーWi-Fiも完備。長い待ち時間も異世界的な意匠を堪能しながら、ゆったり過ごすことができます。

もっと知りたい！　アブダビ国際空港はアブダビ首長国国営のエティハド航空の本拠地。2008年10月には第2滑走路、2009年1月には第3ターミナルが完成しています。第1ターミナルと第3ターミナルは隣接しており、後者には、なんとアメリカ合衆国の入国審査が受けられる設備があります。

ヴェルサイユ宮殿

219

所在地 フランス共和国　イヴリーヌ県ヴェルサイユ

設計 アンドレ・ル・ノートル、ル・ヴォー、ジュール・アルドゥアン＝マンサール、シャルル・ル・ブラン、ロベール・ド・コット

太陽王ルイ14世の絶対権力を示すバロック建築の代表作

　絶対王政を確立した太陽王ルイ14世は、1682年にバロック建築の代表作といわれるヴェルサイユ宮殿を建設しました。ファサード（建物正面）は400mあり、左右対称の構成で「コ」の字型に翼棟が配され、正面玄関は東に面して大通りがパリに向かって伸びています。部屋数は700におよび、各貴族に部屋が割り当てられていました。また、儀式や外国の賓客を謁見するための「鏡の間」は、500枚以上の鏡が壁にはめ込まれた壮麗な部屋で、宮殿を象徴する存在として知られます。

　主な部分の設計は、ルイ14世のお抱えだった建築家ジュール・アルドゥアン＝マンサール（1646〜1708年）と室内装飾家シャルル・ル・ブラン（1619〜1690年）が担いました。庭園は造園家アンドレ・ル・ノートル（1613〜1700年）で、宮殿そのものよりも労力と費用をかけて壮麗な噴水庭園を造り上げました。

　贅の限りを尽くしたヴェルサイユ宮殿は諸国の君主の憧れの的となり、その姿を模した宮殿がヨーロッパ各地に築かれることとなります。

もっと知りたい！　ヴェルサイユ宮殿の王室礼拝堂は、国王ルイ16世とマリー・アントワネットが挙式した場所です。バロック建築の第一人者フランソワ・マンサール（1598〜1666年）が起工し、義弟の建築家ロベール・ド・コット（1656〜1735年）が竣工しました。コットはのちのロココ建築全盛期の建築家で、王室礼拝堂はロココへの過渡期の作品と評されます。

メーリニコフ邸

220

所在地 ロシア連邦　モスクワ
設計 コンスタンチン・メーリニコフ

「ロシア・アバンギャルド」の建築家による独創的すぎる自邸

　1920年代のソヴィエトで活躍した建築家コンスタンチン・メーリニコフ（1890～1974年）は、「ロシア・アバンギャルド」といわれる前衛芸術家のひとりに位置づけられますが、本人はそうした分類を嫌い、一匹狼的に芸術的独自性を追求し続けました。その象徴的な建築物として、モスクワの一等地に建つ1929年建築のメーリニコフ邸が挙げられます。

　1917年のロシア革命以降、新しい社会主義国家の建設への気運が高まるなか、抽象性、革新性、象徴性を特徴とするロシア構成主義といわれる建築が数多く造られました。

　メーリニコフ邸はなかでもとくに独創的で、高さの異なるレンガ造の円筒を3層重ねた特異な構造に、白亜の壁面には200もの六角形の穴があります。うち60を窓とされ、残りは壁に埋め込まれています。これは改修時に窓の位置を自由に設定しなおすための工夫です。

　平面はふたつの円が並ぶように

設計されており、建物のファサード部分のみ直線で、一面がガラス張りになっています。内部は螺旋階段で上階とつながっており、2階にほかの階の2倍の高さの書斎とアトリエ、階段の一番上のドアの先に寝室とリビングルームが配されています。

もっと知りたい！　1930年代になると、ソ連（現ロシア）は急速な社会主義国家建設のため、前衛的なモダニズム建築を弾圧していきます。メーリニコフも建築家としての仕事を奪われ、その活躍はわずか十数年で終わりました。しかし、隠居同然の暮らしをしながら、死ぬまで約45年にわたりこの自邸に住み続けています。

タリアセン・ウエスト

221

所在地 アメリカ合衆国　アリゾナ州スコッツデール
設計 フランク・ロイド・ライト

自邸であり建築学校の校舎でもある実験的施設

　タリアセンは、ウェールズ語で「光り輝く丘の上」という意味です。巨匠フランク・ロイド・ライト（1867〜1959年）は1911年、青春時代を過ごしたウィスコンシン州の農場近くに土地を購入し、自邸でもあり建築学校も兼ねた自給自足の共同生活施設を建設しました。

　のちの1937年、ライトは気温の高いアリゾナ州の砂漠に243㎡の土地を買い、タリアセン・ウエストを建設します。こちらは寒い季節を教え子たちと過ごす「教育の場」とするため。必然的にライトと学生たちはふたつの「タリアセン」の間を季節ごとに移動することとなり、この大移動は、ライト門下例年の風物詩だったようです。

　タリアセン・ウエストは、建築と環境の一体化をテーマにし続けたライトが、石・セメント・レッドウッド・キャンバスを素材に、砂漠の一部として溶け込み、周辺環境に同化した建造物として構想されました。施設の中核は、29m×9mの製図室、共同生活用のダイニングルーム、アパート2棟で構成されています。タリアセン・ウエスト周辺の広大な敷地は、「自然と建築との融合」を理想としたライトの建築思想の壮大な実験場になっています。

　もっと知りたい！　タリアセン・ウエストは1959年に世を去るまで、ライトの冬期の自宅兼建築スタジオ兼建築研究所として利用され、現在、「フランク・ロイド・ライト財団」の国際本部になっています。ライトが没して60年以上経過しますが、いまでも建築を志して学びに来る若者が世界中から集まります。

ウィリス・タワー（シアーズ・タワー）

所在地 アメリカ合衆国 イリノイ州シカゴ

設計 ブルース・グラハム

222

チューブを束ねた構造を持つ全米2位の超高層ビル

　銅色のガラスと黒のステンレスアルミで外壁を覆った1973年建設のシアーズ・タワーは、2009年にウィリス・グループ・ホールディングスが命名権を取得し、ウィリス・タワーに改称されました。地上527.3m、地上110階、地下3階の全米第2位の超高層ビルです。2013年にニューヨークの新ワールドトレードセンター（541m）に抜かれるまで、全米1位でした。

　シカゴの超高層ビルラッシュの時代に、高さでトップに立ったウィリス・タワーですが、建築技術の上でも「バンドル・チューブ構造（束ねチューブ構造）」を用いた代表例として特筆すべき存在です。

　設計は、SOMの建築家ブルース・グラハム（1925〜2010年）でしたが、バンドル・チューブ構造自体の考案者は、同僚のSOMの建築構造家ファズラー・カーン（1929〜1982年）です。

　外周列の柱を細かく設置して殻のように閉じ、剛性の高い構面を形成するのがチューブ構造で、外郭構造ともいわれます。その構造体を束ねたバンドル・チューブ構造では、外周の構面が直交する内部のチューブ構面でさらに補強され、全体をより強くすることを可能にしています。

もっと知りたい！ ウィリス・タワーの103階には展望室「スカイデッキ・シカゴ」があり、シカゴの大パノラマを楽しめます。1973年から2009年まではシアーズ・タワーの名称で親しまれ、今でも展望室は年間100万人という観光客を集めています。

せんだいメディアテーク

223

所在地 日本　宮城県仙台市
設計 伊東豊雄

現実と仮想を結びつけるスケルトンなハイテク建築

　図書室、アート・ギャラリー、映像音響ライブラリー、映画撮影スタジオ、カフェといった施設をひとつの建物に共存させたせんだいメディアテークは、革新的な建築で世界的に知られる伊東豊雄（1941年〜）の設計で、2001年に開館しました。

　外観のガラスのファサードは、各階の状況から床スラブや枠構造までがすべて外から見えてしまうというものです。ビル全体は13本の鉄骨独立シャフトと7枚の鉄骨フラットスラブで構成され、地下1階に地震エネルギー吸収機構を備えています。

　せんだいメディアテークの最大の特徴は、網目状のチューブ構造にあり、屋上の採光装置が太陽光を採り入れて、チューブを介して各階を明るくしています。チューブの中は、エレベーターや階段、ネットワークなどの配線、空調の設備配管などに使われます。

　南側の2重ガラス面（ダブルスキン）と上部の開閉機構によって空調コストを軽減し、夏は機構を開放し、内側に上昇気流を起こしてガラス面を冷却。逆に冬季は閉めて、断熱性の高い空気層をつくるという、ハイテク建築らしい最新技術が採り入れられています。

> **もっと知りたい！** せんだいメディアテークの公式ホームページには、理念として、「最先端の知と文化を提供（サービス）」「端末（ターミナル）ではなく節点（ノード）へ」「あらゆる障壁（バリア）からの自由」と掲げられています。開館から20年を経て、いまだ時代の最先端のコンセプトとして色あせない基本精神です。

ヒルバーサム市庁舎

224

所在地　オランダ王国　アムステルダム大都市圏ヒルバーサム
設計　ウィレム・デュドク

建築家の出世作となったアール・デコ様式の市庁舎

　1931年に建てられたヒルバーサム市庁舎は、第一次世界大戦と第二次世界大戦の間に一世を風靡したアール・デコ様式の建造物です。

　設計はオランダで数々の建築や都市計画を手がけた建築家ウィレム・デュドク（1881〜1974年）によるものです。

　ヒルバーサム市庁舎は、公共スペースと市役所の双方の機能が求められ、館内は小さな会議室やオフィスで区切られ、外観は建物のみならず池や庭園、植栽まで総合的にデザインされています。

　レンガと鉄筋コンクリートを建材とし、無駄な装飾を排して立方体を組み合わせたシンプルな建物は、優雅なタワー部分とよく調和しており、力強い均整のとれた外観になっています。

　設計したウィレム・デュドクは、ヒルバーサム市庁舎完成から4年後の1935年、王立英国建築家協会（RIBA）から優れた建築家に対して与えられるRIBAゴールドメダルを授与されており、まさにこの市庁舎が出世作となりました。

もっと知りたい！　ヒルバーサムはアムステルダムの南東にある都市で、車で30分ほどです。日本ではなじみが薄いですが、オランダのラジオやテレビ放送の大規模な複合施設があるため、「メディアシティ」と呼ばれています。また、ナイキ、フランクミュラー、コンバースなど世界的メーカーのヨーロッパ本社が置かれています。

ハルビン・オペラハウス

225

所在地 中華人民共和国 黒竜江省ハルビン
設計 MADアーキテクツ

ハルビンの「音楽の都」としての復権をかけた巨大劇場

　ハルビン・オペラハウスは、ハルビン市内の湿地帯にあって、中国東北部の寒冷な気候を反映して設計されています。風によって削られたかのような波打つ外観のデザインは、周囲の風景に溶け込むよう配慮されたものです。外壁に白いアルミパネルを使用することで、ソフトでなめらかな外観を描いています。

　オペラハウスの内部は大劇場と小劇場から成り、大劇場は1,600人まで収容可能。劇場内はふんだんに木材を使用して温かみとくつろぎを演出し、ヤチダモの木でつくられた壁がステージと舞台装置を包み込んでいます。使用された建材とゆるやかな曲線による空間構成が、優れた音響効果を導き出します。

　一方、小劇場は400人まで収容可能となっており、防音効果を備えたステージ裏の大窓からは、外の美しい風景を望むことができます。北京の建築事務所MADアーキテクツが設計し、1920年代に「東洋のパリ」といわれたハルビンの「音楽の都」として復権を担うオペラハウスとして期待されています。

　もっと知りたい！ ハルビン・オペラハウスは、アムール川の支流・松花江のほとりに、総面積25万9,080㎡の敷地に計画された、オペラハウスやカルチャーセンターなどで構成される壮大な「ハルビン・カルチュラル・アイランド」プロジェクトの一部です。
訪問客が楽しめるよう、チケット所有者でなくても建物の最上部に上り、グランドロビースペースで休憩することができます。

オテル・ド・スービーズ

226

所在地　フランス共和国　パリ
設計　ジェルマン・ボフラン

ロココ室内装飾の傑作「夏の間」「冬の間」を持つ

　18世紀のフランスを中心にヨーロッパで盛行したロココは、バロックと新古典主義の間に一世を風靡した建築様式です。建築・装飾・工芸から陶芸・絵画におよび、曲線を好む豊かで重厚な装飾性のバロック様式に対し、優美軽快で洗練された装飾を特徴とします。

　スービーズ公爵家の邸宅として1706年から6年かけて建設されたオテル・ド・スービーズ（スービーズ館）は、ロココ建築の傑作と評されます。とくに内部の「夏の間」「冬の間」には、ロココ様式の典型である「ロカイユ装飾」が施されています。

　イタリアの貝殻装飾に由来するというロカイユ装飾は、オテル・ド・スービーズの建築家ジェルマン・ボフラン（1667〜1754年）のほか、ジル・マリ・オップノール（1672〜1742年）、ジュスト・オレール・メッソニエ（1693〜1750年）によって、フランス国内に定着しました。

　堅苦しいバロックの古典装飾に飽きた貴族たちは、ロカイユ装飾の曲線の斬新さときめ細かな植物の蔓のような小ぶりな曲線を歓迎し、形式よりも簡素で清楚な白を基調とした実用性に美しさを見出すようになりました。

もっと知りたい！　「オテル」とは、母屋の左右に厨房や厩などがある翼廊を設け、「コ」の字型に建物を配置して中庭を造った建築です。オテル・ド・スービーズは現在、フランス国立中央文書館として、太陽王ルイ14世、ナポレオン、ジャンヌ＝ダルク、ルイ16世、マリー・アントワネットなど、フランス史上の重要人物に関する古文書を展示しています。

頭大仏殿
（真駒内滝野霊園）

227

所在地 日本　北海道札幌市

設計 安藤忠雄

ラベンダーの丘の上に大仏の頭だけが見える不思議な光景

　札幌市南区の郊外に広がる真駒内滝野霊園には、7月にラベンダーが咲き乱れる人工の丘があり、頂上に大仏の頭だけが少し見えます。この不思議な「大仏殿」をプロデュースしたのは建築家・安藤忠雄（1941年〜）です。安藤は工業高校2年のときにプロボクサーのライセンスを取得、1年半で建築家志望に転じて大学には行かず独学1年で1級建築士に一発合格。その後、世界を放浪して実地に建築を学んだ異色の経歴の人物です。「孤高の建築家」「野武士世代」と呼ばれ、型にはまらない独自の建築観は、頭大仏殿の構想にもいかんなく発揮されています。

　大仏殿内部へのアプローチは、135mのコンクリートの参道があり、その先の大仏殿に大仏の姿が見えます。近づくと参道を「水庭」が垂直にさえぎっていますが、これを迂回することで心を清め、日常から非日常へと気持ちを切り替えるのだといいます。大仏殿に入ると、ようやく大仏を仰ぎ見ることができます。外から見えた頭の部分は空からの光を取り込み、高さ13.5mの神々しい姿に触れることができます。この瞬間まで大仏の姿はずっと見えないまま遠くに顔だけが確認できる状態を保つ工夫がなされています。

もっと知りたい!　もとは外にあった大仏ですが、真駒内滝野霊園が開園30周年を記念し、大仏殿の設計を安藤忠雄に依頼。「北海道の雄大な自然と見えない大仏が、日本人の本来持っている感性と想像力を喚起する」というコンセプトのもと、2016年に完成しました。

タッセル邸

228

所在地 ベルギー王国　ブリュッセル
設計 ヴィクトール・オルタ

世界初のアール・ヌーヴォー建築は、オランダの個人宅

　ベルギーの建築家ヴィクトール・オルタ（1861～1947年）は、非対称的な曲線模様を特徴としたアール・ヌーヴォー様式を装飾芸術から建築に最初に取り込んだ建築家です。1893年に竣工したブリュッセルのタッセル邸は、そんなオルタが設計した世界初のアール・ヌーヴォー建築となりました。

　曲線を強調した大胆なフォルムの建物と、植物をモチーフにした内壁の意匠などは、まさにアール・ヌーヴォーの典型。また、当時としては、新素材だった鉄とガラスを大胆に使用し、建物自体がひとつの美術作品のように仕上げられています。

　大学教授タッセルの私邸として建てられたタッセル邸は、その要望に沿って設計され、正面のドアを入ると、応接室、クローク、邸宅へ続く3つのドアがあります。訪問客に対しては、邸宅内部へ招き入れるのではなく、玄関に近い応接室で対応していたといいます。

　タッセル邸は、現在も私邸のため一般公開されていません。しかし、2000年「建築家ヴィクトール・オルタの主な都市邸宅群」の構成資産のひとつとして、世界遺産に登録されました。

もっと知りたい！　「建築家ヴィクトール・オルタの主な都市邸宅群」には、アール・ヌーヴォー全盛の19世紀末から20世紀初頭にかけて、オルタが建築した4つの邸宅が世界遺産に登録されています。タッセル邸が最古で、ヴァン・エトヴェルド邸（1901年）、オルタ邸（1901年）、ソルヴェー邸（1903年）があり、オルタ邸のみ一般公開されています。

ハイアット・リージェンシー・サンフランシスコ

所在地 アメリカ合衆国　カリフォルニア州サンフランシスコ

設計 ジョン・ポートマン

229

ギネス世界記録に認定された巨大アトリウムを持つホテル

ガラスやアクリルパネルなど、光を通す材質の屋根で覆われた空間を「アトリウム」といいます。現代ではホテルや商業施設に大アトリウムが建設されますが、その大きさのギネス認定世界記録を持つのが、「ハイアット・リージェンシー・サンフランシスコ」です。

アトリウムの長さ107m、幅49m、高さ52m（17階相当）の規模は、ホテルロビーとしても最大です。その巨大な吹き抜けに面して客室が並び、まるで屋外の通路にいるかのような錯覚に陥ります。アトリウムのなかには、5階以上の高さに達する球状のオブジェや天井に向けて趣向を凝らした装飾が飾られ、空間全体がアート表現の場のよう。アトリウム空間に面したシースルーの円筒型のエレベーターも美しく、1973年築とは思えない未来的な空間が広がっています。

設計は、アメリカの建築家ジョン・ポートマン（1924～2017年）で、ハイアットをはじめアメリカ各地でたくさんの高層ホテルを手がけた人物です。古代ギリシアの宮殿建築にはじまるアトリウムを巨大化し、現代的な意味でホテルや商業施設に持ち込んだパイオニアといわれています。

もっと知りたい！　エンバカデロ地区のウォーターフロントに建つこのホテルは、サンフランシスコのダウンタウンで唯一の4つ星ホテルです。近年改装したての客室はすべてスイートで、ベイサイドはとくに絶景が望めます。部屋に行くまでの通路がすべて吹き抜け側にあり、アトリウムを見下ろしながら歩くと、人工の絶景も堪能できます。

テート・リヴァプール

230

所在地	イギリス　マージーサイド州リヴァプール
設計	ジェームズ・スターリング

港湾倉庫を現代アート美術館に変えた建築手腕

　　テート・リヴァプールは、テート・ブリテン、テート・モダンなどとともに、イギリスの国立美術館ネットワーク「テート」の一館です。

　　テート・リヴァプールの設計は、地元リヴァプール出身の巨匠ジェームズ・スターリング（1929～1992年）が手がけ、1988年に開館されました。

　　港湾地区にあった旧アルバート・ドック倉庫の外観と鉄筋を活かしたもので、産業革命以来のイギリスの繁栄の歴史が刻まれた倉庫の内部を、現代アートの展示空間に再生するという試みに成功しています。テート・リヴァプールの場合はとくに、イングランド北部にゆかりの芸術家の作品が中心になっています。

　　港湾に面したヴォールト（かまぼこ型の天井）の部分は、ショップやカフェがあるパブリックスペースとし、5階建ての上層部に美術作品を展示しています。赤レンガの外壁を生かしながら、円柱は赤く塗り、建物の周囲には現代アートのオブジェを配するなど、倉庫だけでなく、トータルなアート空間としてのデザインがなされています。

もっと知りたい！　リヴァプール港は、かつて砂糖交易の中心地であり、テート・コレクションの生みの親であった19世紀の実業家・砂糖加工業者サー・ヘンリー・テートゆかりの地でもあります。館内展示は、テート・コレクションが所蔵するイギリス美術・近現代美術の作品を、ほかの美術館と定期的に入れ替えながら公開しています。

237

王立裁判所

231

所在地 イギリス　ロンドン
設計 ジョージ・エドモンド・ストリート

ヴィクトリア女王が開いた巨大なゴシック様式の裁判所

　王立裁判所はヴィクトリア女王の命によって1882年に開設され、その後も司法業務の増加とともに増築され、現在は法廷を含む1,000以上の部屋を持つに至りました。世界的にも例を見ない、壮麗かつ巨大なゴシック様式の裁判所です。

　設計した建築家ジョージ・エドモンド・ストリート（1824〜1981年）は、エセックスのウッドフォードで生まれた英国の建築家でした。ヴィクトリア朝のゴシック・リバイバルの第一人者で、主に教会建築を手がけていましたが、王立裁判所が彼の代表作となりました。

　ただ当時は様式論争のさなかにあり、それを示すように細部には複数の様式が混在しています。

　建物にはポートランド産の石灰岩で作られたレンガが3,500万個も使われ、四方が約140m、高さ75mの規模があります。こうした重厚な石造りの建築である一方、入口部分はヒューマンスケールを感じさせるデザインとなっているのです。

　屋内には壮麗なメインホールやカフェ、イベントスペースなどがあり、一般の見学者でも自由に利用できます。

もっと知りたい!　王立裁判所には、イングランドとウェールズの控訴院と高等法院が置かれ、それぞれ連合王国最高裁判所（最高裁判所）に次ぐ、第2・第3の上級法廷です。敷地内は14歳以上なら無料で見学ができ、裁判は特別断りがない限り、誰でも傍聴が可能です。予約すれば建物内の有料ツアーにも参加できますが、内部撮影は禁止になっています。

ベッセル

232

所在地 アメリカ合衆国　ニューヨーク州ニューヨーク
設計 トーマス・ヘザウィック

階段と踊り場だけで作られた体験型アート展望施設

　階段と踊り場のみで構成された、ハチの巣のような色と立体形状の体験型アート展望施設「ベッセル」。マンハッタン西側のハドソン河沿いの巨大再開発エリア「ハドソンヤード」内に、2019年3月、新たなランドマークとして建設されました。

　ベッセルはオープン以来、ニューヨークの新名所として大変注目されています。デザイン・設計はイギリスの3Dデザイナーであるトーマス・ヘザウィック（1970年〜）です。

　高さ60m、8階建て構造の建物には、2,500段の階段があり、80の展望台が設置されています。地上60mの頂上から見渡せばミッドタウンやハドソン河を一望することができます。

　中央は空洞になっており、ガラス製の棚から身を乗り出すと、外観は巨大なスズメバチの巣が屹立しているような印象を受ける建築です。

　250億ドル（約2兆5,000億円）が投じられたアメリカの民間不動産会社最大にして、マンハッタン最大の再開発プロジェクトの象徴として、はやくもニューヨーク観光の新名所として多くの人が集まっています。

もっと知りたい！　2021年1月11日、ベッセル開業以来早くも3人目の飛び降り自殺者が出てしまったことで、ハドソンヤードの開発を手がけたリレイティッド・カンパニーズは、ベッセルを閉鎖すると発表。精神科医を含む自殺予防の専門家と防止策の協議に入り、2人からの入場を条件に再開されました。（2021年8月現在、再度閉鎖中）

コートヘル・ハウス

233

所在地 イギリス　コーンウォール州サルタッシュ　セント・ドミニク村
設計 不詳

ゴシック建築から生まれた「テューダー様式」の邸宅

　グレートブリテン島南西端のコーンウォール半島は、6つのケルト地域のひとつで、独自の言語や文化を持ち、名目上はイギリスを形成する連合王国のひとつでコーンウォール大公が世襲で領有する地域です。当地のセント・ドミニク村にあるコートヘル・ハウスは1539年に建設され、17世紀半ばからほとんど姿を変えていない建造物です。

　コートヘル・ハウスは、3つの庭を囲む巨大な石造の家、城郭風の塔、礼拝堂、鳩小屋で構成されており、花崗岩、粘板岩にスレート屋根という建材による中世テューダー様式を今に伝える貴重な建築です。

　テューダー様式は、15世紀末から17世にかけてのテューダー朝時代に生まれたイギリス後期ゴシック建築の様式で、建物の構造の垂直効果を強調した従来のゴシックよりも垂直性が弱まり、多くの彫刻装飾を用いた重厚華麗な様式と説明されます。

　百年戦争から薔薇戦争を経て「テューダーの平和」と呼ばれる安定期に入ったイギリスでは、ゴシック建築にイギリス独自の趣向を凝らした様式が発展しました。

もっと知りたい！　コートヘル・ハウスは、貴族のエッジカンブ家が長く所有しましたが、サー・リチャード・エッジカンブ（1433？〜1489年）は、晩年に館の中世から残る部分の改築にとりかかりました。息子の代まで引き継がれた改築は、礼拝堂と北の地区の建物について花崗岩を使ったゴシック様式に改めるなどしています。今日に残る姿は、このときにほぼ固まりました。

アル・ケ・スナンの王立製塩工場

所在地 フランス共和国　ドゥー県アル・ケ・スナン

設計 クロード・ニコラ・ルドゥー

製塩所を知り尽くした王室建築家による初の工業都市

　アルケ・スナンの王立製塩工場は、1774年から1779年に建設されました。当時、肉や野菜を保管する上で塩は欠かせないもので、設計を任されたクロード・ニコラ・ルドゥー（1736〜1806年）は、1771年にフランス国王ルイ15世から、ロレーヌとフランシュ＝コンテの製塩所の監視官に任命されていました。

　1773年には、公妾デュ・バリー夫人の後押しで王立建築アカデミーの会員になり、「王室建築家」となります。こうして王室と結びついたルドゥーにアル・ケ・スナンの王立製塩工場の建築計画が託されました。ルドゥーは監視官としてフランス東部のさまざまな製塩所を検視しており、この建設では都市計画も含めた効率的な製塩工場を構想していました。

　最初の工業都市を構想した人物として今日は高く評価されていますが（1982年に世界遺産登録）、資金難や回廊に144本のドーリア式円柱を用いるなどの寺院や宮殿のような建築計画が批判を浴び、大幅に規模を縮小して1774年から1779年にかけて完成しました。しかし、10年後にはフランス革命が起こり、王室建築家だったルドゥーが投獄されたのは1793年のことです。

もっと知りたい！　2年余りの投獄によって実作の機会を失いましたが、1804年の著作ではかつて設計したアル・ケ・スナンの王立製塩工場を中心にした理想都市像を描き、実現しなかった建築の計画、スケッチを多く残しています。たとえばピラミッド型や球状の建物など幾何学的なデザインを用いた奔放で幻想的な構想が特徴で、近代建築に大きな影響を与えました。

ローズ・サイドラー邸

235

| 所在地 | オーストラリア連邦　ニューサウスウェールズ州タマクラ |
| 設計 | ハリー・サイドラー |

両親に捧げたモダニズム建築の傑作住宅

　シドニー郊外のクーリンガイ・チョイス国立公園に隣接した敷地に建つローズ・サイドラー邸は、1948年にアメリカからオーストラリアに移住した建築家ハリー・サイドラー（1923〜2006年）が、両親のために設計しました。1950年に建築され、オーストラリアにモダニズム建築を持ち込んだ初期の作品とされます。

　三角屋根の森の中の木造のコテージという住宅がほとんどだった当時のオーストラリアで、白亜のコンクリート建築、ガラスが壁面全体を形成するファサードは、驚くべきものでした。内部は居住スペースと寝室に分かれ、中央のファミリースペースで繋がっています。

　屋内にいながらにして外部空間と一体化するかのような設計は、20世紀前半のドイツの美術学校バウハウス以来の流れを汲むモダニズム建築の典型です。

　ローズ・サイドラー邸の「ローズ」とは母の名で、「母親ほど言いなりになってくれる依頼主はいない」という言葉を残しています。この邸宅は現在、オーストラリアの歴史的建築物に指定されています。

　もっと知りたい！　戦後にハーバード大学への奨学金を得て建築を学び、バウハウス初代校長だったウォルター・グロピウス（1883〜1969年）に師事したハリー・サイドラーは、1948年にオーストラリアに渡った後も、その学びを忠実に実行しました。ローズ・サイドラー邸以降、高層ビルや領事館、工場などの建築を手がけ、オーストラリアの重要な建築家としての名声を確立しました。

香港上海銀行
ホン　コン　シャン　ハイ

所在地　中華人民共和国　特別行政区香港
設計　ノーマン・フォスター

世界最高の技術と最高金額で建てられた高層ハイテク建築

　1985年建設の香港上海銀行は、1980年代の香港の活気とパワーを象徴するかのように、世界最先端かつ最高レベルの技術と建材に加え、建築費6億6,800万ドルという当時最高の巨費を投じ、高さ180m、全47階建て（うち地下3階）の高層ビルとして建設されました。

　このビルの設計者で、ハイテク建築家といわれるノーマン・フォスター（1935年～）は、ビルの全床荷重を支えるのに「吊り構造」を採用しています。ビルの内部に支持構造を造らず、4本で1組のマスト8組を垂直に建て、方杖を差し渡してマストから5層の床を吊材で支えているのです。

　これにより内部に支持構造が必要ないため、エレベーターや階段などはマストの支主柱のある東西両端に配されています。また「吊り構造」で柱や梁から自由になり、ガラス材を使った吹き抜けは高さ52m（11階）まで達し、吹き抜け専用にエスカレーターがあります。

　建物の構造システムやコアの部分が露出する機械的な外観の一方、古典的なシンメトリーな外観には落ち着いた調和が感じられます。

もっと知りたい！　香港上海銀行は、中国らしく風水を取り入れたデザインが随所にみられます。たとえば1階吹き抜けのところにある「2基のエスカレーター」は、龍の通り道をさえぎらないよう、竜の口に見立ててハの字に設置されたといいます。龍脈（地中を流れる気のルート）から良い気の流れを呼び込むためで、そのためかパワースポットとして人気になっています。

コンヴェントリー大聖堂

237

所在地　イギリス　ウェスト・ミッドランズ州コンヴェントリー
設計　バジル・スペンス

中世の塔とモダニズム大聖堂の美しい調和

　中世後期の14世紀に建てられた歴史あるコンヴェントリー大聖堂は、1940年のナチス・ドイツの空襲で塔と尖塔、地下室と外壁を残して焼失します。しばらく廃墟となっていましたが、戦後修復が決定し、塔と尖塔を残すことを条件に、1950年、設計コンペが開かれました。

　優勝したのは、スコットランドの建築家バジル・スペンス（1907〜1976年）です。その設計案は、古い大聖堂を再建するのではなく、「記念の庭」として廃墟となっていた旧聖堂部分を保管し、新しい大聖堂を建てて、ふたつの建物でひとつの教会を構成するというものでした。

　新築のコンヴェントリー大聖堂にも砂岩を使用し、建物間に統一性をもたらす一方、設計思想はモダニズム建築に分類されます。

　とくに洗礼堂の窓にはめられた195枚のステンドグラスは、タテの長方形の同型の作品が上下左右に空間をとって整然と並んでおり、荘厳ななかにも現代的なデザイン感覚が持ち込まれています。

　スペンスの設計による新しいコンヴェントリー大聖堂は、1962年に奉献されました。

もっと知りたい！　スペンスはコンヴェントリー大聖堂の装飾を、イギリスを代表するアーティストに依頼しました。彫刻家ジェイコブ・エプスタイン作「聖ミカエルと悪魔」の青銅像、イギリスの芸術家グレアム・サザランド作のキリストの大きなタペストリーほか、天井まで届くステンドグラス窓は、イギリスの画家で装飾デザイナーのジョン・ハイパーが手がけています。

ストックホルム市庁舎

238

所在地　スウェーデン王国　ストックホルム
設計　ラグナル・エストベリ

ノーベル賞晩餐会が開催される「民族ロマン主義」の傑作

　リッダーフィエルデン湾のほとりに高さ106mの塔を擁して立つストックホルム市庁舎は、水辺と茶褐色レンガの対比が美しい壮麗な建造物です。同国の建築家ラグナル・エストベリ（1866〜1945年）の設計により、1909年から1923年にかけて建設されました。

　ヴェネツィアのドゥカーレ宮殿をはじめ、ヨーロッパ各地の名建築からインスピレーションを得たデザインは、機能主義的なモダニズム建築と一線を画した「民族ロマン主義」といわれ、ストックホルム市庁舎は20世紀建築の傑作として評価されています。

　この市庁舎をとくに有名にしているのは、ノーベル賞授賞式後の晩餐会が行なわれる「青の間」、舞踏会が行なわれる「黄金の間」の存在です。これらは、いずれも有料のガイドツアーに申し込めば見学可能です。

　また高い天井にきめ細かい装飾が圧巻の市議会場は、左右で席が与野党に分けられており、傍聴席とメディア席も配置されています。議会開会中は観光客でも議会の傍聴が可能という、ノーベル賞の国らしい開かれた立法府となっています。

もっと知りたい！　ストックホルム市庁舎の建築様式「民族ロマン主義」とは、ギリシア・ローマの古代を理想とする古典主義に対し、民族や国民国家などのアイデンティティ、ローカリズムを主張する立場です。エストベリのストックホルム市庁舎は彼の生涯の傑作であり、さらにのちのイギリス建築などに強い影響を与えることになりました。

バーミンガム市立中央図書館

239

所在地 イギリス ウェスト・ミッドランズ州バーミンガム
設計 メカノー

観光名所になったヨーロッパ最大級の市立図書館

　産業革命とともに急発展し、人口で首都ロンドンに次ぐイギリス第2の都市になったバーミンガムに、2013年、ヨーロッパ最大級の規模を誇る市立図書館が誕生しました。100万冊の蔵書を誇る大図書館ですが、やはりその外観に注目しないわけにはいきません。大小の円をモチーフにしたデザインで外壁を飾り、5層の大きさの違う建物を積み上げたようなそのデザイン性の高さから、観光名所として人気を呼んでいます。

　エントランス部のあるガラス張りの下層階の上に、箱形の層が3層、その上に最上層として円柱形の層が積み上がっています。内部は一転して全体的に円形の空間で占められており、円い壁の一面に本棚が並べられています。図書館によくある本棚の間の狭い通路を分け入る感じではないため、配架を見渡しやすいという効果ももたらされています。中央は吹き抜けで、壁沿いに円形の各フロアが積み重なるという従来の図書館のイメージを覆したモダンアートの美術館のようです。この特異な図書館は、オランダの建築事務所メカノーとエンジニアリング・コンサルティング会社ビューロー・ハッポルドによって設計されました。

もっと知りたい！ バーミンガム市立中央図書館の7階にはシークレットガーデンがあり、街の眺望を楽しむことができます。また、1階にはショップが併設され、お土産や来館記念グッズなどが販売されています。子供向けのスペースもあり、家族連れで楽しめる図書館になっています。蔵書は100万冊で、常時40万冊が閲覧できます。

聖ワシリー大聖堂

240

所在地 ロシア連邦　モスクワ
設計 ポストニク・ヤコブレフ

タマネギを載せたような屋根を持つロシア正教の大聖堂

　聖ワシリー大聖堂は、1990年登録の世界遺産「モスクワのクレムリンと赤の広場」に含まれるロシア正教会の大聖堂です。周囲にはクレムリン、グム百貨店、レーニン廟などがあり、その独特な外観とカラフルな色使いでロシアの象徴的建築物のひとつになっています。

　1551年から1560年にかけて、イヴァン4世（イヴァン雷帝）によって建設された聖ワシリー大聖堂は、宿敵カザン・ハン国を征服した記念として建設されました。

　設計はポスニク・ヤコブレフという建築家で、逸話によるとあまりにも美しい大聖堂が完成したため、ほかにこれを凌ぐ教会ができないよう、イヴァン4世がヤコブレフを失明させたといわれました（現在は否定されています）。

　レンガ造りの屋根はすべてタマネギ型のドームで、主聖堂が中央にあり、周りを8つの小聖堂が囲んでいます。内部はイコン（キリスト、マリア、聖人などの聖画像）を中心に、華やかな絵画や緻密な模様で彩られ、壮麗さに彩りを与えています。これもロシア正教の聖堂建築ならではの特徴です。

　もっと知りたい！　主聖堂と8つの小聖堂はすべて大きさや彩色が違い、タマネギ型のドームを載せたそれぞれの建物が、空に向けて立ちのぼっていくように密集しています。塔のなかはらせん状の階段があり、上の階まで昇ることができます。おとぎの国の建物のような聖ワシリー大聖堂ですが、夜のライトアップでは幻想的な威厳を称えた姿を浮かび上がらせます。

ベルリン市ブリッツの馬蹄形住宅

所在地 ドイツ連邦共和国　ベルリン
設計 ブルーノ・タウト

馬の蹄の形に築かれた世界遺産の集合住宅

　池のある中庭をぐるりと囲み、蹄鉄形に集合住宅が連なるベルリン市ブリッツにある馬蹄形住宅は、建築家で都市設計家のブルーノ・タウト（1880〜1938年）によって設計されました。建設は1925年から1932年にかけて行なわれています。

　19世紀後半の産業革命以後、工場に働く労働者にも無味乾燥な環境ではない豊かな住宅を提供しようとベルリン市が動き、ドイツ表現主義の建築家タウトにも設計の依頼があったものです。タウトは「人間にとって豊かな住環境とは何か」を考え抜き、建築用地に池があることから、この設計を決定したといいます。

　馬蹄型のレイアウトで全151戸の住宅を提供したタウトは、居住空間を家のなかだけのものではなく、窓からの風景も含めたものとして考えました。池を中心とした庭園の設計にも力を入れ、中庭の緑をどの居住者も平等に享受できるように工夫されています。

　地下1階、地上3階の3階建てで、東側の外の広場に面した直線型の建物には肉屋、パン屋、不動産屋などが入り、居住者の日常生活を便利にしています。

もっと知りたい！ 2008年登録の世界遺産「ベルリンのモダニズム住宅団地」は、ベルリンの独立した低〜中所得者のための補助住宅団地で構成されています。6つの登録物件のうち、馬蹄形住宅を含む4つまでがブルーノ・タウトの設計です。第1次世界大戦後のベルリン市が早くから低所得者の住宅問題改善をめざしていた証言者といえます。

集合住宅ガソメーター

242

所在地 オーストリア共和国　ウィーン
設計 コープ・ヒンメルブラウ

100年前のガスタンクを再生させた集合住宅

　工業地帯として発展したウィーンのシンマリンク地区に遺された1890年建設のガスタンクが、近代的な集合住宅に生まれ変わったのは2001年のことです。4基のガスタンクを、4人の建築家が担当して、それぞれに魅力的なアパートメントに再生しました。

　4基ある集合住宅ガソメーターは、「A〜D」でそれぞれ分類されており、コープ・ヒンメルブラウ設計事務所が手がけたのが、集合住宅ガソメーターBです。そり返った盾状の高層集合住宅が旧ガスタンクに寄り添うという最も独創的なもので、脱構築主義の大胆な現代建築と歴史的建造物保存を見事に融合させています。

　旧ガスタンクの集合住宅とそれに寄り添う現代建築の高層棟は「スカイ・ロビー」というデッキでつながり、住人たちの社交の場になっています。住戸は360戸あり、基底部には事務所スペースや多目的ホール、店舗スペースが設けられています。

　円筒状の旧ガスタンク内部には大きな中庭が設けられ、半球ドーム型の透明な天井から太陽の光が降り注ぎます。その中庭に沿って、円形に住戸の窓が整然と並んでいます。

もっと知りたい！ 4基の元ガスタンクは、それぞれ1階部分が連絡通路でつながっており、映画館、3,500人収容のイベントホール、学校や幼稚園、学生用ホステル、医療施設や市の資料館まであります。1984年の操業停止以降、治安が悪化してさびれた地区を、歴史的建造物を生かして再興した都市開発の成功例として評されています。

シテ科学産業博物館

243

| 所在地 | フランス共和国　パリ |
| 設計 | エイドリアン・ファンシルベール |

ガラス同士の4隅をつなぐ新しい施工方法の誕生

　主にガラスやアクリルの屋根で覆われた大規模なアトリウムを建設するため、1980年代中頃から広まったDPG工法というガラス建築の施工法があります。パリ19区にあるラ・ヴィレット公園内のシテ科学産業博物館（1986年開館）で初めて使われました。

　コンペで採用されたのは、建築家エイドリアン・ファンシルベールの、ガラスのアトリウム部分にサッシを設けず、強化ガラスの四隅に開けた皿孔を、ロチュールと呼ばれる特殊ヒンジボルトで支持するという設計案です。これまでもガラスの隅をプレートで留めてつなぐ方法はありましたが、風圧に弱い難点がありました。しかし、このDPG工法によりロチュールで留められようになり、その課題が克服されたのです。

　ロチュールで連結した複数のガラスを、カーテンウォールのように梁からぶら下げるため、ガラスに穴をあける必要が生じ、工事費用が高価になりがちです。しかし、ロチュールが自在に動くため、カーテンウォールと同じくらいの耐震性があります。支持構造体にはスチールやステンレスのトラス、ロッド、ケーブルなどが用いられています。

もっと知りたい！　ヨーロッパ最大級の科学博物館であるシテ科学産業博物館には、年間500万人が訪れます。世界最大級のピンホール式プラネタリウムや、潜水艦アルゴノート、深海調査船ノティールの実物大模型などがあります。また、DPG工法で初めて建設されたシテ科学産業博物館があるラ・ヴィレット公園内にちなみ、この工法を「ラ・ヴィレットシステム」とも呼びます。

ボンネファンテン美術館

244

所在地 オランダ王国　リンブルフ州マーストリヒト
設計 アルド・ロッシ

旧工業地区再開発に貢献した亜鉛製ドームを持つ美術館

　　1990年代になってマーストリヒト市の工業地区再開発プロジェクトが始まったとき、地区の重要なシンボルとして1995年にマース川のほとりに完成したのが、ルネサンス〜バロック期の絵画から現代美術まで幅広く収蔵するボンネファンテン美術館です。設計は、イタリアが生んだ世界的な建築家アルド・ロッシ（1931〜1997年）が担当しました。

　　美術館の建物は平面図がE字型になるイタリア・ルネサンス様式を思わせる重厚な建物のヨコに、「ザ・セラミック」と呼ばれる亜鉛製のドームを持つ塔を築くという斬新さで、ポストモダン建築に位置づけられます。ドームの上部には展望テラスが設けられ、鉄製の2本の円筒のなかに階段が設けられています。

　　正面入口は川と反対側にあり、直線的で整然としたシンメトリーな外観をもっていますが、ザ・セラミックでそれを崩したところにポストモダンの建築家らしい試みが見られます。

　　展示室は、天井の高い落ち着いた雰囲気であり、重厚な外観に比べていかにも美術館という控えめな設計となっています。

もっと知りたい！　ボンネファンテン美術館は、ブリューゲル、ルーベンスなどのフランドルで活躍した巨匠の名作のほか、現代アートのコレクションも所蔵しています。美術館が建つ前にあった旧工場は、オランダ初の鉄筋コンクリート造の建造物として貴重であり、そのホールを美術館に組み込んで再生・保存したのです。

251

ルーマニア議会宮殿（国民の館）

245

所在地 ルーマニア　ブカレスト
設計 不詳

独裁者チャウシェスクが造らせた世界第2位の巨大建築

「国民の館」という名称で1984年に着工されたルーマニア議会宮殿は、当時のルーマニア共産党書記長だった独裁者ニコラエ・チャウシェスクが首都ブカレストに築いた"宮殿"でした。昼夜を問わず24時間建設が進められ、現場作業員は常時2万人以上が動員されたといいます。

完成した建物の外観は地上10階、地下4階、高さ84m、幅275m、奥行き235m、延床面積330,000㎡で、単独の建築物としてはアメリカのペンタゴンに次いで世界第2位の規模です。部屋数は約3,200に及び、費用には一切糸目をつけず、大理石とルーマニア産の木材がふんだんに使われました。

1984年から1989年の建設期間中につぎ込まれた費用は、なんと国民総生産の約3割に匹敵する額といわれます。その一方で、ルーマニア国民の飢餓は深刻化していきました。結果、1989年のルーマニア革命でチャウシェスク政権が倒されたのを機に、8割程度まで進捗していた建設計画は中断。負の遺産として解体が検討されましたが、解体費用のほうが高くつくためその後建設が再開し、1997年に完成して議会宮殿として利用されることになりました。

もっと知りたい! ルーマニア議会宮殿は、日本円にして約1,500億円という巨費が投じられましたが、チャウシェスクは革命後に処刑されてしまい、完成した「国民の館」を見ることはありませんでした。現在では議会や各政党の事務所などに使われる傍ら、見学できるよう一部開放されており、この世の贅を尽くした宮殿を見ようと、世界中から観光客が集まっています。

ロイヤル・オンタリオ博物館

246

所在地 カナダ　オンタリオ州トロント
設計 ダニエル・リベスキンド

20世紀初頭の建築と脱構築主義が衝突した博物館

　北米5位の規模を誇るロイヤル・オンタリオ博物館は、1912年に建物が完成し、1914年に開館しました。1955年まではトロント大学により運営され、現在は独立の機関となっています。

　クイーンズ・パークとトロント大学のそばにあるこの博物館には恐竜の化石、中近東の美術、アフリカ美術、東アジアの美術、ヨーロッパ史、カナダの歴史と文化、生物の種の多様性、考古学に関するものなど、幅広く膨大な収蔵品がある一方で、展示面積が十分とれないという悩みがありました。

　こうした問題を解消すべく、2003年から、ポーランド系アメリカ人建築家ダニエル・リベスキンド(1946年〜)の設計による「ルネッサンスROM」と呼ばれるプロジェクトが進められました。2007年6月まで大規模な拡張・改修工事が行なわれた結果、クリスタルの結晶のような外観の拡張スペースが完成しました。脱構築主義のリベスキンドならではのデザインです。

　1912年建設の博物館と新しい拡張スペースであまりに建築コンセプトが隔絶しており、賛否両論が起こりましたが、今では、伝統と革新が衝突した新しい建築物と評されています。

もっと知りたい! 2005年12月にプロジェクトの第1段階が完成して新しい展示エリアがオープンすると、「高円宮ギャラリー」と名付けられた日本関連の常設展示ほか、中国、韓国など、アジア地域の新しい展示エリアが次々に開館しました。

バンケティング・ハウス

247

所在地 イギリス　ロンドン
設計 イニゴ・ジョーンズ

王宮全焼時の被害を免れた「宴席」のためのゴージャス邸宅

　　かつてロンドンにあり、部屋数150という当時ヨーロッパ一の規模を誇ったホワイトホール宮殿は、1530年から1698年まで王宮として使用されていました。しかし火災により焼失し、イニゴ・ジョーンズ（1573〜1652年）の設計による同宮殿のバンケティング・ハウスのみが現在も残っています。

　　バンケティング・ハウスとはテューダー朝、初期ステュアート朝時代に建設されたイングランドの邸宅です。本邸から庭園を挟んで離れた場所に建設され、晩餐会や舞踏会などの宴の用途のみに使用されました。過剰な装飾を凝らし、寝室や厨房を設けないなどして、本邸と差別化される傾向にあります。ホワイトホール宮殿のバンケティング・ハウスは、その代表的な建築で、1619年に設計され、1622年に完成しました。内部には2階建ての吹き抜けホールがあり、内装は古代ギリシアの建築様式を採用しており、上階はコリント様式、下階はイオニア様式です。それまでの装飾的・官能的なバロックやロココの流行に対する反発を背景に、18世紀のイギリスとアメリカで始まる新古典主義の先駆けになった建築とされています。

> **もっと知りたい！**　ホワイトホール宮殿の大改修計画の一部として建設されたバンケティング・ハウスは、王権の強化を進めたチャールズ1世が議会との対立を深めた結果、1469年の清教徒革命に敗れて公開処刑された場所です。宮殿もその29年後には全焼、他の建物と離れた場所に建てられていたバンケティング・ハウスだけが往時のまま残っています。

新国立競技場

248

所在地 日本　東京都新宿区
設計 大成建設、梓設計、隈研吾

東京オリンピックのメイン会場になった「杜のスタジアム」

　1958年築の旧・国立競技場の老朽化と2020年東京オリンピック・パラリンピック主会場建設の必要性から、2016年12月着工、2019年11月に完成したのが神宮外苑に隣接した新国立競技場です。設計は日本を代表する建築家のひとり、隈研吾（1954年〜）を含むチームが行いました。

　建物と周辺環境の一体化をコンセプトに多くの建築を手がけてきた隈は、周囲に調和した「負ける建築」や、「コンクリートと鉄の時代」を「木の時代」に変えるなどのコンセプトを提示し、木材を多用した「和の建築の大家」ともいわれます。

　新国立競技場でも明治神宮外苑との調和を目指し、「杜のスタジアム」として「自然に開かれた日本らしいスタジアム」を提案しました。

　屋根や軒庇などを鉄骨と木材のハイブリッド構造とし、最大高を47.4mと低く設定することで、水平ラインを強調した構造にしています。全周にわたり、屋根をスタンド背面で支える片持ち梁の構造で、観客の視界を遮るものを排除しています。木材は47都道府県から集められた杉材およびカラマツを使用し、やや白みがかった塗装を施しています。

もっと知りたい！　新国立競技場の規模は、約350m×約260mの地上5階・地下2階のスタンドが、フィールドを囲んでいます。6万8,000人を収容する観客席はすべてカップホルダー付きの個別席で、木漏れ日をイメージした5色の「アースカラー」をモザイク状に配置。観客席が無人でも、賑わっているように見える効果も生み出しています。

ハースト・キャッスル

249

所在地	アメリカ合衆国　カリフォルニア州サンシメオン
設計	ウィリアム・ランドルフ・ハースト

ヨーロッパの古城のような「新聞王」の豪邸

　アメリカの新聞王ハースト家の豪邸として建てられたハースト・キャッスルは、約8,400㎡の敷地のなかに、延床面積約6,000㎡の城、3棟のゲストハウス、ローマスタイルのプール、動物園、エアポートなどを備えたまさに大豪邸です。

　ニューヨークに本社を置き、新聞、雑誌、インターネット事業を中心とする総合メディア企業ハースト・コーポレーションを創業した建築主のウィリアム・ランドルフ・ハーストは、父から相続した遠くに海を臨む小高い丘の絶景を気に入り、旅をしたときに感動した地中海リバイバル様式というルネサンス期のスペインとイタリアの建築を折衷した大邸宅の建築を決めます。1919年に着工され、1947年にハーストが病床についてビバリーヒルズに引っ越すまで増築工事が続きました。邸宅の中心となる城は、ハーストがスペインで見た教会をイメージしたといいます。城の内部には寝室のほか、書斎、図書室、映画室、美容室、食堂など、115の部屋があり、ハーストがヨーロッパから買い集めた絵画やアンティークの調度品で飾られています。3棟のゲストハウスも合計46室あり、贅の限りを尽くした構造となっています。

　もっと知りたい！　1951年にハーストが亡くなると、ハースト社が引き継いで管理していましたが、1957年にカリフォルニア州に寄付されました。現在はハースト家が役員を務めるハースト・キャッスル維持管理財団により管理されています。

アラブ世界研究所

250

所在地 フランス共和国　パリ
設計 ジャン・ヌーヴェル

カメラの"絞り"のように光を調整する外壁

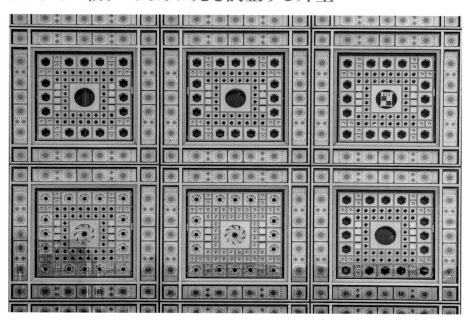

　パリのセーヌ川沿いに1987年に建設されたアラブ世界研究所は、アラブ世界とヨーロッパ世界の交流を目的として建てられた研究機関・文化施設です。企画展などを行なう展示スペース、図書館、講堂などを備えますが、ガラス張りのファサードを持つ巨大な建物こそ、アラブ世界研究所を世界に知らしめた画期的な建築技術が使われています。

　建物の外観上の最大の特徴は、イスラムの装飾を連想させる幾何学模様のアルミパネル240枚で構成される南側。しかもこのパネルは、カメラの絞りのようなメカニズムで日差しの強さに応じて自動開閉し、採光を調整するようになっているのです。

　設計した建築家ジャン・ヌーヴェル（1945年～）は、この建築でイスラム文化を体現した優れた現代建築に贈られるアガ・カーン賞を1989年に受賞します。

　まだ44歳だったヌーヴェルは、その後も光を操るガラス建築の傑作を数多く発表し、2008年には建築界のノーベル賞・プリツカー賞を受賞しました。「ガラス（光）の魔術師」とも称され、日本では電通本社ビル（2002年）を手がけています。

もっと知りたい!　館内はメタリックな天井や床へ降り注ぐ光が万華鏡のように乱反射して美しく、展示を見るだけでなく、自動開閉の採光穴からの光の変化を楽しみながら館内を歩きたいものです。9階にある最上階のテラスからはシテ島のノートルダム寺院を中心に、遠くはサクレ・クール寺院などパリを一望でき、眺望のいいレストランもあります。

カリフォルニア科学アカデミー新館

所在地 アメリカ合衆国　カリフォルニア州サンフランシスコ
設計 レンゾ・ピアノ

「世界でもっともクリーンな施設」と呼ばれた博物館

　サンフランシスコのゴールデンゲートパークに1853年、世界最大の自然史博物館が開館しました。2008年、ハイテク建築の巨匠レンゾ・ピアノ（1937年〜）が手がけ、自然博物館、水族館、プラネタリウム、亜熱帯温室や研究所をひとつの建物にし、カリフォルニア科学アカデミー新館として大規模にリノベーションしました。

　特徴的なのが屋上にある緑に覆われた3つのコブ。そこには丸いガラス窓が複数開けられています。緑によって夏は涼しく、冬は温かく館内を保ち、屋上の目玉のような窓から採光することで、空調や照明などに使用するエネルギーを控える効果があります。

　コブに見えるのは、その下にある球体のプラネタリウムや亜熱帯温室のドームが反映されたもので、そこに土を盛り、まず9種類の地元の植物を植えました。ここに鳥や昆虫が集まって新しい種や花粉を運んでくれば、広大な屋根が北カリフォルニア地域の自然そのままを展示する丘になると、科学アカデミーの科学者たちは構想しています。こうした設備により新館オープン当初から、「世界でもっともクリーンな施設」と話題をさらいました。

もっと知りたい！ カリフォルニア科学アカデミー新館の屋根の丘には、6万個の太陽電池セルが設置され、太陽熱で施設の電力の10％をまかなっています。これにより、年間約180t以上の温室効果ガスを削減しています。建物の断熱材は使い古しのジーンズを素材に活かすなど、さまざまなエコテクノロジーが駆使されています。

ラ・ヴィレットの関門

252

所在地 フランス共和国　パリ
設計 クロード・ニコラ・ルドゥー

正方形や正円などを組み合わせた「シンメトリー」の徴税所

　フランス革命も間近な18世紀後半、王政下のフランスでは財政難が深刻となり、パリの周囲に新たに市壁を築いて「入市税」を徴収することになりました。56か所に市門ができましたが、このうち王室建築家クロード・ニコラ・ルドゥー（1736〜1806年）が設計を手がけ、今に残るのが「ラ・ヴィレットの関門」です。

　1784年から1789年にかけて建設された「ラ・ヴィレットの関門」は新古典主義から近代建築への移行期に築かれた建築で、装飾を簡略化し、四面対称な建物の上に正円を描く円筒型の建物が重なり、純粋なまでのシンメトリーを構築しています。

　円筒部分は空からの光を採り入れられるように天井がくり抜かれており、ギリシア神殿風の列柱が設けられた入口を通って中へ進むと、にわかに正円の自然光がまぶしい中庭に出くわす仕組みになっています。今では市壁はありませんが、ラ・ヴィレットの関門の背後の壁は裏庭を丸く取り囲むように建設されており、外壁が翼のように左右対称に建物を囲み、外部から見える設計になっていました。

もっと知りたい！　設計者のクロード・ニコラ・ルドゥーは王室建築家だったため、1789年のフランス革命後は投獄され、実作の機会を失いました。しかし、亡くなる2年前の1804年の著作では、世界遺産「アル・ケ・スナンの王立製塩所」（1982年登録）を中心にした理想の都市計画を描いています。20世紀のモダニズム建築に大きな影響を与えた建築家と称されています。

MAS博物館

253

所在地 ベルギー王国　アントウェルペン州アントウェルペン
設計 ノイトリングス・リーダイク・アーキテクツ

海や波を想起させるデザインの複合ミュージアム

MAS博物館は旧アントウェルペン港があった再開発地区エイランチェに建てられた複合ミュージアムです。民族学博物館、国立海洋博物館、肉屋のギルドハウスなどにあったコレクションを合わせ、2011年にオープンしました。常にアントウェルペンと世界とのつながりに焦点を置き、国際貿易と海運を記録する展示から、港湾都市としての歴史、芸術、文化をテーマに、展示の範囲はヨーロッパ、アフリカ、アメリカ、アジア、オセアニアにまで及んでいます。

こうした展示とともに注目されるのが、60mの高さを持ち、赤茶色の壁面と大胆に切り込まれた窓の素材感の対比が印象的な本館の建物です。壁面はインドから輸入した赤い砂岩製のタイル、また高さ約6mに及

ぶ青味がかった窓は、湾曲したガラスパネル構造で造られ、波打つガラス窓となっており、海や波を想起させます。外観全体は、大きな四角い建物を積み上げたように見えますが、各層を90度ずつずらして螺旋を描くように設計されています。ポストモダンアールデコ建築の秀作であり、アントウェルペンのシンボルとなっています。

もっと知りたい！ MAS博物館は屋上からの眺望が素晴らしいことでも知られています。ミュージアムの利用者でなくても、エスカレーターを利用して屋上に出れば、旧市街やスヘルデ川を望む360度のパノラマを楽しむことができます。MASとは「Museum aan de Stroom」の略で、アントウェルペン美術館とも表記されます。

マレ寺院

254

所在地 フランス共和国　パリ
設計 フランソワ・マンサール

時代に翻弄されたフランスの古典的バロック建築

　パリの3区から4区にかけて広がるマレ地区は、歴史・建築的重要性の高い多くの優れた建造物があるセーヌ川右岸の地区です。マレ寺院は、1632年にバロック様式で設計され、1634年に完成した教会で、パリのサンアントワーヌ通りに立っています。

　設計者のフランソワ・マンサール（1598～1666年）は、ルイ13世からルイ14世の治世に活躍したバロック建築の第一人者に数えられる建築家です。ローマの神殿パンテオンの影響を受け、ドームは高さ33m、直径13.5m、尖塔の頂上には十字架が掲げられています。

　マンサールは古典主義的な様式美を追求し、ルイ13世の絶対主義王政の世を体現するような作品を造り続けました。それが「フランスの古典的バロック」という独自のバロック建築を生み出し、マンサールはその代表的建築家となりました。

　しかし、当初はカトリック教会として建築されたマレ寺院ですが、フランス革命後の1802年にプロテスタント教会に渡されました。1789年のバスティーユ牢獄襲撃事件に始まった市民革命は、マレ教会をフランス王家が信仰するカトリック教会から取り上げたのでした。

もっと知りたい！　マレ教会では、現在も毎週日曜日は1日3回礼拝の時間があり、日本語の礼拝も午後に行なわれる現役の信仰の場です。ガイドツアーでの見学は、毎週土曜日の午後に設定されています。パリの貴族街といわれるマレ地区の建造物のなかでも、とりわけ歴史に翻弄されながらも今日に残された建造物です。

バルセロナ・パビリオン

255

所在地 スペイン王国　カタルーニャ州バルセロナ

設計 ミース・ファン・デル・ローエ

モダニズム建築の傑作として再建された万博パビリオン

　　1929年のバルセロナ万国博覧会のドイツ館として建設されたバルセロナ・パビリオンは、20世紀モダニズム建築の巨匠ミース・ファン・デル・ローエ（1886〜1969年）による設計です。ただし、一般向けの展示施設ではなく、スペイン国王を迎えるレセプションホールでした。

　　パビリオンは博覧会終了後に取り壊されましたが、モダニズム建築の傑作として復元計画が持ち上がり、ミース・ドイツ館財団によってミース生誕100周年に当たる1986年、博覧会当時と同じ場所に復元されました。

　　トラバーチン（大理石の一種）の基壇に建つパビリオンの主要部分は、水平に伸びる薄い屋根を8本の十字形断面のクロム合金で覆われた鉄柱で支える構造になっています。このシンプルな構造によって、石材やガラスの壁が自由に配置でき、流動的な空間を生み出しています。

　　ル・コルビュジエ、フランク・ロイド・ライトとともに「近代建築の三大巨匠（ヴァルター・グロピウスを加えて四大巨匠とも）」とされるミースは、「より少ないことは、より豊かなこと」「神は細部に宿る」などの名言で知られ、近代建築の基本精神を確立したと評されます。

もっと知りたい！　バルセロナ・パビリオンの復元話は、ミース生前の1950年代からあったものの費用面から実現せず、ようやく1986年に再建された建物も、屋根は鉄骨造から軽量コンクリートに、鉄柱は合金で覆われたものからステンレスに変更されました。現在は、「ミース・ファン・デル・ローエ記念館」として公開されています。

ビルトモア・エステート

256

所在地	アメリカ合衆国　ノースカロライナ州アシュビル
設計	リチャード・モリス・ハント、フレデリック・ロー・オルステッド

「鉄道王」の古城のようなアメリカ最大の豪邸

　アメリカ南東部の大西洋に面したノースカロライナ州アシュビルには、アメリカ黄金時代を象徴するアメリカ最大の個人邸宅が残されています。

　それがビルトモア・エステート。床面積1万6,300㎡、部屋数255という規模で、まるで近世のフランスの城館のようです。

　鉄道王コーネリアス・ヴァンダービルトの孫であり、莫大な財産を相続したジョージ・ワシントン・ヴァンダービルト2世は、アシュビルの風景と安定した気候が気に入り、1889年から1895年にかけて夏の住宅を建設することにしました。4,100haという森林を所有していたヴァンダービルトは、ルネサンス様式によるヨーロッパの城館のような建物を計画し、ブロワ城を含むいくつかのロワール渓谷の城をモチーフにした設計を依頼しました。

　こうして生まれたビルトモア・エステートの館内は、優雅な螺旋階段、朝食用のダイニングルーム、主人のベッドルームなどが配され、まさに王侯貴族の居館のような優雅さを実現しています。「ルイ15世の間」という円形の寝室では、ジョージ夫妻の娘とふたりの孫が誕生しています。

> **もっと知りたい！**　35年にわたりヴァンダービルト家が過ごしてきたビルトモア・エステートは、1914年にジョージが死去すると、敷地の半分以上について保全を条件に連邦政府に売却しています。現在では一般公開され、美しい庭園を含めてワイナリーやショップも充実し、年間100万人が訪れる観光地になっています。

東京ドーム

257

所在地　日本　東京都文京区
設計　日建設計＋竹中工務店

風船のように空気で膨らませた「膜屋根」の大空間

　巨大な卵のような外観から、「BIG EGG」の通称で親しまれる「東京ドーム」は、プロ野球チーム読売ジャイアンツのホームスタジアムです。

　とはいえ、当然屋根は卵の殻ではありません。フッ素樹脂コーティングしたガラス繊維膜材を使用した、厚さ0.35mmの内膜と0.8mmの外膜から成る2重の屋根膜です。太陽光を約5％透過する性質を持ち、総重量は400t。これを28本のケーブルが支える仕組みとなっているのですが、それだけでは屋根はしぼんでしまいます。

　屋根膜は内外の空気の圧力差で支えられ、潰れないようになっているのです。これを「エアー・サポーテッド・ドーム」といいます。ドーム内部に加圧送風ファンで絶えず空気を送り込み、内部の気圧を外よりも0.3％高くすることで膨張させ、野球場の大空間を覆う屋根膜を支えているのです。0.3％の気圧差は、ビルでいうと1階と9階の違いに相当するわずかなもので、人体にはほとんど感じられません。また、東京ドーム内からなるべく空気を逃がさないよう、出入口は回転ドアが用いられています。

もっと知りたい！　膜構造の建築物は、吊構造、骨組膜構造、空気膜構造の3種類があります。膜は引張のみに効く部材であり、柱で吊り下げる、骨組で支える、空気で膨らますなどの工法があり、これらを複合した構造もあります。競技場・博覧会のパビリオン・倉庫・ショッピングモール・駅舎（ホームを含む）など、大空間を持つ建築物ではその長所が活かされます。

マトリマンディール瞑想センター 瞑想ホール

所在地 インド共和国　タミル・ナードゥ州オーロヴィル
設計 オーロビンド・ゴーシュ

世界最大の「エコな村」に佇む瞑想のための球形ドーム

　金箔を貼られたステンレス鋼の円盤が球形の建物いっぱいに貼られた奇妙な建造物が、2007年、「世界最大級のエコヴィレッジ」「真の理想郷」といわれる南インドのオーロヴィルにあるマトリマンディール瞑想センターの中心に建築されました。

　この球形の建物は巨大な瞑想ホールで、予約すれば内部見学が可能です。中心には直径70cmの人造クリスタル球が置かれ、ビジターはここで15分ほど瞑想することができます。

　この黄金の瞑想ホールにある人造クリスタル球は、光学的に完璧なガラス玉として世界最大といわれています。太陽光は、センター屋上のヘリオスタット（反射鏡を備えた太陽追尾装置）により、つねにクリスタル球に差し込むようプログラムされています。瞑想ホールを囲むように、「産業」「居住」「文化」「国際」の4区画から成るオーロヴィルの町が広がっています。

　反英独立運動家であり、ヨーガの指導者であったオーロビンド・ゴーシュ（1870〜1952年）の跡を継いだ妻、フランス人女性のミラ・アルファッサ（1878〜1973年）の基本計画で造られたオーロヴィルの町は、インド政府やユネスコから環境実験都市として支援を受けています。

もっと知りたい！　国籍や信条、思想を超えて理想の生活を歩むことを目的とした約2,000人の人々が、世界中から集まり、移住しています。日本人も数人暮らしています。彼らはパーマカルチャー（永続的な農業による生活文化）を実践した生活を送り、金銭のやり取りなどを最小限にして暮らしています。

グランダルシュ（新凱旋門）

259

所在地 フランス共和国　オー＝ド＝セーヌ県ピュトー
設計 ヨハン・オットー・フォン・スプレッケルセン

「パリの歴史軸」の西の終点にある門型の超高層オフィスビル

　首都パリに隣接する都市再開発地区ラ・デファンス（オー＝ド＝セーヌ県ピュトー）に、日本で「新凱旋門」と呼ばれる門型の超高層ビルがあります。1989年にフランス革命の「人権宣言200年」を記念して完成されたグランダルシュです。

　グランダルシュの建物は、幅108m、高さ110m、奥行き112mで、真ん中の部分に横に突き抜ける巨大な空間がある「正八胞体」の形をしています。

　遠望すると、ただのモニュメントのようですが、最上階（35階）には展望台が設けられ、周辺には巨大なショッピングモールもあり、超高層オフィスビルであるとともにパリの観光名所にもなっています。

　グランダルシュは、カルーゼル凱旋門と有名なエトワール凱旋門のふたつの凱旋門が形成する直線（パリの歴史軸）の延長線上にあり、設計を担ったデンマークの建築家ヨハン・オットー・フォン・スプレッケルセン（1929〜1987年）は、ヒューマニズムの象徴となることを願ったと述べています。

もっと知りたい！　「パリの歴史軸」とは、フランスの首都パリの中心部から西部にかけて、歴史的建築物、記念碑、道路などが一直線上に並んでいる部分です。この直線は、テュイルリー宮殿とその庭園の中心軸が東西に延長されたもので、東はルーヴル美術館中庭のカルーゼル凱旋門を起点に、西の終点ラ・デファンス地区の「グランダルシュ」へ至る約8kmになります。

セルフリッジズ百貨店（バーミンガム店）

260

所在地 イギリス ウェスト・ミッドランズ州 バーミンガム
設計 フューチャー・システムズ

外壁を1万5,000枚の円盤で覆った曲線美の百貨店

　1909年創業のイギリスの高級百貨店チェーン「セルフリッジズ」が、2003年に建設したバーミンガム店は、外壁にアルミ・ディスク1万5,000枚を貼りつけ、直方体ではなく流れるような曲線を描く建物になっており、イギリスの老舗百貨店ビルという固定観念を払拭しました。

　深い青色の外壁の上からぎっしり貼られたアルミの円盤は、朝昼晩の太陽光の当たり方でさまざまな顔を見せ、独特な外観からオープン早々にバーミンガムの新名所となりました。

　内部は不思議な外観から一転して、白を基調とした鮮やかな内装になっています。エスカレーターが縦横無尽に交錯し、独特の空間を生み出しています。

　買い物客のみならず、市民や観光客の誰もが気を引かれるセルフリッジズ百貨店バーミンガム店は、これまでに8つの建築賞を受賞しています。設計を担当したフューチャー・システムズは、その名が示す通り世界でも有数の革新的なデザイン事務所として知られています。ヤン・カプリッキーとアマンダ・レヴェットの2名の建築家によるユニットは、多くの異次元空間的な建築を世に送り出しています。

もっと知りたい！ 　セルフリッジ百貨店は、ロンドンのオックスフォード・ストリートにある旗艦店を筆頭に、建築としても優れていることから、高い観光人気を得ています。しかし1950年代にライバルだったルイス百貨店に買収され、2003年にはガレン・ウェストンが買収し、バーミンガム店にロンドンの旗艦店、マンチェスターの2店舗の計4店舗のグループになっています。

サント・ジュヌヴィエーヴ聖堂

261

所在地 フランス共和国　パリ

設計 ジャック・ジェルマン・スフロ

古代建築熱が高まる時代に建設された新古典主義の象徴

　パリのサント・ジュヌヴィエーヴ聖堂は、1744年に重病から回復したルイ15世が、平癒を祈願した聖ジュヌヴィエーヴに捧げた教会堂です。1755年に建築家ジャック・ジェルマン・スフロ（1713〜1780年）の設計で建設が始まり、1780年に完成しました。

　新古典主義建築をフランスに定着させたスフロの代表作であるサント・ジュヌヴィエーヴ聖堂は、「ローマの壮麗さとゴシックの軽快さを融合させた」と評されます。当時のヨーロッパは、ポンペイなどの発掘により古代ギリシア・ローマへの憧れが高まっていた時代で、建築の分野においても、バロックやロココの装飾性への反動から、古代建築の多様性が注目され、その考古学的研究と技術の応用がムーブメントとなっていました。そうした時代に建てられたサント・ジュヌヴィエーヴ聖堂は古代建築の壮麗さ、形態、芸術的完成度を兼ね備えた理想的な新古典主義の建築です。ギリシア十字形を採る平面図は長さ110m、幅83mあり、中央のドームは直径25m、高さ115mあります。ギリシア語で「すべての神々」を意味する「パンテオン」と呼ばれる聖堂にふさわしい、威風堂々としたフランス新古典主義の傑作となりました。

もっと知りたい！　サント・ジュヌヴィエーヴ聖堂は、1851年、地球の自転現象を示す「フーコーの振り子」の公開実験が行なわれた場所としても有名です。フランス革命後の1791年、国民議会はサント・ジュヌヴィエーヴ聖堂について国民的偉人を祀る記念堂とすることに決定し、フランスを代表する偉人たちが眠っています。

美術史美術館

262

| 所在地 | オーストリア共和国　ウィーン |
| 設計 | ゴットフリート・ゼンパー |

世界屈指の美術館を生み出した「技術的建築観」とは

　　ウィーンにある世界屈指のコレクションを誇る美術史美術館は、ドイツの建築家ゴットフリート・ゼンパー（1803～1879年）が設計しました。代表作にドレスデンの歌劇場（ゼンパー・オーパー）を持つ著名な建築家です。

　　1851年の著書『建築の四要素』では、「炉」「床」「屋根」「被膜（壁）」の4つを基本要素とし、建物の部位と素材の加工技術から建築を説明しています。古典主義的な建築では、建築は神話の世界に近づくことを理想としましたが、『建築の四要素』は、あくまで人間の技術的な営みから生まれるのが建築だと説く画期的なものでした。

　　オーストリア皇帝フランツ・ヨーゼフ1世の命により1872年から建設が始まり、ゼンパーが1876年まで手がけると、その後カール・ハーゼナウアーによって1881年に完成しました。

　　ネオ・ルネサンス様式による三層構成で、エントランスにはドーリア式、イオニア式、コリント式の柱頭をもった円柱が並んでいます。古代ギリシアの建築様式を取り入れながら、神話的建築観から「技術的建築観」への転換をはかった名建築と評されています。

もっと知りたい！　美術史美術館は、ハプスブルク家が収集した15世紀から18世紀の絵画や、古代エジプト・ローマの美術品を所蔵しています。フェルメールの代表作『絵画芸術』、ブリューゲルの『バベルの塔』など、世界的に有名な絵画も鑑賞できます。ルネサンスとバロックを中心とする絵画コレクションは、ヨーロッパ屈指の質と量を誇っています。

スタンデン・ハウス

263

所在地 イギリス　ウエストサセックス州イーストグリンステッド
設計 フィリップ・ウェッブ

美しい庭に包まれた手作りの温かさに満ちた家

　スタンデン・ハウスは、19世紀の終わりに、ロンドンの裕福な弁護士ジェームズ・ビールの別荘として建てられました。7人の子を持つビールは、家族や友人が、週末や休暇を楽しく過ごせる自然豊かな郊外の家を求めました。

　設計は、「アーツ・アンド・クラフツ運動」の建築家フィリップ・ウェッブ（1831〜1915年）が担いました。「アーツ・アンド・クラフツ運動」とは、19世紀後半のイギリス産業革命で大量規格品が出回った反動として、職人の手造りの良さを生かした建築と、家具・内装を一体化した建築をめざす運動で、ウィリアム・モリス（1838〜1896年）により唱えられました。ウェッブは、モリスの友人です。彼はスタンデン・ハウスもこの思想のもとに設計し、美しく広大な庭を持つ邸宅を完成させました。

　風景に馴染む温かみのある田舎風の外観ですが、電気を引き、暖房も取り入れるなど、当時としては最新の設備が採用されています。また内装は、草花や鳥などの身近な自然をモチーフに、独特のタッチで壁紙や入織物をデザインし、モリス商会が手掛けています。

> **もっと知りたい！**　一方でフィリップ・ウェッブは、庭は家の延長だととらえ、広さ約5万㎡の庭に丁寧にデザインされた庭園美を実現しました。これも「家は庭に（衣服のように）包まれるべきだ」という言葉を残したウィリアム・モリスの思想に沿うもので、スタンデン・ハウスは「アーツ・アンド・クラフツ運動」が生んだ典型的建築のひとつとなっています。

東京都庁舎

264

所在地	日本　東京都新宿区
設計	丹下健三

「スーパーストラクチャー」の耐震設計で生まれた傑作

　　着工から2年半をかけて1990年12月に完成し、翌1991年3月9日に落成式が執り行なわれた東京都庁舎は、丸の内の旧都庁舎から業務を移転し、4月1日から業務を始めました。第一本庁舎（高さ243m、48階建て）、第二本庁舎、都議会議事堂の3棟があり、都政の中枢機能を担っています。

　　設計は、日本の世界的建築家・丹下健三（1913～2005年）です。東京都庁舎は丹下健三後期の代表作のひとつで、デザインとしてはポストモダン建築に分類されますが、第一本庁舎はパリのノートルダム大聖堂の外観をイメージしているともいわれています。

　　第一本庁舎、第二本庁舎ともに、スーパー柱とスーパー梁に力を集中させて、地震や風などの外力に耐える強さを得るスーパーストラクチャー方式といわれる剛構造を用いています。スーパーストラクチャーとは、各階に梁を架けず、数階ごとに集約して設ける方法で、その分だけ自由な断面構成が可能となります。都庁の第一本庁舎では、10階ごとに1フロア分の太さのスーパー梁で建物全体を支えています。

もっと知りたい！　　高さ243mの第一本庁舎は、1990年の完工時には池袋のサンシャイン60を抜き、日本一高いビルでした。その後、高さ296mの横浜ランドマークタワーが1993年に完工し、すぐ首位を明け渡すことになりました。展望室は、第一本庁舎45階（地上202m）にあり、1階から直通エレベーターが55秒で到着します。無料で利用できるため、観光客で賑わっています。

光の教会

265

所在地 日本　大阪府茨木市
設計 安藤忠雄

「光の十字架」に祈りを捧げる打ち放しコンクリートの教会

　茨木市の閑静な住宅街の中にある茨木春日丘教会は、1972年設立の日本基督教団に所属する教会です。現在の礼拝堂（教会堂）は別名「光の教会」といい、建築家・安藤忠雄（1941年〜）が設計して1989年に完成しました。併設の教会ホールの完成は、1999年です。

　設立当初の簡素な木造モルタル塗りの教会を、安藤忠雄は打ち放しのコンクリート造とし、礼拝堂の祭壇後ろの壁一面に特徴的な十字架状のスリット窓をとっています。信者は、この「光の十字架」に向かって祈りを捧げます。

　「光の十字架」の当初設計では、外の光も空気も直接入るものでした。設計者の意図は、十字架から自然の光や風が入り、信者が身を寄せあって祈ることだったようです。結局ガラスははめられましたが、神々しい巨大な十字架を持つ礼拝堂となりました。光と対比するため暗い色で塗られた床や椅子は、工事用の足場板を流用しています。教会堂建築では、祭壇を高い位置に設計する例が多くみられますが、この礼拝堂では音楽ホールや大学の教室のように信者席が階段状で高く、祈りを捧げる十字架はその下に位置するという特徴的な構造となっています。

もっと知りたい！　安藤忠雄には、「光の教会」以前に手がけた、北海道トマムの「水の教会」（1988年）、神戸市六甲山の「風の教会」（1988年）があり、教会三部作といわれています。いずれも、独創的な発想を採り入れながら、建築する場所の特徴を踏まえ、既成の教会建築の常識にとらわれず、「信仰の場として求心力をどう高めるか」をコンセプトにしています。

ギャランティビル

266

所在地　アメリカ合衆国　ニューヨーク州バッファロー
設計　ルイス・サリヴァン

「形は機能に従う」の言葉を具現化したサリヴァンの名建築

　ニューヨーク州第2の都市バッファローは、五大湖のエリー湖東端にあり、ナイアガラ川の起点となっています。1758年にフランス人が入植して始まった歴史あるバッファローは、現在、碁盤の目状に区画整理された近代的な都市となりました。

　このバッファローに1896年、シカゴ派の建築家ルイス・サリヴァン（1856〜1924年）の手によって、「プルデンシャルビル」の名で建築されたのが、のちの「ギャランティビル」です。サリヴァンの名言に、「形態は機能に従う」という言葉があります。サリヴァンは「ウェインライトビル」（1891年、セントルイス）と同様の3層構造のデザインをファサードに採用し、1層目の地上ゾーンは大きく開いた窓、2層目のオフィスゾーンでは垂直を強調したデザイン、3層目以上の上部にはアーチとカーブの古典的なデザインの窓を採用しました。

　1階と2階は外観だけでなく、内部も追加の階段や小売スペースの必要性により、空間的および視覚的に統合されています。エレベーター、ボイラーなどの機械システムは地下室に隠し、チャーチストリートとパールストリートの両方に入口を設けました。

もっと知りたい！　ギャランティビルの入口の上部には「アーチ窓」があり、ロマネスク建築の様式が取り入れられています。フランスの国立美術学校エコール・デ・ボザールで建築を学んだアメリカの建築家たちが、本国で活躍した際のヨーロッパの古典様式を取り入れた建築群を「ボザール様式」といいますが、サリヴァンはもともと、その様式に通じた代表的建築家のひとりでした。

ハルパ・レイキャビク・コンサートホール＆会議センター

267

所在地 アイスランド共和国　レイキャビク
設計 ヘニング・ラーセン

港の水面に写るガラスの輝きが美しい"光の巨匠"の作品

　アラスカと同緯度で、世界でもっとも北にある首都レイキャビク。しかし北大西洋の暖流と寒流のぶつかり合う場所のため、冬もそれほど寒くなく、昔から良い漁場に恵まれていました。そんなレイキャビクの港湾都市開発計画の一環として、2011年に誕生したのが、「ハルパ・レイキャヴィク・コンサートホール＆会議センター」です。

　この建築物の特徴的なところは、通常のガラス張りビルとは異なり、6角形のハチの巣状の小窓が、港湾に面してデザインされていることです。室内は天井の高い空間が広がっていますが、明るい水晶の洞窟にいるような光がこの窓から入ります。

　しかもフラットなガラス面だけではなく、キラキラと輝く部分にも分かれているため、波の静かな夕方に「ハルパ・レイキャヴィク・コンサートホール＆会議センター」の照明が灯ると、水面に写り込んだ建物のガラスがいっそうきらめきを増して投影されます。

　この港湾側の外観は、設計者のヘニング・ラーセン（1925～2013年）が、アイスランドの海岸の「柱状節理」という六角柱の岩石が寄り集まった風景からイメージしたものと語っています。

もっと知りたい！ "光の巨匠"と謳われているヘニング・ラーセンは、デンマーク生まれの建築家です。デンマークは緯度が高いため、長い冬と短い夏を繰り返す地域です。また冬季は日照時間が少なく、日の光が差す時間が非常に重要です。ラーセンの建築が明るさと空間のバランスを重視し、自然のさまざまな物をモチーフにするのは、生まれ育った環境が影響しているといわれます。

エトワール凱旋門

268

所在地　フランス共和国　パリ
設計　ジャン・シャルグラン

古典建築への憧れから生まれた壮大な記念碑

　パリの中心部、シャンゼリゼ通りなど12本の通りが放射線状に伸びる中心にあるエトワール凱旋門は、高さ51m、幅45mという世界最大の門です。1806年、ナポレオン1世がアウステルリッツの戦いに勝利した記念として着工されました。

　アーチとヴォールト天井の上に屋根階があるという単純な構造ながら、ローマにあるティトゥス帝の凱旋門を手本にしたとされ、ギリシアやローマ建築への回帰を志向した17世紀の新古典主義の代表作といわれます。まさに英雄讃美にふさわしい荘重な設計といえるでしょう。

　外壁にはさまざまな彫刻が施され、とくにシャンゼリゼ大通りから凱旋門を見ると左下にある「1810年の勝利」は、彫刻家ジャン・ピエール・コルトーが、ウィーン講和条約をたたえ、勝利の女神から月桂冠を授けられるナポレオンの姿を描いた有名な作品です。

　凱旋門の完成は起工から30年後の1836年であり、ナポレオン1世はすでに世を去っていました（1821年）。彼が凱旋門をくぐることになったのは、その遺体がパリに改葬された1840年のことです。

もっと知りたい！　エトワール凱旋門のある広場は、門を中心に円型交差点（ラウンドアバウト）に築かれ、そこから放射状に伸びる形状から「星の広場」といわれていました。1970年、第二次世界大戦に勝利した将軍の名を冠し、シャルル・ド・ゴール広場と改名されます。凱旋門周辺とその周辺は、ナポレオン以降のフランスの戦いの歴史を刻む巨大モニュメントといえます。

ノイエ・ヴァッヘ

269

所在地	ドイツ連邦共和国　ベルリン
設計	カール・フリードリッヒ・シンケル

古代ギリシア建築にモチーフを求める「グリーク・リバイバル」

　ノイエ・ヴァッヘはドイツの首都ベルリンの目抜き通りウンター・デン・リンデン街に建てられた石造建築です。「新衛兵所」「新哨舎」と訳され、1816年にプロイセン王フリードリヒ・ヴィルヘルム3世（在位：1797〜1840年）が、建築家カール・フリードリッヒ・シンケル（1781〜1841年）に設計を依頼しました。

　正面にドーリア式の柱廊玄関（ポルチコ）があり、古代ギリシア建築を彷彿させます。建物が比較的広い敷地に立ち、四方からの視線にさらされるため、「四隅に堅牢な塔を立て中庭を設けた」と設計意図が説明されています。

　シンケルは一世を風靡した古代ローマ建築よりも、古代ギリシア建築にモチーフを求める「グリーク・リバイバル」の代表的な建築家です。

　古代ギリシア建築に学びながらも実用性や幾何学的な端正さを求める合理的な建築思想は、ドイツ古典主義としてプロイセンで流行しました。シンケルは生涯プロイセンで仕事をし、ほかにもベルリン王立劇場、アルテス・ムゼウムなど多くの作品を手掛けました。

> **もっと知りたい！**　第一次世界大戦を経た1918年、敗戦によって帝政ドイツが崩壊して共和国となったため、ノイエ・ヴァッヘも衛兵詰所の役割を終えました。1931年に建築家ハインリッヒ・テッセノウ（1876〜1950年）が改築を手掛け、第一次世界大戦の戦没者追悼施設となりました。現在では国の戦没者に対する中央追悼施設として「国民哀悼の日」の式典会場になっています。

チイタンコレギエッツ

270

所在地 デンマーク王国　コペンハーゲン
設計 ポーエ・ルンゴー、ルネ・トランベア

大学地区のモダニズム建築は、世界一美しい学生寮

　コペンハーゲン大学の隣接した地域に建つ7階建てのモダニズム建築、チイタンコレギエッツは、2005年建築の学生寮です。建物の中心には大きな中庭があり、各部屋の窓は中庭に向けて開けています。全体は中庭を囲んだ円筒形に見えますが、実際は独立した5棟の建造物の間に、階段とエレベーターだけの建物を築き、5棟を繋ぐ形で構成されています。

　寮では、学生がひとりになれるプライベートな個室と、他の学生たちとふれ合う公共の空間の兼ね合いが大切であることから、2〜6階に配される居住スペースでは、計360個の部屋を12部屋ごとに1グループとし、グループごとに共同キッチンが設けられています。また、円筒形にしたのは学生たちの交流を促すためであり、中庭の向こうに同じ寮生の部屋の窓が見えるようにすることで、プライベートと公共空間の一体感を求めました。

　建物は内部の設備も充実しており、1階に共同学習室、ピアノ練習部屋、コインランドリー、自転車置き場、ポスト、管理人受付などがあります。学生たちの過ごしやすさと利便性に最大限の配慮がなされた学生寮です。

もっと知りたい！　設計したポーエ・ルンゴー、ルネ・トランベアら建築家は、この構造は中国の伝統的な客家大楼に学んだといいます。客家大楼は外敵防御の意味もあって窓は少ないですが、チイタンコレギエッツではフロアごとに四角形の窓枠を飛び出させ、強調した窓が現代的なセンスを高めています。長い入居待ちが出るほど、学生に人気だといいます。

関西国際空港
旅客ターミナルビル

271

所在地 日本　大阪府泉佐野市
設計 レンゾ・ピアノ

「気流」に着想を得た天井を持つ快適な空港ターミナル

　大阪湾に人工島を造成し、関西から世界への玄関口として計画された関西国際空港は、ハイテク建築の巨匠レンゾ・ピアノ（1937年〜）の設計案を採用し、1994年に開港しました。「巨大な飛行機の翼のよう」と形容される旅客ターミナルは、トラス構造によって美しいアーチを天井に描いています。

　柱をもたない見通しの良い大空間を実現した旅客ターミナルビルは、ランドサイドからエアサイドへの方向づけが明確で、出発ロビー、到着ロビーへの動線で迷わずに済む設計です。飛行機の翼の断面のようなアーチ状の構造体は気流の形が採られ、建物内の空気を流す効果を生み、大空間の空調をより効率的なものにしています。

　また空調のための「オープンエアダクト」を反射板とした間接照明になっているのも、関西国際空港旅客ターミナルビルの画期的な設計です。従来、巨大空間の内部照明には直射照明が用いられてきましたが、メインターミナル4階では、「オープンエアダクト」が反射板となって、間接照明が空間を明るくしています。

> **もっと知りたい！** 関西国際空港第1ターミナルビルは、1階が国際線到着ロビー、2階は駅につながる国内線の出発・到着ロビー、3階がレストラン・ショップフロアと免税店がある国際線のゲートフロア、4階が国際線の出発ロビーとなっています。国際線と国内線の動線が、交錯しないよう工夫されています。第2ターミナルビルはLCC専用で、少し離れたところにあります。

アメリカ議会図書館

272

所在地　アメリカ合衆国　ワシントンDC
設計　ポール・J・ペルツ、ジョン・L・スミスマイヤー

アメリカ議会政治の歴史とともにある世界最大級の図書館

　アメリカ連邦議会議事堂の東隣にあり、世界最大規模の図書館であるアメリカ議会図書館の歴史は、初めてワシントンで議会が召集された1800年設置の合衆国議会図書室に始まります。現在は、1897年完成のトーマス・ジェファーソン館をはじめ、ジョン・アダムス館、ジェームス・マディソン記念館の3館から成っています。

　トーマス・ジェファーソン館はイタリア・ルネサンス様式のドームと大理石の円柱、ブロンズ像、石膏像、モザイク床、天井装飾、ステンドグラス窓、壁画などに彩られています。その東のジョン・アダムス館は1939年築、道をはさんだ向かいに1980年築のジェームス・マディソン記念館が追加され、増え続ける収蔵品に対応しています。3館はそれぞれ独立した建物ですが、ジェファーソン館を中心に地下道で結ばれています。

　建築的な最大の見どころは、ジェファーソン館のイタリア・ルネサンス様式大ドーム下のエントランス奥にある円形の「グレートホール」です。荘厳な雰囲気のなかで、中央にレファレンスカウンターがあり、閲覧席がぐるりと3列に同心円状に配置された美しさは圧巻です。

もっと知りたい！　すべての収納棚をつなげた全長は1,349kmにおよび、数千万冊の書籍以外にも写真や楽譜、音声資料など、合計1億6,700万点を超えるコレクションを有しています。所蔵品はもちろん、図書館最古の建築物であるトーマス・ジェファーソン館も大切な文化遺産として、オリジナルを損なわないよう修築や設備の最新化が進められています。

イートンセンター

273

所在地 カナダ　オンタリオ州トロント
設計 エベラール・ツァイドラー

北米最大級の美しい大ショッピングモール

北米屈指の世界都市トロントにあるイートンセンターは、店舗面積でカナダ3位、観光客の集客数はトロント最大といわれています。壮麗なガラス天井のアーケードが美しく、ダウンタウンの2ブロックを占める巨大な5階建てのショッピングモールです。人気ショップや高級ブランド、レストランなどが230店舗以上入っています。

イートンセンターのデザインは、ミラノのショッピングセンター「ヴィットリオ・エマヌエーレ2世のガレリア」をモデルとし、カナダの建築家エベラール・ツァイドラーと、ブレグマン・ハマン建築会社によって、多階層でガラス屋根のアーチを設けた形となりました。

モールの端から端まで続くガラス天井には、カナダのショッピングモールらしく、グラスファイバーでできた60羽の等身大のカナダ雁が吊るされています。

ショッピングフロアは4階まで

であり、さまざまな商品を扱う店舗が並んでいます。コンコースのフードコートには、セルフサービスのレストランが24店舗入り、1,000席ほどの座席が設けられて、その巨大さを象徴しています。

もっと知りたい！ 1999年にシアーズ社は倒産したイートンズを買収すると、創業者ティモシー・イートン像に敬意を込め、イートンセンターのダンダス・ストリート側の入口からロイヤルオンタリオ博物館に寄贈しました。そのシアーズ社も、デパート不況のなか事業精算に追い込まれていますが、施設は現在もイートンセンターの名称で開業しています。

台北101
<ruby>台<rt>タイ</rt>北<rt>ペイ</rt></ruby>101

274

所在地	中華民国 台北市
設計	李祖原

6年間世界一だった日本企業施工の超高層ビル

7年間の工期を経て、2004年に世界一の超高層建築物として竣工した台北101は、地上101階建て（地下5階）であることが名称の由来となりました。

台湾の著名な建築家・李祖原（1938年〜）が設計し、日本の熊谷組が施工しました。

509.2mという高さは2010年開業のブルジュ・ハリファに抜かれるまで、世界一を誇りました。

全面に貼られた外面のガラスは、8tトラックの重量に耐え得るほど強靭で、紫外線や熱量を3分の2カットし、内部が太陽光で暖まるのを防ぐとともに、冷暖房を効きやすくしています。

また、杭は8本の巨大な柱を支持層（岩盤）の下30mまで打ち込み、風による振動を緩和するために、TMD（チューンド・マス・ダンパー／制振装置）が建物上部に設置されるなど、高層建築のデメリットが克服されています。

全面ガラス張りの近代的な外観ながら、ビル全体のシルエットは中華民族の伝統的な宝塔と竹の節がイメージされています。近代建築ながら、中国の伝統的な意匠が反映されたデザインとなっているのです。

もっと知りたい！ 台北101エレベーターは東芝エレベータ製で、時速60.6kmで上昇でき、完成当時、世界最速でギネスブックに認定されました。その後、2016年に三菱電機製の上海中心大厦のエレベーターに記録を破られますが、このギネスブック認定証は、あくまで地下1階から89階エレベーターホールへの到達時間39秒から割り出したものです。

イギリス国会議事堂

275

所在地　イギリス　ロンドン

設計　チャールズ・バリー、オーガスタス・ウェルビー・ノースモア・ピュージン

イギリスの象徴となったゴシック・リバイバル様式の元宮殿

　ロンドン中心部のテムズ川ほとりに立つイギリス国会議事堂は、正式名称をウェストミンスター宮殿といい、付属時計台であるビッグ・ベンを含め、川をはさんで望む景色が、世界中に知られるイギリスの象徴的な風景となっています。

　1090年、イングランド王ウィリアム1世（ウィリアム征服王）の時代に完成したウェストミンスター宮殿は、13世紀頃から国政の審議の場として使われましたが、1834年の大火災で大部分が焼失します。その再建を託された建築家チャールズ・バリー卿（1795〜1860年）は、中世キリスト教建築の研究家であり、同じゴシック・リバイバルの建築家であるオーガスタス・ウェルビー・ノースモア・ピュージン（1812〜1852年）を協力相手に選びます。

　かくして、ゴシック・リバイバル様式の風格ある姿で蘇ったウェストミンスター宮殿は、テムズ川に沿って全長約300mに達する規模を誇り、部屋数1,100、階段約100か所、廊下の総延長は約3.2km。中庭は11か所で、内包される上院・下院どちらの審議室も、ギャラリーを含めて小さな体育館ほどの広さがあります。

　もっと知りたい！　19世紀のイギリスでは中世建築の研究が進み、実際の建築にも適用されるようになっていました。とくにピュージンは、ゴシックこそキリスト教国の建築様式として唯一真正なものであると主張した人物です。再建に当たりピュージンは垂直式ゴシックによる細部装飾を中心に設計を担当しています。

ロイヤル・パビリオン

276

所在地 イギリス　イースト・サセックス州ブライトン・アンド・ホヴ
設計 ジョン・ナッシュ

「快楽王」「放蕩王」の命で生まれたピクチャレスクな離宮

　ロイヤル・パビリオンは、イギリス王ジョージ4世（在位：1820～1830年）が皇太子時代に、イングランド地方のブライトンに海辺に建てた王室の離宮です。当初は小規模でシンプルな建物でしたが、1787年、ジョージ4世は古いロイヤル・パビリオンの改装を命じ、建築家ヘンリー・ホランド（1745～1806年）は新古典主義の外装にバロック様式の内装を持つ離宮を完成させました。その後、中国製の壁紙を贈られたことを契機に、当時流行していたシノワズリ（中国趣味）を取り入れたものに全面改装することを決めます。

　ピクチャレスクの代表的建築家であるジョン・ナッシュ（1752～1835年）の設計で、1815年から7年をかけて大改修が行なわれました。ナッシュはロンドンで唯一の宮廷都市計画者で、ジョージ4世の下、ロンドン中心部の都市設計を手がけました。

　ちなみにピクチャレスクは新古典主義への反発から生まれ、多様なスタイルを取り入れる折衷主義と意外性を重視します。ロイヤル・パビリオンは、ナッシュによってインド・イスラム・中国風の内装を併せ持つ独特なピクチャレスクの宮殿になりました。

もっと知りたい！　ロイヤル・パビリオンの建築を命じたジョージ4世は、「快楽王」「放蕩王」と呼ばれる王で、遊びや趣味に浪費を続けました。離宮などの建物はもちろん、その後の社交にも莫大な経費が使われています。これにより、建築や工芸、ファッション、音楽といった文化面の発展に寄与した一方、英国王室の財政を大きく疲弊させました。

インテル・ホテルズ・
アムステルダム・ザーンダム

277

所在地 オランダ王国　北ホラント州ザーンダム
設計 WAM

オランダの一軒家が積み上がったような奇想ホテル

　首都アムステルダムのベッドタウンであるザーンダムは、かつては何千もの風車がザーン川沿いに建造されていた歴史ある街でしたが、今では首都のベッドタウンとして栄えています。その歴史を象徴するかのように、オランダの伝統的な一軒家を積上げたような奇観で有名なのが、インテル・ホテルズ・アムステルダム・ザーンダムです。

　2010年建築のまだ新しいインテル・ホテルズは、ザーン地方の緑色の壁、白枠の窓という伝統的な木造住宅をヒントに、70軒分にあたる黒や青の壁の家も組み合わせ、タテにつなげたカラフルな外観デザインになっています。

　設計を担当したWAMアーキテクテンのウィルフリード・ファン・ヴィンデンは、ホテルは仮の住まいであるというコンセプトの下、各家に「玄関」に見立てた窓を造るなど、現代建築の技術に土着的な風土を溶け込ませた温かみを出しています。

　ホテルとしては、高さ約40m、12階建て160室の4つ星ホテルであり、内部は外観とは裏腹なモダンなデザインの客室をはじめ、ジムやプールなども完備されています。

もっと知りたい！　建物の上層部の一角に、一際目を引く青い家があります。これは印象派の画家クロード・モネの絵画『ザーンダムの青い家』（1871年）に触発されたデザイン。インテル・ホテルズ・アムステルダム・ザーンダムは、設計者の個人的な好みや遊びも採り入れつつ、伝統と革新を融合した名建築としてオランダ中で有名になりました。

ポルトガル・パビリオン

278

所在地 ポルトガル共和国　リスボン
設計 アルヴァロ・シザ、ソウト・デ・モウラ

巨大なコンクリート屋根を「吊構造」で表現したパビリオン

　厚さ約20cmあるコンクリートを幅58m×長さ65mの巨大な吊り屋根とし、1998年のリスボン万博のモニュメントとして高く評価されるポルトガル・パビリオン。吊り橋のような絶妙なたるみ具合の庇ですが、布製のものではありません。鉄筋コンクリート造の屋根板で、両端の支柱になっているコンクリート建築から切り離され、ストレスケーブルで吊られているのです。

　ポルトガル・パビリオンは、発注段階から万博終了後も恒久的に利用されることが決まっており、後々あらゆる用途にも対応できる高度な空間利用上の自由度と万博のレガシー（後世に業績として残るもの）となる強烈なインパクトが求められました。手がけたのはポルトガル建築界の大御所アルヴァロ・シザ（1933年〜）で、弟子でもあるソウト・デ・モウラ（1952年〜）との共同設計になっています。構造設計はロンドン在住の構造設計家セシル・バルモンド（1943年〜）が担当しました。

　パビリオンの巨大な吊り屋根に覆われた広場は、「セレモニアル・プラザ」と呼ばれ、セレモニー会場として現在でも活用されています。

もっと知りたい！　ポルトガル・パビリオンの第2エリアには、ギャラリー、レストラン、レセプションホール、管理棟などが建っています。のちに万博の跡地は「国際公園」として開発され、万博当時からあるヨーロッパ最大のリスボン海洋水族館をはじめ、レストランやショップなどが増え、リスボン東部のオリエンテ駅から1kmほどのアクセスのいい観光名所になっています。

東京カテドラル 聖マリア大聖堂

279

所在地　日本　東京都文京区
設計　丹下健三

貝殻を貼り合わせたような日本モダニズムの傑作教会

1899年に建築された木造ゴシック様式の大聖堂が1945年の東京大空襲で焼失して以来、カトリック関口教会こと東京カテドラル聖マリア大聖堂は、長く再建されませんでしたが、戦後の高度経済成長が始まった1962年、カトリック日本再布教100年記念の設計コンペがあり、丹下健三（1913〜2005年）案が採用されました。

1964年に完成した東京カテドラル聖マリア大聖堂は、2枚ずつ4種類、合計8枚の巨大なコンクリート製の曲面板（HPシェル）をタテに使い、互いに立て掛けてつなぎ合わせたような構造になっています。また、上空から見ると、頂上部が十字架の形になっています。

シェルとシェルの間は、あえてきちんと接合せずに隙間を設定し、ガラスをは

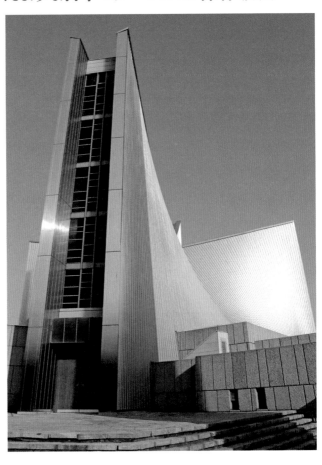

めて採光窓にしている点も注目したい設計。ガラスの採光は側面からトップライトへとつながっており、大聖堂内からは光の帯がなかの人間を包み込んでいるように感じられます。

大聖堂内部の壁は、打ち放しのコンクリート。飾り気のなさに加え、柱をすべて排除した無柱空間で、天井も高くとられています。

もっと知りたい！　三角形の高い天井にある天窓から光が降り注ぎ、神聖な空間に神秘性を加えています。ステンドグラスは一切なく、アラバストル大理石を薄く切り出してはめこんだ梯子状の窓を採用しています。こうしたモダニズム建築の手法を駆使し、丹下は西洋の教会とは異なる新たな祈りの空間を創出したのです。

ミラドール・デル・リオ

280

| 所在地 | スペイン王国　カナリア諸島自治州ラス・パルマス県ランサローテ島 |
| 設計 | セサール・マンリケ |

島の景観を守ることに徹した、観光客向け展望ギャラリー

　大西洋に浮かぶカナリア諸島のランサローテ島は、面積約846㎢、人口約1万1,000人の国際空港もある観光の島です。この島の最北端の標高475mの急斜面にある景観に溶け込んだ観光用の展望ギャラリーがミラドール・デル・リオです。

　火山島である島の溶岩台地を利用し、岩をくり抜いて人口の洞窟を作り、これをガラス張りにした展望ギャラリー、カフェ、土産物店からなるミラドール・デル・リオは、1973年に完成した自然環境に配慮したエコロジー建築です。

　入口を入ってすぐの廊下は白く塗られた壁で、地元の職人の手作りの陶器が飾られています。内装やテラスの手すりも鉄や木材が使用され、人工の洞窟を活かしたインテリアを崩さない自然素材が使われています。

　設計者のセサール・マンリケ（1919〜1992年）は、ランサローテ島に生まれ、生涯をこの島で過ごした建築家、画家、彫刻家でした。アートと自然との融合、伝統と現代の融合をテーマに島内に多くの作品を残したマンリケは、島の美しい景観を今に残した貴重な存在です。

もっと知りたい！　1970年代から1980年代に観光地化にともなう環境破壊を懸念したセサール・マンリケは、各地で行なわれるリゾート開発を見て驚愕し、自然を守るために議会を説得して規制を作らせます。「自然そのものが主人公」とするコンセプトのもと、ミラドール・デル・リオを含む多くの作品で、ランサローテ島そのものを自らのアートとして完成させました。

MUSAC（ムサック）

281

所在地	スペイン王国　カスティーリャ・イ・レオン州レオン県レオン
設計	ルイス・モレノ・マンシーリャ、エミリオ・トゥニョン

1990年代の現代アートを集めるカラフルな美術館

　カスティーリャ・イ・レオン現代美術館は、MUSAC（ムサック）の通称で呼ばれます。2005年4月にアストゥリアス公の王子フェリペによって発足した文化施設で、1990年代の最新世代のアーティストの作品を収集しています。

　MUSACの建物は、前衛的な建築として世界的に評価され、2007年の欧州連合現代建築賞（ミース・ファン・デル・ローエ賞）など、数々の賞を受賞しています。設計はスペインの建築家ルイス・モレノ・マンシーリャ（1959～2012年）とエミリオ・トゥニョン（1959年～）で、美術館の外観を飾る色とりどりのパネルは、大聖堂のステンドグラスのバラ窓（ステンドグラスをバラの花のように円形にデザインした窓）に着想を得たといいます。

　「現代ではなく、現在の美術館」をコンセプトにしたコレクションと、革新的な美術館建築によって国際的に知られ、たとえば、『ニューヨークタイムズ』は「スペインの文化的景観に打撃を与えた最も驚くほど大胆な博物館のひとつ」と評しています。

　とくに42色もの色ガラスをランダムに配したファサードは、鮮烈です。

> **もっと知りたい！**　数千枚という色とりどりのガラスパネルを配した外観で有名になったMUSACは、レオン市のランドマークです。約2万1,000㎡を上回る広大な敷地に、5つの展示室、企画室、多目的ホール、実習用のアトリエ、図書室、ミュージアムショップで構成されています。建物内部は、白コンクリート製で明るくシンプルな内装になっています。

オペラ座

282

所在地	フランス共和国　パリ
設計	シャルル・ガルニエ

「ガルニエ宮」と呼ばれるネオ・バロック様式の典型

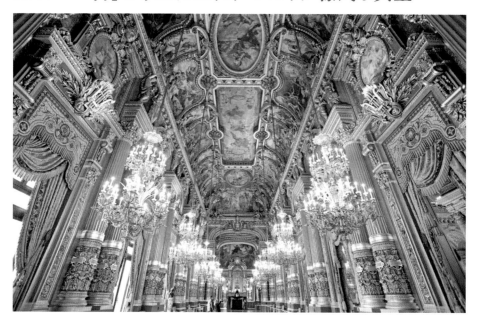

　19世紀後半になるとヨーロッパで帝国主義が台頭し、国家の威信を高め、それらを内外に誇示する上で、ゴシック・リバイバルに代わって華麗で抽象的な装飾性を重視するネオ・バロック様式が一世を風靡します。

　パリのオペラ座ことガルニエ宮は、ネオ・バロック様式の装飾要素によって、ナポレオン3世の治世を称える記念碑的建築として1862年に工事が始まり、1875年に13年かけて建設されました。「ガルニエ」とは、建築家シャルル・ガルニエ（1825～1898年）のことです。

　外観も内装もネオ・バロック様式の典型とされ、たくさんの彫刻と華美な装飾が彩る豪華絢爛たる歌劇場になりました。また建材には最新の素材だった鉄を使用し、従来不可能とされていた巨大な空間を構築しています。

　オペラ座の南側にある第1ファサードは、この部分の装飾の制作に40人の画家のほか、モザイク職人と彫刻家73人が参加しました。とくに第1ファサードの左右の張り出し部分の頂点に立つ2体の黄金の彫像「ハーモニー」と「詩情」は、オペラ座の荘厳さを象徴しています。

もっと知りたい！　劇場内部は、多数の人々が動けるような構造の廊下と、階段の吹き抜け、幕間に人々が社交の場とできる空間で構成されています。観客席は伝統的なイタリアの馬蹄型であり、1,979の座席数があります。舞台の広さに至ってはヨーロッパ最大で、450人ほどが上がることができます。

モンテカルロ国営カジノ

283

所在地　モナコ公国　モンテカルロ地区
設計　シャルル・ガルニエ

古くからの保養地に生まれたネオ・バロックの国営カジノ

　面積約2㎢というヴァチカン市国に次いで世界で2番目に小さい国・モナコ公国。古くから保養地として栄え、観光収入とモンテカルロ地区のカジノやF1グランプリで利益を上げる同国で、もっとも称揚される建築物のひとつがモンテカルロ国営カジノです。

　設計はフランスの建築家シャルル・ガルニエ（1825〜1898年）です。1862年から1875年にかけて建設されたガルニエの代表作であり、ネオ・バロック様式の名作といわれています。

　1,000人の客を収容する大広間と、ルーレットを備えたいくつかの部屋は、いずれも絵画・浮き彫り・塑像などの装飾品、花壇を備えた前庭などの芸術で飾られ、フランス第二帝政期に国家の威信を示す建築様式として隆盛したネオ・バロックならではの壮麗さに彩られています。また、ガルニエ設計によるモンテカルロ歌劇場を併設しています。

　パリの下町に生まれたガルニエは1848年でパリのローマ大賞設計競技で第1席となり、翌年ローマに奨学金留学してローマやギリシアの古代建築を学びました。1860年にはパリの新オペラ座設計競技で当選し、もうひとつの代表作オペラ座を1870年に完成させています。

　もっと知りたい！　24歳でローマに留学したガルニエは、ローマ、シチリア、ギリシアの古代建築を精力的に回り、とくにギリシア装飾に関心を寄せたといいます。「ネオ・バロック」は、彫刻や絵画を含めたさまざまな芸術によって空間を構成するバロック様式の復興として19世紀フランスに始まりました。留学時代のガルニエの学びは、のちの建築作品に大きな影響を及ぼしています。

ヘリタンス・アーユルヴェーダ・マハゲダラ

284

| 所在地 | スリランカ民主社会主義共和国　西部州ベルワラ |
| 設計 | ジェフリー・バワ |

アーユルヴェーダを満喫できるトロピカルホテル

　　トロピカル・モダニズムといわれる、東南アジア独特の環境と一体化したシームレスな建築の第一人者であるジェフリー・バワ（1919〜2003年）。その真骨頂の建築は、祖国スリランカに数多く残ります。バワの前期傑作として名が上がるのが、「旧ネプチューン・ホテル」こと「ヘリタンス・アーユルヴェーダ・マハゲダラ」です。

　　1973年から1976年にかけて建築されたこのホテルは、ビーチに対して白亜のトロピカルな建物が「コ」の字型にデザインされ、真ん中がプールとレストランになっています。ビーチまではやや距離がありますが、客室のほとんどからプールないしビーチが見え、リゾートホテルの気分を満喫させる全体設計になっています。

　　2011年に全面改装してヘリタンス・アーユルヴェーダ・マハゲダラとホテル名も変更して以来、インドの伝統的医学療法であるアーユルヴェーダを求める客層へのホテルとなり、バワ建築に身を置いて心身をリフレッシュできるとして人気です。トリートメント室24室、レストランはアーユルヴェーダ食の多彩なバリエーションによるビュッフェ式です。

もっと知りたい！　スリランカの国会議事堂から個人邸宅まで手がけたジェフリー・バワは、1960年代のリゾート観光ブームにより、多くのホテル建築も手がけました。2017年現在で、宿泊できるバワ建築は14軒ありますが、ヘリタンス・アーユルヴェーダ・マハゲダラはアーユルヴェーダの顧客に特化したため、3泊以上が宿泊の条件となっています。

エデン・プロジェクト

285

所在地 イギリス　コーンウォール州セント・オーステル
設計 ニコラス・グリムショー

新素材「ETFE」で、採掘場跡を植物の楽園に変えた施設

　イングランド南西端のコーンウォール州の23haという広大な敷地に、大きな泡を連ねたような「バイオーム」と呼ばれる大小2棟のドーム型の温室を設け、熱帯と地中海の気候を再現した植物園「エデン・プロジェクト」。植物園として世界最大級の規模を誇り、地球における植物の役割について学ぶことができます。

　設計は、ハイテク建築家として著名なニコラス・グリムショー（1939年〜）です。彼がバイオームに採用した新素材であるETFEは、フッ素系プラスチックの一種で、1970年代にアメリカの化学メーカー・デュポン社によって、航空宇宙産業の軽量耐熱フィルムとして開発されました。ETFEは、従来の膜素材より透明性が高く、太陽エネルギーを最大限に取り込める一方、日差しを制御したい場合は、印刷やレイヤー（階層）化が容易という便利な性質を持っています。

　グリムショーはこうした性質を持つETFEを6角形のパネルで構成し、3層のドームにデザインしました。その結果、ETFEによって鉄骨フレームの軽量化も実現され、かつてない植物園が誕生したのです。

> **もっと知りたい！**　ETFEは「エチレン・テトラ・フルオロ・エチレン」の略称です。開発の経緯から一般実用向けには普及しませんでしたが、エデン・プロジェクトによって初めて大規模な建築用途に使われることとなりました。内部の省エネ効果が高い一方、ほこりや汚れがつきにくく、メンテナンスが容易であるというメリットもあります。

百周年記念ホール（ハラ・ルドヴァ）

286

所在地 ポーランド共和国　ドルヌィ・シロンスク県ヴロツワフ

設計 マックス・ベルク

戦勝記念で造られた当時世界最大の鉄筋コンクリートドーム

　百周年記念ホール（「ハラ・ルドヴァ」「人民ホール」ともいう）は、フランスのナポレオンの侵攻を諸国連合で退けたライプツィヒの戦いの戦勝百周年を記念したホールです。ポーランド人の建築家マックス・ベルク（1870～1948年）の設計により、1911年から1913年にかけて競馬場跡に建造され、当時世界最大の鉄筋コンクリートの建造物として完成しました。

　直径69m、高さ42mの巨大な円形ドームの周囲に、出入口のある半円形の建物が四葉状に突き出す構造で、この円形ドームの中央空間には6,000人余を収容することができます。

　また、そのスケールはもちろん、床暖房などの最新技術を採り入れた設備があることも特筆すべき点です。

　外壁はコンクリート仕上げで堅木枠の窓を、ほぼ連続した形で並べて自然光を内部へ採り入れています。

　現在の多くのドーム型建築物の原型となった建築として、その価値の重要性から2006年、「ヴロツワフの百周年記念ホール」として世界遺産に登録されました。

もっと知りたい！ ライプツィヒの戦いがあった1813年当時、ヴロツワフはドイツ・プロイセン帝国の領土で、ポーランド領となったのは第二次世界大戦後のことです。ヴロツワフは、歴史的にドイツ領だった時期が長く、とくに第二次世界大戦では街の70%が破壊されるという甚大な被害を受けています。現在は被害を受ける前の姿に復興されています。

オヘア国際空港・ユナイテッド航空ターミナル

287

所在地 アメリカ合衆国　イリノイ州シカゴ

設計 ヘルムート・ヤーン

「離発着機世界一」の空港を支える構造と美のデザイン

　1988年にドイツ系アメリカ人の建築家ヘルムート・ヤーン（1940年〜）が設計したのが、シカゴのオヘア国際空港・ユナイテッド航空ターミナルです。

　航空運賃の大幅値下げによって旅客機利用の金銭面のハードルが下がり、航空機の大型化でたくさんの乗客が一度に運べるようになったことから、激増した乗降客に対応するため、細長い2棟のビルによって乗客のシンプルでスムーズな動線に配慮しています。

　第一のビルは滑走路側の「エアサイド」、バスや自動車が寄りつく「ランドサイド」があり、上の階はチケットカウンターとチェックイン施設、下の階は手荷物受取所になっています。第二のビルは航空機に搭乗するためのビルで、どちらも天井は歴史的な重みを加える半円筒ヴォールトになっています。

　必見のポイントは、色が変化するイルミネーションで飾られる動く歩道です。頭上に光と音の彫刻を備えた歩行者通廊は、長い歩道を飽きさせないヤーンの遊び心と創意工夫が感じられます。

> **もっと知りたい！** オヘア国際空港・ユナイテッド航空ターミナルを設計したヘルムート・ヤーンは、東京駅八重洲口にある43階建てのグラントウキョウノースタワーと42階建てのグラントウキョウサウスタワーの2棟のデザインアーキテクト（全体設計のとりまとめ）を担った建築家です。ほかにも「光の帆」をコンセプトにした「東京駅八重洲口グランルーフ」も手がけています。

クンストハウス・グラーツ

288

所在地 オーストリア共和国　シュタイアーマルク州グラーツ
設計 ピーター・クック、コリン・フルニエ

中世ヨーロッパの町に舞い降りた「愛嬌のあるエイリアン」

　　オーストリアで人口第2の都市グラーツは、2003年にEU（欧州連合）から欧州文化首都の指定を受け、1年にわたり各種文化事業を重点的に行なうことになりました。これに合わせて建設されたのが、クンストハウス・グラーツです。

　　赤レンガ色のメルヘンチックな建物が並ぶグラーツの街中に佇むクンストハウス・グラーツの外観は、上部に採光用の突起が並び、さながらなまこやウミウシのよう。「愛嬌あるエイリアン」というあだ名も納得できます。外壁を覆う青いアクリル板の裏側には600本の円形蛍光管が配置され、これをコンピューター制御によって点灯パターンを変えることで、表面にさまざまなグラフィックを描き出せるようになっています。

　　そもそも「クンスト」とはドイツ語で「芸術」のことですが、クンストハウス・グラーツは世界的美術をコレクションしているわけではありません。特徴ある外観と、高い天井に大きな採光用の丸窓を持つ宇宙ステーションのような内部の空間そのものが、巨大な現代アートの1作品となっているのです。

もっと知りたい！　クンストハウス・グラーツは、ピーター・クック（1936年〜）とコリン・フルニエ（1944年〜）というイギリス人建築家のふたりによって設計されました。クックはかつて「アーキグラム」という前衛建築家の集団を結成していました。フルニエもその準メンバーでした。

レッドハウス

289

所在地	イギリス　ケント州ベクスリヒース
設計	フィリップ・ウェッブ

19世紀末イギリスの芸術運動の"語り部"となった邸宅

　　1880年代から始まったアーツ・アンド・クラフツ運動は、イギリスの詩人、思想家、デザイナーであるウィリアム・モリス（1834〜1896年）が主導したデザイン運動です。ヴィクトリア朝時代の産業革命によって大量生産による安価で粗悪な商品があふれた状況を批判し、中世の実用性を重んじる手仕事に帰り、生活と芸術の融合を主張しました。

　　レッドハウスの設計を担ったフィリップ・ウェッブ（1831〜1915年）は「アーツ・アンド・クラフツ」の代表的な建築家で、モリスの依頼によってレッドハウスを手がけました。ウェッブは、土地に固有の様式を取り入れることを原則とし、「有用でも美しくないものを家に置いてはならない」というモリスの座右の銘を忠実に仕事に反映しています。

　　ロンドン郊外の緑豊かな庭園に囲まれたカントリーハウス風の外観は、16世紀のテューダー・ゴシック様式をデザインに取り入れ、赤レンガと木材を用いた中世風の趣です。傾斜の急な赤い瓦屋根、鉛枠の窓、アーチ型の扉口などもゴシック・リバイバルを志向したデザインとなっています。

もっと知りたい！　ウィリアム・モリスの中世主義思想が初めて実践されたのが、レッドハウスといわれます。のちにモリス商会が設立され、装飾された書籍やインテリア製品を制作しますが、モリス商会の製品は高価すぎて裕福層にしか使えなかったといわれます。しかし、生活と芸術を一致させようとする考え方は、のちのアール・ヌーヴォーなど各国の美術運動に影響を与えました。

カールスプラッツ駅舎

290

所在地 **オーストリア共和国　ウィーン**

設計 **オットー・ワグナー**

アール・ヌーヴォーで建築された街の小さな駅舎

　1899年に市街鉄道の駅として開業したカールスプラッツ駅舎は、ドイツの建築家オットー・ワグナー（1841〜1918年）が手がけたものです。当時のドイツ語圏で「ユーゲント・シュティール」といわれた様式で建てられたこの駅舎は、フランスでいうアール・ヌーヴォー様式を指し、世界有数の近代都市であったウィーンでも最先端の建築物といわれました。

　金色の装飾が施された大理石の壁面フレームを、緑色の大理石で固定したアーチ状の駅舎入口は、小さいながらも曲線的な美しさを打ち出し、エレガントで装飾的なアール・ヌーヴォーの代表例です。ウィーン地下鉄4号線が市街鉄道（シュタットバーン）の後継路線として開通して以降は、「旧駅舎」として保存されています。

　設計者のワグナーは、1897年に新しい造形をめざし、画家グスタフ・クリムトが結成した「ウィーン分離派」の中心人物のひとりです。「芸術は必要にのみ従う」という名言で知られ、機能性・合理性を重視する近代建築の理念を建築作品で具現化していきました。ほとんどウィーンだけで活躍した建築家ですが、建築史上の重要人物として名が刻まれています。

もっと知りたい！　オットー・ワグナーは、ベルリン建築アカデミーで学び、当初は歴史主義的な建築を手がけていました。「ユーゲント・シュティール」に転向したのは50代以降です。ユーゲント・シュティール様式の典型とされるマジョリカ・ハウス（1898年完成）、近代建築の幕開けと称される1912年完成のウィーン貯金郵便局（1912年完成）などの代表作があります。

アブソリュート・タワー

291

| 所在地 | カナダ　オンタリオ州ミシサガ |
| 設計 | MADアーキテクツ |

「マリリン・モンロー」の愛称を持つツインタワー

　カナダのトロント郊外のミシサガ市に建つアブソリュート・タワーは、人間が身体をねじったような「くびれ」のある高層建築が2棟並び、肉感的な女性のイメージから「マリリン・モンロー」の愛称でよばれる高級アパートメントです。

　A棟は56階建て・高さ170mで延べ床面積4万5000㎡、B棟は50階建て・高さ150mで延べ床面積4万㎡あり、トロントのベッドタウンとして急速に人口を増すミシサガ市にとって、2012年完成のアブソリュート・タワーは、最高の"広告塔"になりました。

　楕円形の平面が回転しながら積み重なって、高層部にむかって肉感的で有機的な形態を生み出すデザインは特徴的で、発売開始とともに完売という人気を博しています。

　設計は、2004年に中国・北京で創設された建築設計事務所MADアーキテクツです。2006年に「アブソリュート・タワー」の国際的なコンペが行なわれた際、世界各国からの300近い応募のなかで1等になりました。中国の建築設計事務所が、海外のメジャーコンペで勝った初めてのケースといわれています。

もっと知りたい！　MADアーキテクツは、建築家3人を共同代表とする会社で、馬岩松（マ・イェンソン）が中心となって建築コンセプトを担い、党群（ダン・チュン）がプロジェクトごとのチーム割りや進行を、早野洋介（1977年～）が仕上がりのクオリティ管理を主に担当するといいます。アブソリュート・タワーを手がけた頃から、急速に国際的評価を高めました。

アルミニウム・フォレスト

292

所在地 オランダ王国　ユトレヒト州ハウテン
設計 ミカ・デ・ハース

アルミニウム素材の可能性を追求したモニュメント

オランダ中央部の商工業都市ユトレヒト郊外の住宅街に2001年に完成したアルミニウム・フォレストは、オランダの若手建築家ミカ・デ・ハース（1964年〜）が37歳の時に設計した野心的な作品です。

オランダのアルミニウム業界が募集し、アルミ素材の実用的なモデルとなる新しいセンターの建築設計のコンペで優勝したデ・ハースは、大胆にアルミの支柱を林立させた上に建物部分を載せるデザインを提示しました。

傾斜した川岸の敷地に、建物の一部が川にせり出したように建つアルミニウム・フォレストは、メタリックな箱状の居住スペースが高さ6mの368本の筒状のアルミニウムの円柱で支えられています。ややわん曲したこの円柱には、配水管や水道管が通されています。

居住スペースの素材もアルミニウムで、テトリスのような不規則なブロック型の窓が特徴的。同じアルミニウム素材の細い脚と一体となり、生き物のような躍動感があります。

もっと知りたい! アルミニウム・フォレストでデ・ハースは、北イタリアで1997年に設立されたデダロ・ミノッセ国際建築賞を40歳未満の部で受賞。「優れた建築には良き発注者と素晴らしい建築家の双方が必要である」として、建築家と発注者の双方に授与するという珍しい賞です。一躍有名になったデ・ハースは、公共施設や自治体の建築物に活躍の場を広げています。

アロス・オーフス美術館

293

所在地 デンマーク王国　オーフス
設計 シュミット・ハンマー&ラッセン

芸術鑑賞の邪魔にならないよう配慮した控えめな箱型ビル

　デンマーク第2の都市オーフスにある1859年設立のオーフス美術館は、増え続けるコレクションの対応に苦慮していました。そのため最新技術を駆使した新たな美術館の建設を計画し、2004年、建築面積1万7,651㎡、9階建ての高さ43m、平面のタテ・ヨコがそれぞれ52mという、赤レンガでできた重厚な立方体の建築物が完成しました。

　設計したシュミット・ハンマー&ラッセンは、デンマークの建築家集団で、デンマーク王立図書館やコペンハーゲンの王立図書館を手がけたことで知られています。デザインにあたって、建築が展示作品の邪魔にならないよう心がけたといい、過剰な装飾をせずに設計したモダニズム建築になっています。

　低層階にガラスのカーテンウォールを配し、上の方が重く見える美術館の内部は、白いコンクリートで囲まれた明るく大きな吹き抜け空間「キャニオン」が広がります。巨大なスパイラルスロープがシームレス（継ぎ目なし）に展示空間とつながり、散策するような感覚で美術鑑賞を楽しめます。

もっと知りたい！　アロス・オーフス美術館の屋上には、2011年に追加で建設されたアイスランド系の芸術家オラファー・エリアソン（1967年〜）による「レインボーパノラマ」と呼ばれる円形展望回廊があります。7色のガラスを用いてデザインされ、一周歩くと、歴史あるオーフスの街並みが虹色に変化していく不思議な感覚を味わえます。

ハースハウス

所在地　オーストリア共和国　ウィーン
設計　ハンス・ホライン

古都ウィーンに溶け込んだガラス張りの現代的な商業ビル

　ローマ帝国以来の歴史ある都市ウィーンには、12世紀に創建されたゴシック様式のシュテファン大聖堂があります。1990年、大聖堂の前に広がるシュテファン広場に面し、通りをはさんで隣接する場所にポストモダニズムによる商業ビル「ハースハウス」が建設されました。

　設計を担当したのは、ウィーンの建築家ハンス・ホライン（1934〜2014年）です。ウィーン生まれで故郷の歴史も地理も文化も知り尽くしたホラインは、「過去と協調し、未来を見つめる現代建築の創造」に挑戦しました。

　ハースハウスでは、ポストモダニズム建築がしばしば古い街並みから浮いてしまうことを考慮し、非対称の構造にしてファサードはじめ目立つ部分を円筒型に張り出すデザインとし、壁一面をガラスで覆ってシュテファン大聖堂や街並みが写り込むようにしました。

　シリンダーのような円筒状の部分には、デザイン性の高い石板を外壁に貼り、周囲の建築となじむように工夫されています。建設当時は反対する声も多かったのですが、テナントも高級ショップが多く、シュテファン広場の観光地のひとつになっています。

もっと知りたい！　2001年、シュテファン大聖堂を含むウィーンの歴史的な街並みは、「ウィーン歴史地区」として世界遺産に登録されました。約900年を隔てたシュテファン大聖堂とハースハウスが建築美を競っているのも不思議ですが、そのうえで世界遺産登録地区になったということは、環境に溶け込んだ現代建築という設計の意図が認められた証といえるかもしれません。

ベルクイーゼル・スキージャンプ台

295

所在地　オーストリア共和国　チロル州インスブルック
設計　ザハ・ハディド

巨大な竜が山上に現れたようなスキージャンプ台

　　インスブルックの街を見下ろす峻険なイーゼル山にベルクイーゼル・スキージャンプ台が完成したのは、2002年のこと。老朽化したオリンピック開催跡地の再開発の一環として、脱構築主義建築のスター建築家であるザハ・ハディド（1950〜2016年）が設計しました。

　　この長さ約90m、高さ約50mのジャンプ台は、競技だけで使用されるのではありません。カフェのある公共スペースや展望台が、コブラが鎌首をもたげたように最上部に築かれています。エレベーター2基を備え、ジャンプ台を支えて垂直に建つコンクリートタワーと、U字型のジャンプ台があたかも1体の生き物のように有機的に連動しており、「要素を組み合わせる問題は、自然を真似て継ぎ目のないハイブリッドをつくることで解決しました」とハディド自身が述べています。

　　こうして1964年と1976年の冬期オリンピックでスキージャンプの競技会場だった場所は、誰も顧みないような場所になるどころか、競技に関係なくアルプスの絶景と現代建築を楽しむスポットとして息を吹き返したのでした。

もっと知りたい！　チロル州の州都インスブルックは壮大な山々に囲まれ、別名「アルプスの首都」とも呼ばれています。こうした自然とハプスブルグ帝国の首都だった時代の文化が調和し、歴史ある都市景観の背景の遠くに山脈が連なる光景はじつに美しいものです。13のスキー場と6つのクリスマスマーケットを持ち、夏には無料ガイド付きハイキングプログラムがあります。

ウィーン郵便貯金局

296

所在地	オーストリア共和国　ウィーン
設計	オットー・ワグナー

近代建築への幕開けを告げる実用的装飾の郵便貯金局

　ウィーンのユーゲント・シュティール様式の建築で代表的なものとして名前があがるウィーン郵便貯金局は、前期1904〜1906年と後期1910〜1912年に分けて建設されました。当時使われ始めた鉄筋コンクリートを用いています。

　ウィーン郵便貯金局のファサード（正面部分）は長方形の窓が整然と並び、壁には無数の丸頭リベットが埋め込まれています。1階部分と中2階部分には花崗岩が使用され、上の白い部分は大理石で視覚的にも機能的にも分けられています。

　設計者のオットー・ワグナー（1841〜1918年）は、19世紀末の新古典主義を悪趣味とする風潮のなか、古典と現代、芸術性と実用性の融合をコンセプトにこの建造物を手がけました。彼は内部装飾も担当し、椅子や小物、電灯なども自ら設計し、より完成度の高い統一感のある建築としています。

　ユーゲント・シュティール様式は、イギリスのアーツ・アンド・クラフツ運動に刺激を受けた芸術家たちにより、18世紀後半から1914年の第一次世界大戦まで一世を風靡しました。

もっと知りたい！　ウィーン郵便貯金局正面の屋根には、2体のアルミニウムの天使像が立っています。古典的な重厚さのない、ユーゲント・シュティール時代を象徴した彫刻です。建築は使われてこそ意味があり、かつ鑑賞に値する美しさが必要だとするワグナーの精神は、のちの実用性により傾斜した近代建築への橋渡しとなっています。

アラミージョ橋

297

所在地 スペイン王国　アンダルシア州セビリア
設計 サンティアゴ・カラトラバ

巨大なハープのような形状の独特の構造美を持つ橋

　アルフォンソ13世運河に架かるアラミージョ橋は、1992年のセビリア万博のインフラ整備の一環として建設されました。設計は、精緻な構造計算に基づく生き物のような動感ある建築で知られるバレンシア出身の建築家サンティアゴ・カラトラバ（1951年〜）です。

　塔から斜めに張ったケーブルを橋桁に直接つなぎ支える「斜張橋」といわれるものですが、少ない建材で建設できる一方、ケーブルにかかる負荷の構造計算が非常に難しいとされています。それをアラミージョ橋は、傾斜した塔から一方向のケーブルのみで支えています。

　これによりハープのような優雅で動的な曲線の外観を生み出す一方、双方向からケーブルで支える橋よりも不安定な印象を与えます。しかし1本の斜めのパイロン（柱）から13本のケーブルが200mスパンで据えられ、構造計算上の安定した平衡を保持しています。

　カラトラバの大胆なデザインは「構造表現主義」「ハイテク建築」と位置づけられ、橋ではカリフォルニア州レディングの日時計橋であるサンダイアル橋（2004年）、エルサレムの弦橋（2011年）でアラミージョ橋と同じ傾斜した1本のパイロンで支える構造を用いています。

> **もっと知りたい！**　アラミージョ橋の巨大なパイロンの頂上には展望台があり、歩行者専用の高架歩道も設けるなど、セビリア万博会場に向かう橋として観光需要にも配慮した設計になっています。万博開催当時は「セビリア万博エキスポ橋」として、万博の象徴にもなっていました。長さ164m、高さ50mで、補助的に橋の下を54本の鋼の杭で支えています。

ハン・ガー・ゲストハウス

298

所在地 ベトナム社会主義共和国　ラムドン省ダラット
設計 ダン・ヴェト・ガー

「おとぎの家」とよばれるファンタジーなゲストハウス

「クレイジーハウス」の別名で呼ばれる「ハン・ガー・ゲストハウス」は、モスクワ大学で博士号をとった女性建築家ダン・ヴェト・ガーが設計し、1990年に開業しました。敷地面積は約1600㎡のなかに客室が10だけあるゲストハウスです。

敷地内はまさにファンタジーの世界で、アントニオ・ガウディの建築を思わせる曲線だけで表現されたデザイン。しかも開業から30年を経てまだ増改築が続いています。当初はあまりの奇抜さに批判もありましたが、現在では年間10万人が訪れる人気観光スポットとなりました。

デザインは自然界にあるものをモチーフにしていて、洞窟や蜘蛛の巣、キノコ、動物などの彫刻がいたるところに施されています。どの建物も階段で結ばれ、細い階段通路をたどって各建物の屋上に出ることができます。

宿泊費は1泊1部屋35米ドルからと、リーズナブルな料金設定です。10室ある客室にはそれぞれ動物の名が付いており、トラの部屋、カンガルーの部屋、蟻の部屋……とあって、その名前に見合ったデザインがなされています。

もっと知りたい！ ダン・ヴェト・ガーは建築学博士にもかかわらず、ハン・ガー・ゲストハウスについては、図面を引くこともせず、造りたいものを絵で描き、それを地元の職人たちに見せ、築かせていったといいます。このあたりも、クレイジーハウスと呼ばれる一因です。宿泊しなくても入場料を払って見学することもできます。

ロンドン・シティホール

299

所在地　イギリス　ロンドン
設計　ノーマン・フォスター

ゆがんだ卵の形で環境配慮の究極を示した市の施設

　ロンドン・シティホールは、2002年に開庁した大ロンドン庁（グレーター・ロンドン・オーソリティー、略称：GLA）のメインオフィスです。

　上部がゆがんだ卵のような形の全面ガラス張りの斬新なビルは、直射日光にさらされる表面積を最小限に抑えるための形状で、しかも上部階がずれて下部階の日よけになっています。

　内部は10階建てで、全長500mのスロープが下層階から最上階の展望デッキまでを結んでいます。各階で区切らないことによって空調効率を上げ、自然換気や地下水利用に加え、屋根には太陽光パネルを設置するなど、省エネ対策が各所に施されたエコ市庁舎となっています。

　建物全体で、高度なサスティナブル（未来の世代のため、人類や地球環境に配慮する）デザインを実現しています。

　ロンドン・シティホールの設計は、人と自然が調和したハイテク建築の建築家ノーマン・フォスター（1935年〜）。その洗練されたデザインと環境配慮の行き届いた建築は世界的に称賛され、1999年に建築界のノーベル賞といわれるプリツカー賞を受賞しました。

　もっと知りたい！　大ロンドン庁とは、首都ロンドンの行政区画を構成する自治体で、それらの最上位に位置します。市民の直接選挙で選出されるロンドン市長と、その権力を監視する25名のロンドン議会議員で構成されます。最上階の展望デッキに上がるらせん階段下に議場があり、市政の透明性の象徴としてここで政治討論が行なわれます。

カテドラル・メトロポリターナ

所在地　ブラジル連邦共和国　リオデジャネイロ州リオデジャネイロ
設計　エドガー・フォンセカ

コンクリート造のピラミッドのような大聖堂

　ブラジル南東部の都市リオデジャネイロの旧市街にあるサンセバスチャン大聖堂は、通称「カテドラル・メトロポリターナ」といいます。建築家エドガー・フォンセカのデザインで、1964年から1979年にかけ、リオデジャネイロの守護聖人サン・セバスティアンのためのカテドラルとして造られました。

　高さ96m、直径106m規模を誇るコンクリート製の円錐台のモダニズム様式の大聖堂の内部に立つと、美しいステンドグラスが四方の壁をつたって帯状に天井に向かって伸びる様子が視界に飛び込み、まるで満天の星空が迫ってくるような感覚に陥ります。

　はるか天井、96mの場所で十字架を描くトップライト（天窓）と四方向のステンドグラスからは、幻想的な柔らかい光が差し込み、5000人以上を収容するという祈りの空間を美しい光で包み込みます。

　巨大なステンドグラスの天の川のような光の帯に包み込まれた聖堂内部は、宗教的な荘重さ、敬虔さを持つ空間がモダニズム建築によって生み出されているのです。

もっと知りたい！　カテドラル・メトロポリターナの中央の祭壇の上には十字架が天井より吊り下げられ、遠くからは空中に浮かんでいるようにも見えます。入口は東西南北4か所にあり、東の入口にはキリスト像、西には聖フランシスコ像が置かれています。地下には、小さな宗教美術館もあります。

ペトロナスツインタワー

所在地 マレーシア　クアラルンプール
設計 シーザー・ペリ

イスラム建築も取り入れた世界一高い「ツインタワー」

　クアラルンプールの中心地にそびえる超高層ビル「ペトロナスツインタワー」。1998年の完成で、20世紀の高層ビルとして「世界でもっとも高いビル」（高さ452m、88階建て）でした。しかし5年後の2003年、台湾の台北101（約509m）が世界一の高さになりますが、2棟一対のツインタワーとしては現在も世界一の座を保持しています。

　設計した建築家のシーザー・ペリ（1926〜2019年）は、92歳で亡くなる5年前、最後の作品として大阪の「あべのハルカス」の外装デザインを手がけたことでも知られます。ペトロナスツインタワーでは、ビルのトップをマレーシアの国教イスラム教のモスクをモチーフとし、塔の部分にも伝統的なイスラム美術の幾何学的なデザインを持ち込みました。

　そのうえで、地上170mの41階と52階の間を長さ58mのスカイブリッジでつなぎ、日中は強烈な陽射しにシルバーメタリックの壁面が輝き、夜には幻想的なライトアップに彩られるなど、現代的な高層ビルらしい趣向も随所に見られます。首都の真ん中にありながら小鳥や小動物や生息する緑に囲まれる環境にあり、クアラルンプールのシンボルといえます。

> **もっと知りたい！**　ペトロナスツインタワーの2棟は、それぞれ一方が日本の建築会社、他方を韓国の建築会社が担ったことで知られています。ビルのオーナーはマレーシアの国立石油会社ペトロナスで、日本が建設したビルの方に、オーナー企業がたくさん入居しています。そのせいか「日本の会社が建てたビルは夜も明るく、韓国側の方は暗い」などと噂された時もありました。

エスプラネード・シアターズ・オン・ザ・ベイ

302

所在地　シンガポール共和国　シンガポール

設計　マイケル・ウィルフォード＆パートナーズ、DPアーキテクツ

巨大な昆虫の複眼のような川辺の総合芸術文化施設

　2002年10月オープンのエスプラネード・シアターズ・オン・ザ・ベイは、オペラ、バレエ、ミュージカル、演劇、管弦楽、室内楽、伝統音楽などの各種公演が日々開催される総合芸術文化施設です。

　ふたつのドームで構成され、左翼に2,000席の大劇場、右翼に1,600席のコンサートホールを持ち、野外には無料で利用できる劇場もあります。コンサートホールは4層構造で、シンガポール交響楽団の本拠地としての役割を担っています。

　冷房効率を上げるために、ドームの屋根には直射日光を遮断するアルミニウム製のパネルが放射状に2,000以上取り付けられています。まるで昆虫の複眼のようで、細かなガラスと鉄で構成された建物内に太陽光が入るのを防ぐ役割を担い、この建物の外観の象徴的なデザインとなっています。各ガラス窓の脇にある突起物は、景色の妨げにならずに太陽光を遮るよう、それぞれに精密な角度がついています。その形状から「ドリアン」ともいわれるエスプラネード・シアターズ・オン・ザ・ベイは、シンガポール川を挟んでマーライオンの対岸にあります。

もっと知りたい！　設計は、マイケル・ウィルフォード＆パートナーズとシンガポールの建築事務所DPアーキテクツの共同です。マイケル・ウィルフォード（1938年〜）は、日差しの強いシンガポールであえて広々と中を見せるガラス構造にこだわりました。

クライスラー・ビル

303

所在地　アメリカ合衆国　ニューヨーク州ニューヨーク市
設計　ウィリアム・ヴァン・アレン

摩天楼を象徴するアール・デコ様式の超高層ビル

　1930年に完成したクライスラー・ビルは、好景気に沸くアメリカの「世界一高いビル」競争のなかで、77階建てのビルに38mの尖塔を加え、319mで世界一の高層ビルとして開業しました。翌1931年完成のエンパイアステートビルに世界一の座をすぐに奪われますが、1920年代の繁栄の歴史を物語るニューヨーク摩天楼の代表的建築です。

　クライスラー・ビルは歴史的にもうひとつの価値があります。それは1925年のパリの万国博覧会以降に一世を風靡したアール・デコ様式の古典的代表作という点。第一次世界大戦を経て、花や動植物をモチーフとしたアール・ヌーヴォーから、装飾性を否定した幾何学的デザインによるアール・デコが生まれ、万博によって世界に広がりました。

　設計者のウィリアム・ヴァン・アレン（1883～1954年）は、尖塔部・壁面・内装にアール・デコ様式の装飾を施す一方、自動車メーカー・クライスラーの本社ビルとして建てたため、各所に自動車をモチーフとした装飾も施しています。ビル全体のシルエットそのものが、アール・デコ様式の典型とされています。

　しかし、アール・デコ様式の流行期間は短く、1929年に発生した世界恐慌によりアメリカの景気が後退していくなかで衰退していきました。

もっと知りたい！　クライスラー・ビルの壁面を飾る幾何学的なデザインのステンレス鋼は、日光を反射して輝き、人々の目を引きつけます。商業ビルを中心とした建築家ヴァン・アレンの代表作となり、自動車産業がアメリカ資本主義を牽引した時代のモニュメントとして、世界でもっとも有名な超高層ビルのひとつです。ちなみに1950年代半ばに、クライスラー本社は移転しています。

森の墓地

304

所在地　スウェーデン王国　ストックホルム
設計　グンナール・アスプルンド

美しい森のなかに死者が帰る場所としての共同墓地

　森の墓地こと「スクーグシュルコゴーデン」は、1994年に世界遺産に登録されました。1920年に完成した年代も新しい共同墓地が、世界遺産になるのは稀有な例です。設計者は、地元ストックホルム生まれの建築家グンナール・アスプルンド（1885〜1940年）です。

　この墓地には、東京ドーム約22個分という広大な敷地に、10万基以上の墓が緑豊かな森林に抱かれるように整然と並んでいます。「死者は森へ帰る」というスウェーデン人独特の死生観を具現化し、墓地周辺の森ではなく、森の中に墓が点在する印象です。

　1915年、「ストックホルム南墓地国際コンペ」で1等を獲得したアスプルンドは、砂利採石場跡地とその周辺の用地を森林に造り変えることから始めました。森には、888mの1本道があり、瞑想の丘から復活の礼拝堂を結んでいます。

　北欧近代建築の基礎を造ったとされるアスプルンドですが、森の墓地には生涯の仕事として心血を注ぎました。入口のすぐ近くには、1939年にアスプルンド自身が造り、生命の循環のシンボルと位置づけた花崗岩の十字架が佇んでいます。この十字架の先が瞑想の丘です。

もっと知りたい！　　森の墓地で1920年当初からあるのは一番小さな「森の礼拝堂」のみで、ほかに「信仰の礼拝堂」「希望の礼拝堂」「聖十字架の礼拝堂」など5つの礼拝堂があります。これらは1940年、アスプルンドが55歳の若さで死去した年に完成したものです。森の墓地の礼拝堂と野外セレモニー場では、現在も毎年約2,000件の葬儀が行なわれています。

ウェスティン・ボナヴェンチャー

305

所在地 アメリカ合衆国　カリフォルニア州ロサンゼルス
設計 ジョン・ポートマン

ダウンタウンを象徴するポストモダンの高層ホテル

　曲線を生かしたポストモダン特有の建築美のホテル「ウェスティン・ボナヴェンチャー」は、いくつもの棟がくっつくようにそびえながら銀色に輝いています。ロビーには小さな噴水があり、幻想的な空間を形成しています。

　ホテルの正式名称は「ザ・ウェスティンボナベンチャーホテルアンドスイーツ」で、1974年から1976年にかけて建設されました。高さ112m、33階建て、全1,356室を擁する反射ガラス張りの円筒型のビル群は、ビジネス街であるダウンタウンでも特殊な外観を持っています。

　客室にはウェスティン独自の寝心地にこだわったベッドが配されており、シンプルながら木製家具が温かみを演出しています。エリア最大規模の会議イベント施設もあり、地下鉄や国際空港からのアクセスの良さでも人気があります。

　このホテルを設計したジョン・ポートマン（1924～2017年）は、1967年にハイアット初のハイアットリージェンシー・アトランタを建設し、22階まであるアトリウムを造るなど、その後のホテル建築の流れを作る仕事を残しています。

　もっと知りたい！　ホテルは33階建てですが、キリスト教での安息日にあたる「7」階、西洋の忌み日とされる「13」階はありません。最上階には「35」階の番号が付けられています。ちなみに6階まではレストランやショップなど商業施設が並んでおり、最上階はロサンゼルスの素晴らしい夜景を見渡せるバーやレストランがあります。

ポンピドゥー・センター・メス

306

所在地　フランス共和国　モゼル県メス
設計　坂茂

「集成材」を用い、美しい曲面を形成した屋根

　　フランス北東部の国境にあり、ドイツ、ルクセンブルク、ベルギーから観光客が多いメス（メッス）市に、2010年、現代アートの企画展やイベントのための施設ポンピドゥー・センター・メスが開館しました。設計は日本の建築家・坂 茂（1957年〜）で、紙管、コンテナなどを利用した建築や災害支援活動で知られています。

　　さまざまな工夫が施されたポンピドゥー・センター・メスですが、そのひとつが、施設全体を覆うように築かれた波打つ曲面が美しい六角形の屋根です。中央に鉄骨のエレベータコアがあり、そこで木の屋根を吊る構造です。そのため短い木材をジョイントするのではなく、連続した集成材で曲面を構成し、上下にオーバーラップさせているのです。

　　集成材とは、断面寸法の小さい木材を接着剤で加工するもので、構造用のものは無垢材よりも建築物の梁などとしても優れています。ポンピドゥー・センター・メスでは、上下の水平な集成材の交点に木製束を貫通して固定し、剛性を出すためにフィーレンデール状（梯子状）のトラスにしています。

もっと知りたい！　坂茂は、モダニズム建築の主要建材である鉄、ガラス、コンクリートではなく、紙、竹、木質材料という近現代の建築が見過ごしてきた素材を持ち込んだ建築家です。阪神・淡路大震災での「紙の教会」、東日本大震災での避難所用間仕切りなどで多くの受賞歴があり、紙管を使った災害時の仮設住宅を提供する活動も行なっています。

ヘルシンキ中央図書館

307

所在地 フィンランド共和国　ヘルシンキ
設計 ALAアーキテクツ

「世界一の公共図書館」に選ばれた伸びやかに波打つ建築

　19世紀前半の新古典主義の公共建築が多い首都ヘルシンキに、2018年12月、伸びやかに波打つ造形が印象的なヘルシンキ中央図書館「Oodi（オーディ）」が開館しました。「Oodi」とは、神の栄光や君主の徳、英雄の功績を称える「頌歌」を意味します。

　翌2019年には、国際図書館連盟による「Public Library of the Year（公共図書館オブ・ザ・イヤー）」に選ばれ、フィンランド独立100周年の国家公式メインプロジェクトの一環だった図書館は、一躍世界が注目する国のランドマークになりました。

　外観上の特徴である巨大アーチ形は木製で、国会議事堂側の1階街路前にある市民広場と一体化して見えます。1階のフレキシブルな空間は、大小のイベントに対応でき、映画館や多目的ホールも備えられています。

　3階にあるブック・ヘブン（本の天国）は、雲のようにうねった白い天井の下、柱がない巨大なオープン・インテリア空間で思い思いの時間を過ごすことができます。また周囲が全面ガラス張りのため、来館者は市中心部の360度パノラマを楽しむことも可能です。

もっと知りたい！ フィンランドでは、公共図書館サービスへのアクセスが法律が定めるすべての市民にとっての権利であり、フィンランド550万の人口に対して年間約6,800万冊が貸し出されています。「読書大国」であるフィンランドの首都に、「本を納める場所」ではなく「本を読む場所」として設計されたヘルシンキ中央図書館は、まさに市民の憩いの場として機能しています。

プエルタ・デ・エウローパ

308

所在地　スペイン王国　マドリード
設計　　フィリップ・ジョンソン

15度ずつ傾いて頭を寄せ合うツインタワー「ヨーロッパの門」

　スペイン語で「ヨーロッパの門」の意味を持つプエルタ・デ・エウローパは、高さ115m、26階建てのツインタワーです。1990年に着工され、1996年に完成しました。その外観は、両側からカステジャーナ通りに覆いかぶさるように15度ずつ傾いており、黒を基調に赤と青のラインでシャープにデザインされているのが印象的です。

　設計は、アメリカのモダニズムを代表する建築家フィリップ・ジョンソン（1906〜2005年）が担当しました。ニューヨーク近代美術館（MoMA）のキュレーターから、ハーバード大学大学院で建築学を学んで建築家になった異色の経歴の持ち主らしい、アートのような際立った外観に目を奪われます。モダニズムの代表的な建築家と称されながら、ポストモダニズムも柔軟に取り込んだといわれ、「八」の字型に寄り添っていく2棟のビルは、フィリップ・ジョンソン後期の作品です。

　オフィスビルなので内部は自由に入れませんが、マドリード市北部のチャマルティン駅から近く、見に行きやすい高層ビルです。

もっと知りたい!　チャマルティン駅の西を走るカステジャーナ通り沿いには、マドリードで最も高いトーレ・カハ・マドリッド（250m）など、200mを越える超高層ビルが4棟建設されました。マドリードの新たなランドマークとなるはずでしたが、プエルタ・デ・エウローパのデザインのインパクトは色あせることなく、こちらの方が有名です。

アル・ハムラ・タワー

309

所在地 クウェート国　クウェート

設計 SOM

クウェートの最高層ビルの建物を内側に巻き込んだ外観

湾岸戦争からの復興のシンボルとして2004年に着工し、2011年に完成した「アル・ハムラ・タワー」は、地上77階、高さ412.6mのクウェートで一番高い高層ビルです。通常ビルは直方体ですが、アル・ハムラ・タワーは上部が布でも纏うかのように内側にカールし、不思議な外観になっています。

設計は、アメリカの建築設計事務所スキッドモア・オーウィングズ・アンド・メリル（SOM）が手掛けました。六本木の東京ミッドタウンやドバイの世界一高いブルジュ・ハリファを手掛けた1936年設立の会社です。

ビルはガラスとコンクリートが建材ですが、クウェートの暑い気候に対応できる構造とデザインになっています。受賞した数々のデザイン賞がビルの優秀性を示しているといえるでしょう。

クウェート市の中心部にあり、夜にはライトアップされ、周辺から際立った美しい姿になります。全体のうち70フロア以上がオフィスとして使用されていますが、スタイリッシュなデザインと高さで、ビジネスの拠点として市のランドマークとなっています。

もっと知りたい！ 四国ほどの広さの国土に約475万人が暮らすクウェートは、石油埋蔵量が世界一の国家です。1990年にその利権を狙ったイラクに侵攻されましたが、多国籍軍によって解放され（湾岸戦争）、現在では治安もよく国も豊かです。

カサ・ミラ

310

所在地 スペイン王国　カタルーニャ州バルセロナ
設計 アントニオ・ガウディ

カタルーニャ版アール・ヌーヴォーの個人邸宅

　1906年から1910年にかけて実業家のペレ・ミラと妻ルゼー・セギモンの邸宅として建設されたカサ・ミラは、バルセロナのグラシア通りにあります。地中海をイメージしたという波打つ曲線だけで表現された壮麗な外観は、圧倒的な存在感を放っています。

　スペイン・バルセロナの巨匠アントニオ・ガウディ（1852〜1926年）が54歳のときの設計で、19世紀末から20世紀にかけてカタルーニャ地方で興ったモデルニスモ（アール・ヌーヴォー）様式に分類されます。近郊のモンセラット山の石灰岩を使用した白い壁が、直線部のいっさいない状態で街角に建つ光景は、今ではバルセロナを象徴する景観のひとつとされています。

　屋上部分はアスレホという白い化粧タイルを使い、山に積もる雪のように盛り上がった曲線ばかりのゆがんだ世界が広がります。象牙や大理石、陶器で覆った煙突や通気口など、ダリの絵画のような不思議な世界が広がっています。

　1984年には、グエル邸やサグラダ・ファミリアなど、バルセロナに残るガウディのほかの建築物とともに、ユネスコの世界遺産に登録されました。

もっと知りたい！　現在カサ・ミラの内部はガウディ建築に関する博物館になっており、住居部分や屋上を見学できます。最上階の回廊がエスパイ・ガウディという博物館で、カタルーニャ・ヴォールトというアーチ構造の技法が用いられています。最上階からひとつ下の階では、19世紀後半〜20世紀初めのブルジョワ階級の居住空間を再現した部屋が公開されています。

PPGプレイス

311

所在地　アメリカ合衆国　ペンシルヴェニア州ピッツバーグ
設計　フィリップ・ジョンソン

壁全体がミラーガラスで覆われた高層ビルと商業ビル群

　PPGプレイスは、ペンシルヴェニア州ピッツバーグのダウンタウンにある複合施設です。44階建ての高層ビルを中心に、中庭（プラザ）、それを囲む低層の店舗棟から成り立っています。設計はアメリカのモダニズム建築家で、ニューヨーク近代美術館のキュレーター出身という異色の経歴を持つフィリップ・ジョンソン（1906〜2005年）です。

　1949年には壁一面がガラスの自邸「ガラスの家」を建築するなど、ガラスを採り入れた作品を得意とするジョンソンに、PPGプレイスの設計を依頼したのは1883年に板ガラスの製造で創業した化学メーカー PPGインダストリーズでした。

　壁には自社製品である特殊加工のミラーガラス（熱線反射複層ガラス）が使用され、社屋になっている高層ビルでは231本のガラスの尖塔が建物の上に密集しています。

　1949年の初作品「ガラスの家」から1993年のスペインのツインタワー「プエルタ・デ・エウローパ」まで、45年にわたり活躍したジョンソンは、国際様式からポストモダン、脱構築主義と、時代をリードする20世紀の建築トレンドを幅広く体現した建築家でした。

もっと知りたい！　PPGプレイスが竣工した1984年に、ジョンソンの後期の代表作といわれるAT&Tビルも完成しています。AT&Tビルは、現在、550マディソン・アベニューと名を変えてニューヨークのマンハッタン区にあります。こちらはジョンソンのモダニズム建築からポスト・モダニズム建築への移行を示す傑作といわれています。

ゲッレールト・ホテルと温泉

312

所在地　ハンガリー　ブダペスト
設計　レヒネル・エデン

アール・ヌーヴォー建築の温泉大浴場があるホテル

　ドナウ川の西側にそびえるゲッレールトの丘に温泉が湧き出るようになったのは古く、オスマン帝国時代には温泉浴が盛んになっていました。

　もともとハンガリーの首都ブダペストは温泉が湧く都市として知られ、多くの温泉施設が点在しています。なかでもゲッレールト・ホテルにある温泉は最大で、13の源泉からお湯を引いています。プールのような天井の高い屋内温泉の装飾を担当したのは、建築家レヒネル・エデン（1845〜1914年）です。彼は伝統的なハンガリーのモチーフを活かした、アール・ヌーヴォー様式でありながら、ネオ・バロックも取り入れた重厚な設計としました。

　入場口、コーナー部分、浴場入口などにはバロック様式のクーポラがかかっており、74mある玄関ホールには、アーチ型のステンドグラス屋根が続いています。

　ゲッレールト・ホテルと温泉はエデン没後の1918年の完成ですが、エデンは近代的な最新の建材や技術を用いた建築家で、とくにセラミックの使い方や色使いが革新的でした。つや出し加工の大理石とタイルが、湯気の向こうでゆらゆらと揺らぐ様子は、幻想的ですらあります。

もっと知りたい！　ゲッレールト・ホテルと温泉は、レヒネル・エデンのコンセプトに従って3人の弟子たちが完成させています。ホテルの内部も、エントランスホールから部屋に上がる階段までが見事に曲線の美しさで表現されており、ウィーン分離派アール・ヌーヴォー建築の典型的建物のひとつです。

ボスコ・ヴェルティカーレ

313

所在地 イタリア共和国　ロンバルディア州ミラノ

設計 ステファノ・ボエリ

「垂直の森」といわれる緑豊かな高層ツインタワーマンション

　ミラノ市内の4万㎡のポルタ・ヌオーヴァ・イゾラ再開発地区にあるボスコ・ヴェルティカーレは、高さ110m（27階建て）と76m（19階建て）の2棟が並ぶツインタワーです。この建物でひときわ目を引くのが、壁一面の緑。双方のバルコニーを合わせ、高さ3〜6mの木が900本、低木が5,000本、花が1万1,000株植えられているのです。

　樹木は、土の中に埋め込まれた金属製のメッシュに伸縮性のあるバンドで固定し、高木の幹は安全ケーブルでも結束され、万が一にでも落下しないように設計されています。設計したミラノ出身の建築家ステファノ・ボエリ（1956年〜）は、2014年夏に竣工したこの建築で、都市内の自然を垂直に高密度化するモデルを世に問いました。

　ボスコ・ヴェルティカーレは、都市人口が増加することで住宅が密集し、広大な緑化面積を確保しにくいという問題を、縦方向の緑化によって直射日光をやわらげ、CO_2削減という現代的な課題解決に対し、積極的に貢献する建築です。持続可能な社会をめざす上での住宅モデルとして一躍脚光を浴びています。

もっと知りたい！ 壁面緑化や屋上緑化は、これまでにもさまざまに取り組まれてきましたが、高層ビルでこれほどの樹木を使用した例はありませんでした。ボスコ・ヴェルティカーレは2014年、建築物の「模範的な持続可能性」を審査条件のひとつとする国際ハイライズ賞を受賞し、ボエリの「垂直の森」の構想が世界的に認知されました。

アリアンツ・アレナ

314

所在地　ドイツ連邦共和国　バイエルン州ミュンヘン

設計　ヘルツォーク＆ド・ムーロン

外観の色が自在に変わる繭型のサッカー専用スタジアム

　2006年にサッカーのドイツ・ワールドカップの試合会場になり、ドイツのサッカーリーグ・ブンデスリーガの強豪バイエルン・ミュンヘンのホームスタジアムとして使用されているアリアンツ・アレナは、2005年にスイスの建築家ユニットであるヘルツォーク＆ド・ムーロンを設計者として完成しました。「アリアンツ」とは、スタジアムに投資したミュンヘンが本社の世界有数の金融グループです。

　カイコの繭のような楕円型の外観には無数のひし形がびっしりと並べられ、それぞれのひし形が空気で膨らんだような丸みを帯びています。これはガラスより軽い高機能フッ素樹脂ETFEフィルムを用いたことによります。光の透過率が90％以上というこの建材により、サッカー場の命といえる芝生への採光が保たれています。

　またスタジアムから外の景色も見える光の透過率を利用し、内部からさまざまな色を当てて外観の色を変えられるのが特徴です。試合が開催されるホームクラブのカラーに合わせ、バイエルン・ミュンヘンの赤、TSV1860ミュンヘンの青などと使い分けています。

もっと知りたい！　約370億円を投じて完成したアリアンツ・アレナが美しく発光するのに利用されているETFEフィルムは、日本のメーカー旭硝子の製品です。一方、2017年にTSV1860ミュンヘンがスタジアムの使用契約を解除したため、2018-2019のシーズンからは座席をバイエルン独自に塗装し直すなどの改装が施されました。

ナショナル・ネーデルランデン・ビル（ダンシングビル）

315

所在地 チェコ共和国 プラハ
設計 フランク・ゲーリー

横にツイストした「ダンシングビル」と呼ばれる奇妙な建物

プラハの中心部にある、おしぼりを絞って建てたようなコンクリート造の特異すぎるガラス塔が印象的なナショナル・ネーデルランデン・ビルは、男女が踊っているようなその姿から「ダンシングビル」とも呼ばれています。

ガラス塔がもたれかかるのを、寄り添って支えるように立つ外壁がコンクリートパネルのビルは、頂上に鳥の巣のような板金製の球体が載り、夜は美しくライトが灯ります。

設計は、「脱構築主義の先駆者」ことフランク・ゲーリー（1926年〜）で、建設地は第二次世界大戦で空爆に遭った跡地でした。1989年にチェコスロバキア共産党体制を打倒したビロード革命のとき、新大統領のハヴェル氏が自身の住むアパートの隣の不整形地に、これまでにない並外れたビルを建てたいと考えたのが発端とされます。

ゲーリーは、変則的な敷地を利用して説明しがたい形状の建築物をこれまでにも数々手がけており、その創意とデザイン感覚によって1996年、ふたつの個性的な塔がひとつの建築物を構成するという、ナショナル・ネーデルランデン・ビルの完成に至ったのです。

もっと知りたい！ この建物は、「フレッド＆ジンジャー」の愛称でも呼ばれています。イタリアの名監督フェデリコ・フェリーニ監督がダンス映画時代への郷愁とともに世に出した映画『ジンジャーとフレッド』（1985年）のふたりの主人公になぞられたもので、ふたつの塔が寄り添って建つ様子が動的に見え、あたかもダンスしているようであることから付けられました。

アラゴン・パビリオン

316

所在地 スペイン王国　アラゴン州サラゴサ

設計 ヘルツォーク&ド・ムーロン

アラゴン地方の籠をモチーフとした外壁が注目のパビリオン

　スペイン北東部のアラゴン州の州都サラゴサで、「水」をテーマとしたサラゴサ国際博覧会が開催されたのは2008年のことです。アラゴン・パビリオンは数あるパビリオンのひとつで、「アラゴン州の風景の多様性」をテーマとし、アラゴン州の文明と水の深いかかわりを解説することを目的としていました。

　建物の形状は、アラゴン地方の伝統工芸である籠がモチーフとなっており、きれいに編み込まれたようなきめ細かなシルバーに輝く外壁が、他にはない独創的なものです。2008年6月14日から9月14日までの93日間行なわれた国際博覧会以降は、アラゴン州の教育省本部として活用され、現在でも観光で訪ねることができます。

　国際博覧会のテーマは「水と持続可能な開発」で、サブテーマは「水——限りある資源」「生命の源である水」「水のある風景」「水——人々をつなぐ要素」でした。北からガジェゴ川が合流して地中海に注ぐエブロ川中流域の中心地であり、水とともに紀元前からの歴史を刻んできたサラゴサの歩みを、最先端の現代建築のパビリオンで紹介したのです。

もっと知りたい!　サラゴサ国際博覧会の跡地は、万博会場跡公園としてサラゴサ市のデリシアス駅からエブロ川を渡った場所に残されています。アラゴン・パビリオンをはじめ、いくつか見応えある建築物が残っています。

ウェインライト・ビル

317

所在地	アメリカ合衆国　ミズーリ州セントルイス
設計	ルイス・サリヴァン

鉄骨フレームの使用で、モダニズムの先駆けとなった高層ビル

1891年に完成したウェインライト・ビルは、「形態は機能に従う」の名言で知られるシカゴ派の建築家ルイス・サリヴァン（1856～1924年）の代表作のひとつです。シカゴ派とは、1871年のシカゴ大火後の建築需要のなかで、新しい素材の鉄骨を駆使し、装飾性ではなく実用的な機能美を求めてモダニズム（近代建築）を追求した建築家たちを指します。

ビルの四隅に立つ四角柱の重厚な柱、その内側に太い柱と同方向の列柱を並べて「垂直性」を強調し、この部分に装飾を施しません。装飾的要素は最上階の柱頭部に水平に構築される部分（エンタブラチュア）のみで、最下層の2階部分にコー

ニス（柱に支えられる水平部分）を設けて垂直性を分節するようデザインされました。

これにより、古典的なギリシア建築を思わせる基壇部分、柱部、頂上部といった3層構造のファサード（ビルの正面側）が生まれ、サリヴァンの高層建築設計における基本構造のようになっています。10階建て、高さ45mで赤い花崗岩で全体の外壁が覆われたウェインライト・ビルは、高層ビル・商業ビルの歴史を語るうえで、非常に重要な存在です。

> **もっと知りたい！**　西洋建築史のなかで長かった石造建築の時代は、壁面で全体の荷重を支えるために構造的な自由度には多くの制約がありました。鉄骨造建築では、荷重を支えるのが柱になり、サリヴァンはそうした制約から開放された鉄骨造の建築がデザインに変化を与える影響を見通し、「形態は機能に従う」を建築の基本原理として強調したといわれています。

聖ベネディクト教会

318

所在地 スイス連邦　スンヴィッツ
設計 ピーター・ズントー

アルプスの山々に溶け込んだ斜面に建つ教会

　スイス出身の建築家ピーター・ズントー（1943年〜）が手がけ、アルプスの山並みを望む小さな村に1989年に建設された聖ベネディクト教会は、自然環境になじんだ近代建築の名作を数々残したズントーの出世作となりました。

　スイスのこの地方の伝統的な技法にならい、四角い小さな板状の木材を魚鱗のように貼り付けた外壁は、斜面に建つ教会に対し水平方向に並んでおり、築30年以上を経て風合いある素朴な表情を見せています。立地場所に適した機能性に富んだ建築を志向し、建築素材も建物を取り囲む環境との調和を重視して選ぶズントーならではの設計といえます。

　内部は木材の軸組の間にステンレスの壁を貼られた質素な仕上げで、厳粛さを強調するような装飾やフレスコ画などはありません。木材の温かみに包まれた教会内は、その素朴さがかえって祈りの場としての凛とした静寂な空間を演出しています。

　祭壇も素朴な四角形で小さな十字架が載っており、柔らかいカーブを描くステンレスの壁の奥に配置されています。

もっと知りたい！ 聖ベネディクト教会のあるスンヴィッツ駅から列車で30分ほどの場所に、ズントーの最高傑作ともいわれる「テルメ・ヴァルス」があります。標高1200mの山中に1996年に建設された温泉施設で、外観は幾何学的な堂々たるモダニズム建築ですが、アルプスの自然環境になじんだ佇まいに、大きな建造物でもぶれないズントーの姿勢が表われています。

マルケス・デ・リスカル・ラグジュアリー・コレクション・ホテル

所在地 スペイン王国　アラバ県エルシエゴ
設計 フランク・ゲーリー

ワイナリーと脱構築主義様式が融合したホテル

　1858年に当地の貴族リスカル侯爵によって設立されたワイナリー「マルケス・デ・リスカル」。数々の世界的な賞の受賞歴を持つこのワイナリーに2007年、薄い鉄の板を無造作につぶして作ったオブジェのようなホテルが誕生しました。

　マルケス・デ・リスカル・ラグジュアリー・コレクション・ホテルは、芸術とアートを融合させた脱構築主義の巨匠フランク・ゲーリー（1929年〜）が設計したものです。カラーチタニウムとステンレス鋼が幾重にも折り重なった華やかな色使いですが、ワインの赤、白、ロゼ、ボトルカプセルのシルバー、レセルバワインのゴールドなどにちなんだ配色がされています。

　内部に入ると一転して抑えられたデザインで統一されており、キングサイズベッドはテラスと向かい合わせに配置され、部屋によって「ブドウ園ビュー」「ビレッジビュー」「エルシエゴビレッジビュー」と3通りの景観を楽しめます。

　ミシュラン獲得レストラン含む4つのレストランと、フィットネスルーム、屋内プール、ジェットバスも充実しています。その名の通り、「ラグジュアリー（豪華）」なホテルです。

もっと知りたい！　客室は全43室あり、スパウイングとゲーリーウイングに分かれています。数々の受賞歴もあるスパは、スパウイングにあります。客室のデザインもゲーリーが手がけており、ゆがんだ窓やうねる壁などのユニークな内装を楽しめます。ギフトショップではマルケス・デ・リスカルのワインを購入でき、工場見学も可能です。

メトロポール・パラソル

320

所在地　スペイン王国　アンダルシア州セビリア
設計　ユルゲン・ヘルマン・マイヤー

6本の巨大パラソルを連結した世界最大級の木造建築

　　セビリア旧市街にあるメトロポール・パラソルは、近代建築の粋を集めて2011年に完成した巨大な木造建造物です。6本の巨大パラソルを連結した構造で、まるでキノコのような奇妙な形から、地元では「ラス セタス（マッシュルーム）」と呼ばれています。

　　敷地1万8,000㎡超、サッカーグラウンドの1.5倍ほどの敷地いっぱいに広がる建築面積5,000㎡、高さ28mの木造建築は、世界最大級とされています。

　　設計は、ドイツのシュトゥットガルト出身の建築家・芸術家のユルゲン・ヘルマン・マイヤー（1965年～）です。木材の加工しやすさを活かし、アントニオ・ガウディの建築のような直線のない動的な造形を生み出しました。

　　キノコのかさのように広がる屋根の部分には、ドイツで加工したフィンランド産のマツ材1,300tを使用するなど、素材へのこだわりと木材をつなぐ接着剤の調達、複雑な構造計算を克服したことから、木造建築の固定観念を次々に覆しました。

　　その後、ヨーロッパでも木造ブームが起こり、高層建築構想も持ち上がっています。

もっと知りたい！　かつての駐車場が中心だったエンカルナシオン広場に生まれた木造格子型の巨大パラソルは、人々が集う日陰のスペースを提供し、暑いセビリアの夏にあって、涼をとるのに絶好のスポットです。セビリア中心街に位置しており、公共交通機関でもアクセス可能です。

ナショナル・ギャラリー東館

321

所在地 アメリカ合衆国　ワシントンD.C.
設計 イオ・ミン・ペイ

世界屈指の美術館の現代アートを担う後期モダニズム建築

コレクションの総数12万4,000点、約1万3,000名の芸術家のアートを所蔵するワシントンD.C.のナショナル・ギャラリーは、1937年、銀行家アンドリュー・W・メロンが、美術館設立のための基金と、自身の美術コレクションを連邦政府に寄贈して始まりました。

1941年に大理石造の美術館（西館）が完成していましたが、増え続ける所蔵作品に対応するため、1978年には現代美術展示のための東館が新設されました。設計は、中国系アメリカ人の建築家で、「幾何学の魔術師」と称されるイオ・ミン・ペイ（1917～2019年）です。

戦後ハーバード大学大学院に学び、バウハウスの創立者ヴァルター・グロピウス（1883～1969年）にモダニズム建築を学んだペイは、台形の難しい東館土地に三角形を組み合わせた平面図ながら、H型の堂々たるファサードで後期モダニズムの建物を完成させました。

展示棟に入ると、天井がガラス張りの巨大な吹き抜け空間が中央にあり、通路が立体的に交錯する先に展示室がアトリウムを囲むように配されています。西館と同じ石切場から切り出されたピンク花崗岩が、明るい館内をよりやわらかい印象に演出しています。

もっと知りたい！ 　西館と東館をつなぐ地下通路は、横に長い楕円型の通路に無数の星をちりばめたようなライトが輝いています。「マルチバース（多次元的宇宙）」（レオ・ビラリール作）という作品で、アトリウムにはアレキサンダー・カルダーのモビール（動く彫刻）が吊られ、屋上のテラスにも立体作品が複数あります。展示物だけでなく、建物全体がアート表現の場となっています。

ドバイ国立銀行

322

所在地 アラブ首長国連邦　ドバイ
設計 カルロス・オット

巨大な帆船の帆をかけたようなデザインの銀行ビル

　紀元前の頃から、巨大な帆を張ってアラビア海・インド洋を航行していたというダウ船。1997年に完成したドバイ国立銀行は、高層ビルからあたかも巨大なタペストリーを掛けたかのように、ダウ船の帆をモチーフにした曲面ガラスの板が印象的に設置されています。

　一方でビルの下部は、エントランスから建物と垂直方向に、帆船の船体をイメージしたアルミニウムの屋根、海を表す緑色のガラスでデザインされており、帆の部分の曲面と組み合わせて想像すると、まさに帆に風を受けて前進するダウ船を想像させます。

　設計者のカルロス・オット（1946年〜）は、南米のウルグアイで生まれ、ハワイや米国で建築を学んだ建築家です。アラブ首長国連邦で数々の建築を手掛けており、ドバイの建築の発展に大きな功績を残しています。

　オットがイスラム文化の象徴的なモチーフとしてダウ船に着眼し、ポストモダニズム建築として結実させたドバイ国立銀行は、2010年に完成した世界一高い「ブルジュ・ハリファ」（829.8m）とともに、ドバイでは必見の高層ビルといえるでしょう。

もっと知りたい！　ドバイはアラブ首長国連邦を構成する首長国のひとつ、ドバイ首長国の中心都市です。アラビア半島のペルシア湾沿岸に位置し、アラブ首長国連邦では最大の都市で、人口約331万人（2019年現在）を擁しています。「中東の香港」と呼ばれる国際金融都市で、ドバイ国立銀行はその中核を担っています。

シアトル中央図書館

323

所在地 アメリカ合衆国　ワシントン州シアトル
設計 OMA

型破りの巨大建築物は、本好きの街の中央図書館

　全米でも高い読書量を誇るシアトルの街に、2004年にオープンしたシアトル中央図書館は、ダウンタウンの一区画を占める巨大建築です。菱形の鉄のフレームとガラスに覆われた複雑な形状の立体が積みあがっていくダイナミックさが強烈な存在感を示しています。

　「ガラスの箱」のあだ名を持つこの図書館の設計は、オランダ出身の建築家レム・コールハース（1944年〜）の事務所OMAが担いました。

　内部は外壁の菱形フレームとガラスが自然光を取り込み、公園にいるような明るく開放的な空間が広がっています。3階は3層吹き抜けの空間になっており、斜めのガラスに囲まれて天井の存在を感じないほどの開放感があります。10階フロアはダウンタウンの摩天楼を間近に眺めることができ、空中庭園にいるような感覚になります。

　11階建てのうち、6階から9階は「ブック・スパイラル」という構造になっており、書架がらせん状に並んでいます。利用者はスロープを進んで目的の書架にたどり着くというもので、増え続ける書籍への対応を見据えた次世代の配架方法として注目されています。

もっと知りたい！ 　図書館のなかは、さまざまな場所に読書や仕事、勉強のための空間が割り当てられていて、利用者が好みの居場所を自由に見つけて過ごすことができます。各フロアはスロープでつながっていながら全く異なるインテリアデザインになっています。採光が豊かな館内ですが、本を大量に収蔵するスペースでは、自然光を抑えてインテリアで明るさを演出しています。

アルテス・ムゼウム

324

所在地 ドイツ連邦共和国　ベルリン
設計 カール・フリードリヒ・シンケル

古代ギリシア建築に範を求めたドイツ新古典主義の代表作

　　アルテス・ムゼウムは、1823年から1828年にかけて建造され、1830年に開館した王立美術館です。19世紀にドイツ中産階級に高まった教養志向に応え、プロイセン王フリードリヒ・ヴィルヘルム3世が王室のコレクションを収蔵する美術館設立を指示しました。

　　設計を任されたカール・フリードリヒ・シンケル（1781〜1841年）は、ファサード（正面側）にイオニア様式の柱を18本並べ、古代ギリシアのストア（列柱廊）を思わせる外観をデザインし、内部中央にはローマのパンテオンに範をとった円形のホールが配置されています。

　　正面に広場を擁したギリシア神殿のような設計は、ヴィルヘルム3世のドローイング・スケッチに基づくとされます。バロックやロココ建築の装飾的・官能的な表現への反発から興った新古典主義の後期の作品です。

　　かつては宮殿や教会にしか見られなかった建築要素を持ち込んだ明確なコンセプトの外観を見せる一方、美術館としてのシンプルな屋内レイアウトがうまく融合し、ドイツ新古典主義の重要な建築物であるとともに、建築家シンケルの代表作といわれています。

もっと知りたい！　アルテス・ムゼウムのアルテスとは「旧」を意味し、ベルリンの「博物館島」として観光スポットになっている地区に初めて建てた美術館です！ベルリンを南北に流れるシュプレー川の中州にあり、新旧博物館を含む6つのミュージアムが集まっています。1999年に「ベルリンのムゼウムスインゼル（博物館島）」の構成資産として世界遺産に登録されています。

ソーク生物学研究所

325

所在地　アメリカ合衆国　カリフォルニア州サンディエゴ
設計　ルイス・カーン

「ピカソを招いてもいい研究所」という依頼に応えた傑作

　カリフォルニア州サンディエゴ郊外のラホヤにある「ソーク生物学研究所」は、モダニズム建築からもポスト・モダニズムからも距離を置き、独自の精神性の高い建築を打ち立てた近代建築最後の巨匠といわれるルイス・カーン（1901～1974年）によって設計されました。

　ポリオ（小児麻痺）ワクチンの開発者である細菌学者ジョナス・ソークが開設したソーク生物学研究所は、ソーク博士がカーンの建築を見て感動し、「芸術家のピカソを招いてもいいような研究所を」と直接依頼したそうです。

　1966年に完成したソーク生物学研究所は、中庭を挟んでコンクリート打ち放しの建物が中庭をはさんで左右対称に配され、その先に青い海と空が望める断崖があります。その自然と対比されたモダニズム建築の美しさは、当時の建築界に新風を巻き起こしました。

　コンクリート造の壁とチーク材の木製パネルの窓は、海に向かって風通しがよくなるよう工夫され、快適に過ごせるように設計されています。「細菌」を扱う研究が、空気や人間に対して厳重な注意を要することが、カーンのイマジネーションを刺激したのです。

もっと知りたい！　空や海と一体となったアートや彫刻のようなソーク生物学研究所からは、多くのノーベル賞受賞学者を輩出し、またノーベル賞の候補に常に挙げられる科学者や新進気鋭の若手研究者も多数在籍しています。芸術作品のような研究所で、世界でもトップレベルの研究が行なわれているのです。

シーランチ・コンドミニアム

326

所在地 アメリカ合衆国　カリフォルニア州サンフランシスコ
設計 チャールズ・ムーア

断崖の荒々しい景色と一体となったコンドミニアム

　　サンフランシスコの街から北へ海岸沿いに160km離れた断崖の上に、シーランチ・コンドミニアムがあります。木造2階建ての現地に点在する納屋を意識してデザインされたというその外観は、建築木材にも地元のレッドウッドを用い、建物の色が断崖の色に近く、周辺環境に溶け込んでいます。

　　1964年建築のシーランチの設計者は、建築家チャールズ・ムーア（1925〜1993年）です。強い海風が吹き付ける荒涼とした土地で、厳しい環境にどう対応するかを意識し、軒や雨樋なども省き、シンプルな斜め屋根を持つ10戸のコンドミニアム構想をしました。

　　内装は、レッドウッドをそのまま生かした内壁に、高い天井の天窓から柔らかな自然光が注ぎます。内部には4本の丸太の柱で支えられた高いスペースがあり、上段にはベッドルーム、その下段に暖炉を配したリビングなどが、品良く収まっています。設計のムーア自身の別荘である「ユニット9」で延べ床面積約95㎡。断崖側の窓際に配置したソファ、機能性の高いキッチン、高い天井の天窓など、限られた空間を合理的・美的に活用した設計となっています。

もっと知りたい！ 　シーランチ・コンドミニアムの駐車場スペースから、少し下がった木の門の奥に入ると、いくつかのユニットに囲まれた中庭があります。潮風が強い外側からは守られたような自然素材を生かした別世界の空間が広がっています。各ユニット（各戸）は中庭から高い位置に建ち、それぞれ階段を上がって自分の住戸へ向かいます。

ライヒスターク（ドイツ連邦議会議事堂）

所在地　ドイツ連邦共和国　ベルリン
設計　ノーマン・フォスター

歴史ある議事堂をガラスのクーポラで再生

　1894年に竣工した旧ドイツ帝国の象徴といえるライヒスタークは、1933年のナチスによる放火、1945年のソ連軍による占拠、1961年のベルリンの壁建設、1990年のドイツ再統一など、波乱の歴史の目撃者となりました。戦後は使用されていませんでしたが、ベルリンの壁崩壊後の1992年、設計コンペに勝利したハイテク建築家ノーマン・フォスター（1935年〜）によって、旧議事堂の外観を維持しつつ再建され、1999年に内部を完全な新築として完成しました。

　建築の中心は、巨大なガラスのクーポラ（円蓋）です。高さ23.5m、幅40mの半球型の内部には歩いて登れるらせん形の通路があり、屋上からベルリン市街が望め、眼下に議事堂内部を見られるようになっています。

　ガラス張りの議場にも上から天然光が降り注ぎ、石造建築の屋内ながら開放感を演出。さらにドームの中央にある逆円錐状のミラーが、自然光を反射させて下の議場へと導きます。またドームの内側では盾状のスクリーンが太陽の動きに合わせて位置を変え、直射日光が内部に入るのを防ぐなど、光の採り入れ方にさまざまな工夫が施されています。

もっと知りたい！　当初は、ライヒスタークと広場すべてをガラスの巨大な平屋根で覆う案があったといいます。外壁は保存されましたが、外壁以外のすべてが一旦取り払われる大工事を経て、らせん階段の中央に重さ300tという逆円錐の巨大ガラスのオブジェを吊り下げた中央の巨大なクーポラが完成しました。

テンペリアウキオ教会

328

所在地 フィンランド共和国　ヘルシンキ
設計 スオマライネン兄弟

大岩をくり抜いたなかに造られた「岩の教会」

　　まるで洞窟のなかに造られた秘密空間のような「テンペリアウキオ教会」。その構想は1930年代からあったものの、第二次世界大戦などで中断し、戦後行なわれたコンペで優勝したスオマライネン兄弟による設計で1969年になって完成しました。大岩をくり抜いて建設されたことから、「岩の教会」とも呼ばれています。

　　テンペリアウキオ教会の内部は、内壁がこのくり抜かれた岩肌がむき出しのままであり、この岩肌が優れた音響効果を生み出すとのことで、コンサートホールとしても利用されています。エントランスは、本当に洞窟内の基地に入っていくような岩山に開口部があるだけのような造りです。

　　ただし、天井は直径24mの表面を銅で仕上げた円形屋根になっており、銅の経年変化もあって重厚感があります。その屋根部分のすぐ下の上部側面には、円形の縁に沿うかたちでガラスがはめ込まれており、ここから自然光が入る仕組みになっています。洞窟上部から光が差し込んでくるような、不思議な感覚になります。

もっと知りたい！ テンペリアウキオ教会は観光地としても有名であり、年間約50万人もの人々が教会を訪れます。ヘルシンキ中心部にあり、周辺はアパートメントが並ぶ住宅街です。テンペリアウキオ教会は、毎日10:00（日曜日は12:00）〜17:00までの開館。観光客だけでなく、市民の憩いの場にもなっています。

ポート・ハウス

329

所在地　ベルギー王国　アントウェルペン州アントウェルペン
設計　ザハ・ハディド・アーキテクツ

1922年建設の旧消防署が現代建築に……

　風格ある近代建築の屋根の上にボートが乗ったような外観のポート・ハウスは、2016年に完成した500名のスタッフを収容するアントウェルペン港湾局の本部ビルです。下の古い建物は、放置されていた1922年築の旧消防署を再利用したといいます。

　設計を担当したのは、東京の新国立競技場の当初案をデザインした女性建築家、ザハ・ハディド（1950〜2016年）の事務所「ザハ・ハディド・アーキテクツ」です。建設には約7年もの歳月を要し、2016年の秋に完成したとき、ハディドはその年の3月に急逝していました。

　彼女の遺作となったポート・ハウスは、旧消防署の建物の外観はそのままに、巨大なダイヤモンドのオブジェを思わせる増築部をその上部に大胆に載せたデザインで、ダイヤモンドの取引量世界一のアントウェルペンにふさわしいと称えられています。

　南に向けて尖った形状は、港湾都市らしく船のようにも見え、透明と半透明のガラスを不規則に組み合わせた増築部分は、港湾に面した施設にふさわしく太陽の光にさざ波のように輝いています。

もっと知りたい！　ポート・ハウスの元消防署の上のオブジェのような建築は、ダイヤの輝きを持ったようにガラス窓をはめ、天候によりカラートーンが変わるようにデザインされています。また全面ガラス張りのため、内部からはスヘルデ川のパノラマビューを楽しめ、内部の図書室を一般開放する予定もあります。

クライストチャーチ 仮設大聖堂

330

所在地 ニュージーランド　クライストチャーチ
設計 坂茂

「紙」を建材として建てられ、災害復興の象徴となった大聖堂

　ニュージーランドの南島の中心都市であるクライストチャーチは、2011年2月に巨大地震に襲われ、歴史あるクライストチャーチ大聖堂が崩壊しました。その仮設大聖堂として建設されたのが、クライストチャーチ仮設大聖堂です。

　この仮設大聖堂は、なんと「紙」によって建てられたもの。ただし、「紙」といっても防水や難燃加工が施され、50年は問題がない耐久性を備えています。大聖堂のなかは、大小さまざまな筒状の紙で主要部分が作られていて、屋根部分から祭壇や十字架にもこの素材が用いられています。元の大聖堂のようにファサードにはステンドグラスが施されていますが、建物の外側に半透明な素材が使われているので、屋根部分の紙の間からも外の光が中まで届き、大聖堂内を自然の光が満たし、穏やかで厳かな光が差し込む神聖な空間が生み出されています。

　「カードボード・カセドラル」とも呼ばれるこの大聖堂は、日本人建築家・坂茂（1957年〜）の提案・設計。アメリカで建築を学び、紙管、コンテナなどを利用した建築や災害支援活動で知られる坂は、2014年に建築界で権威あるプリッカー賞を受賞しています。

もっと知りたい！ クライストチャーチ仮設大聖堂のすぐ裏側には、すべて形の異なる185脚の白い椅子が並べられています。これは、2011年の地震で亡くなった185名の方々を追悼したものです。学校の椅子、台所の椅子、子供用の椅子、中には車いすやベビーカーなどもあり、街の70％が被害を受けたという大地震が奪った尊い命への祈りが込められています。

ゼンパー・オーパー

331

所在地	ドイツ連邦共和国　ザクセン州ドレスデン
設計	ゴットフリート・ゼンパー

ワーグナーの初演で知られるネオ・バロック様式の歌劇場

　ゼンパー・オーパーは、その名の通りドイツの建築家ゴットフリート・ゼンパー（1803～1879年）が設計・建築しました。「ゼンパー宮廷歌劇場」とも呼ばれるネオ・バロック様式の重厚な外観と華麗な宮殿のような内装は、国家の威信を示す目的を持ってバロック建築を復興させた建築様式で、歴史的建造物が多いドレスデンのなかでも際立った存在感を見せています。

　内部は、歌劇場らしい円形の客席が何層にも重なる構造で、特徴的なのは舞台の天井が客席を上回る高さでドーム状にそびえ、外観上も円柱状に突き出ている点です。

　ザクセン王国の首都だったドレスデンのオペラ劇場として、1838年から1841年にかけて建設されたゼンパー・オーパーは、1869年に火災にあって損壊します。当時、72歳になっていたゼンパーは、再建設計コンペに勝ちぬいて自身の手で修築を成し遂げました。

　またこの劇場は、19世紀ドイツを代表する作曲家であり、指揮者のリヒャルト・ワーグナーが1843年から1849年まで指揮者を務めており、ワーグナー作のオペラ『タンホイザー』などが初演された場所としても世界的に有名です。

もっと知りたい！ 　1834年にザクセン王立芸術学校教授になり、ワーグナーとも親交を結んだゴットフリート・ゼンパーは、1849年に国王による革命派弾圧に反対する市民暴動が起こると、支援者として死刑判決を受け、ワーグナーと亡命を余儀なくされます。後年のゼンパー・オーパーの再建は、特赦を受けて帰国し、実際の建設を息子が担って完成されました。

フィンランディア・ホール

332

| 所在地 | フィンランド共和国　ヘルシンキ |
| 設計 | アルヴァ・アアルト |

北欧の巨匠が都市計画の一環として建築した芸術施設

　　フィンランドの首都ヘルシンキにあるフィンランディア・ホールは、北欧が生んだ20世紀を代表する近代建築家アルヴァ・アアルト（1898〜1976年）が設計した芸術施設です。1967年着工、1971年完成で、フィンランドでもっとも有名な近代建築といわれています。

　　アアルトの都市計画の一環として建築されたもので、ヘルシンキ中央駅から近く、市民の憩いの場であるトーロ湖に面し、できる限り高さを抑えた水平方向に長い建築が美しく湖面に映え、白い建物が環境に溶け込む北欧の近代建築らしい複合施設です。

　　大ホールは1,700席が設置され、オーケストラの演奏会などを中心に使用されています。ほかにヘルシンキホール（340席）、テラスホール（250席）、エリッサホール（130席）、会議室としてのオーロラホール（最大894人）、レストランなどで構成されています。

　　フィンランディア・ホールはアアルト最晩年の作品で、外壁全面に白亜（石灰石の一種）を使用したことで、夏は緑の公園に映え、冬は雪と一体化したような姿を見せる近代建築に、モダニズムの潮流に対して、人間・自然・風土を重視するアアルトの建築思想が見られます。

もっと知りたい！　アルヴァ・アアルトは都市計画から家具や日用品までデザインした建築家で、1937年のパリ万国博覧会に出品されたガラス器「アアルト・ベース」が世界的に有名です。アアルトがデザインした家具は、アルテック社（1935年設立）が製作・販売しています。

エソホテル

333

| 所在地 | チリ共和国　セロ・パラナル |
| 設計 | アウワー＋ウェーバー＋アソジエルテ |

南米の砂漠にある天文台を訪ねる人の保養施設

　チリ北部のアタカマ砂漠のパラナル山には、ハワイのマウナケア天文台に次ぐ南半球最大の望遠鏡を持つパラナル天文台があります。2002年にアタカマ砂漠に開業したエソホテルは、主にこの天文台を訪れる研究者のための宿泊と保養のための施設です。

　鉄筋コンクリート造ながら酸化鉄を混ぜて赤茶けた色に全体を仕上げたのは、この砂漠の景観に対する配慮であり、日中は激しい太陽が照りつけ、夜には急激に気温が下がる厳しい気候と、アンデス山脈から太平洋へ吹き下ろす強風に対処する工夫の結果です。

　環境適応の一方、天文台は周囲の少しの明かりでも観測に影響を与えるため、砂漠のくぼみのなかに建てられながら、外に漏れる照明の明かりにも配慮が必要でした。設計を担当したドイツの設計事務所アウワー＋ウェーバー＋アソジエルテは、ガラスの外側にコンクリートブロックの擁壁を配置することで明かりの問題を解消しています。

　外壁の内側にはドーム型の大きな植物園があり、厳しい環境のなかでも滞在者がひとときの安らぎ楽しめるように工夫されています。

もっと知りたい！　パラナル天文台は海抜2,600mの山上にあり、アタカマ砂漠を車で走っていくと、頂上に4基の望遠鏡が見えてきます。人間の目の40億倍の能力を持っている4基を「干渉測定」という技術で用いると、さらに25倍の能力による観測が可能で、世界中の研究者が最高の設備を求めて集まっています。

梅田スカイビル

334

所在地 日本　大阪府大阪市
設計 原広司、竹中工務店

「未来の凱旋門」と称えられた連結超高層ビル

　地上40階・地下2階建て、高さ173mのタワーイースト（東棟）とタワーウエスト（西棟）の2棟を頂上で連結させた梅田スカイビルは、1993年に完成しました。2008年にイギリスの有名出版社DK社が選ぶ「世界の建築トップ20」に、日本で唯一ランクインし、「未来の凱旋門のようだ」と形容されています。

　2棟のビルをつなぐ頂上部分は「空中庭園」になっており、大きな丸い穴を通って「空中エスカレーター」で上ります。空中庭園は、集客の目玉であることはもちろん、高層ビルの地震、風、振動への耐性を強化しています。

　この空中庭園はビルの屋上で築いたのではなく、まず地上で組み立て、ワイヤーロープで吊り上げる「リフトアップ工法」で施工されました。

　設計は、のちに京都駅ビル（1997年）や札幌ドーム（2001年）を手がける建築家・原広司（1936年〜）です。梅田スカイビルは世界初の連結超高層ビルであり、22階には連絡通路、シースルーのエスカレーターの設置など、ビル間の移動を活発化する工夫が施されました。

もっと知りたい！　オフィスをはじめ、ショールームやイベントホール、レストラン、ショップに映画館など、もとは旧梅田貨物駅近くのオフィス街だった場所に、梅田スカイビルはエンタテインメントに富んだ複合施設として誕生しました。有料の空中展望台は、360度の視界が開けた絶景スポットとして、開業15年で入場者1,000万人を突破しました。

静岡県
富士山世界遺産センター

335

所在地	日本　静岡県富士宮市
設計	坂茂

世界遺産になった富士山の文化的価値を伝える施設

　2013年、富士山が世界文化遺産になると、「世界遺産を保護し、保存し、整備し及び将来の世代へ伝える」拠点施設が必要になりました。そこで、2017年末、駿河国の一宮・富士山本宮浅間大社の鳥居そばに建てられたのが、静岡県富士山世界遺産センターです。

　設計は、2014年にプリツカー賞を受賞した坂茂。フランスの「ポンピドゥー・センター・メス」（2010年）の設計で世界的評価も高い坂は、静岡県富士山世界遺産センターでは、建物の中心になる展示棟を木格子で組み上げた逆円錐状の「逆さ富士」とし、水庭に写り込んで富士山になるという鮮烈なデザインを試みました。逆さ富士を組んだ木格子は、地域のブランド材「FUJI HINOKI MADE」を使用し、ひとつひとつ形の違う8,000ピースという部材を組み合わせて作られています。

　展示棟は、この逆さ富士の中をらせん状に歩きながら6つの展示ゾーンを巡る造り。壁面に投影された富士山にまつわる映像を見ながら全長193mのスロープを登ることで、空中を浮遊するような感覚で富士登山を疑似体験できる趣向になっています。

　もっと知りたい！　内部は壁に投影されたタイムラプスの映像があり、富士山を中心とした高山帯から駿河湾までの生態系を紹介するゾーンや、古くから富士山の優美な姿が、詩や絵画などを通して表現されてきた美術や文学からひもとくゾーンなど、歴史、文化、自然など、さまざまな角度から富士山を学べるようになっています。

ブラッドベリー・ビル

336

所在地　アメリカ合衆国　カリフォルニア州ロサンゼルス
設計　ジョージ・ワイマン

伝統的な外観に、個性的な内部デザインのオフィスビル

　1893年竣工のブラッドベリー・ビルは、ロサンゼルスの歴史的建造物に指定されています。設計は、ジョージ・ワイマンという建築家ですが、この非常に独創的な建築がその代表作になっています。

　コンコースを囲んで鉄骨造の4層の事務所フロアが積み重なり（5階建て）、重厚な石張りの内装と規則的にレイアウトされた階段が美観を強調。壁面や鉄柵などには19世紀後半に流行したイギリスのヴィクトリアン様式の意匠があしらわれ、高貴な雰囲気を醸し出しています。

　天井を覆うのはガラスの三角屋根で、建物内に十分な光が採り入れられるため、屋内であっても暗さは感じません。上下階への移動は水力で上下に動くエレベーターが向かい合わせで2基設置されており、コンコースに向けてむき出しの骨組みのなかで上下に動いて独特の景観を演出しています。外壁は砂岩と化粧レンガによる伝統的なもので、近代的な高層ビルが並ぶロサンゼルスのダウンタウンでは古めかしいですが、内部は個性的でデザイン性にあふれ、『ブレードランナー』（1982年）など、数々の映画のロケ地になりました。

もっと知りたい！　ブラッドベリー・ビルは、メキシコの金採掘ビジネスと不動産で財を成したルイス・ブラッドベリーが施主です。格調と斬新性に富んだ当ビルの設計は、ブラッドベリーの意向が強かったといいます。1990年代初めに完全修復され、現在もオフィスビルとして使われているため、上階へは上がれませんが、1階部分は自由に見学できます。

グランド・リスボア・ホテル

3 3 7

所在地 中華人民共和国　マカオ大堂区

設計 デニス・ラウ、ン・チュン・マン

天空に吹き上がるようなマカオで最も高い高層建築ホテル

　52階建て・高さ258mの高層建築が、まるで空へ向けて水を吹き上げるように広がっていく鮮烈なデザインのグランド・リスボア・ホテル（新葡京酒店）は、中国マカオ大堂区にある全430部屋の高級ホテルです。アメニティはエルメスを使用し、24時間対応のルームサービス、独立した浴槽・シャワーと至れり尽くせりの時間を過ごすことができます。

　マカオ中心部に2008年12月に開業したこのホテルは、マカオで最も高い建築物であり、香港の建築家であるデニス・ラウ（劉榮廣）（1941年〜）とン・チュン・マン（伍振民）の設計による、蓮の花をイメージした外観デザイン。ファサード側から横へ回ると非常に薄型の印象を受けますが、7軒のレストランのほか、高級スパに加え、カジノ、屋外プール、フィットネスセンター、カフェなどを備え、客室は50㎡という広さを持っています。

　日が暮れると、蓮の形の外壁に取り付けられた6万個のLEDが点灯され、マカオの夜景を美しく彩ります。旧ポルトガル領で古くから世界的観光地として知られるマカオを代表するランドマークになっています。

もっと知りたい！　マカオといえばカジノの街ですが、グランド・リスボア・ホテルにも低層部のドーム部分に4フロアを占める総計3万8,242㎡の広大なカジノがあります。高い天井の下に広がる巨大空間には800台のスロットマシーンと500台のゲームテーブルが設置され、最上階には賭け金が高額になるVIPルームが15部屋あり、180台のテーブルが用意されています。

バウハウス・デッサウ校舎

所在地 ドイツ連邦共和国 ザクセン＝アンハルト州デッサウ
設計 ヴァルター・グロピウス

初代校長が手がけた革新的なモダニズム建築の校舎

　第一次世界大戦が終結してワイマール共和国が建国された1919年、ザクセン大公立美術学校の校長に近代建築の巨匠ヴァルター・グロピウス（1883〜1969年）が就任します。グロピウスは同校をワイマールからデッサウに移転し、バウハウスとして新たに開校しました。産業革命を経て、建築は機能的・合理的なモダニズムの時代に移っていました。

　移転と同時にバウハウス初代校長でもあるグロピウスは、自らの手でバウハウス・デッサウ校舎を設計します。校長自ら手がけた校舎は、当時としては先駆的だったガラスのカーテンウォール（P89）をファサードに持つ工房棟、講義が行なわれる学校棟、それらと渡り廊下でつながる管理棟で構成されています。

　家具や照明などは、バウハウスのマイスター（講師）や学生によってデザインされ、1926年に開校されました。とくに現代建築では当たり前になっているガラスのカーテンウォールは、外観に透明が続くような軽快さと内部空間での明るさをもたらした当時最先端のモダニズム建築として評価されています。

もっと知りたい！ 　バウハウス・デッサウ校舎は、内部空間のインテリアデザインも非常に工業的で美しく、ドイツの機能主義デザインの源流になっています。機能によって壁や柱などの要素に色が塗られて非常に鮮やかで、20世紀オランダ初頭の抽象美術運動デ・ステイルの影響があると考えられています。

落水荘
らく　すい　そう

339

| 所在地 | アメリカ合衆国　ペンシルヴェニア州ピッツバーグ郊外 |
| 設計 | フランク・ロイド・ライト |

「滝とともに暮らす」を実現させた美しすぎる住宅

　日本では旧帝国ホテルや自由学園 明 日館などを設計した建築家として有名なフランク・ロイド・ライト（1867〜1959年）が手がけた「落水荘」（1936年築）は、ピッツバーグから車で2時間はかかる自然豊かな山の中に建てられています。

　大富豪エドガー・カウフマンが、自身の別荘としてライトに設計を依頼した落水荘は、文字通り建物が滝の上に建っています。自然との調和をテーマとし、建物の高さを抑えて四方に開ける個人住宅の建築様式を「プレイリースタイル（草原様式）」といいますが、これはライトが確立したものです。落水荘も、自然豊かな山の景色に調和する美しさが魅力です。

　ライトは自らの作品を「有機的建築」と呼び、自然と生命の造形のなかに建築の美を探求しました。ヨーロッパ追随の近代建築より、東洋、とくに日本建築に興味を示しています。落水荘の1階と2階、そして屋上に設置されたテラスと室内は床面がフラットで、内外を隔てることのない大空間に仕立てられています。窓を大きめにとり、天井を低めにして室内から窓の外へと視線を導く効果を狙うなど、自然と調和させながらモダン建築の要素も採り入れているのです。

> **もっと知りたい！**　落水荘は、2019年登録のアメリカの世界遺産「フランク・ロイド・ライトの20世紀建築作品群」の8つの構成資産のひとつになっています。カウフマンはライトに別荘を依頼するとき、「滝を眺めて過ごしたい」という要望を出していました。ただ滝を眺めるだけではなく、発注者の意図を超え、滝の上に住居を造って「滝とともに暮らす」ことを提案しています。

ブルーラグーン

340

| 所在地 | アイスランド共和国　グリンダヴィーク |
| 設計 | バサルト・アーキテクツ |

ふたつのホテルを持つ溶岩地形に溶け込んだ施設

　アイスランド南西にある潟湖を利用した、地熱で平均温度40度になる天然スパ「ブルーラグーン」は、日帰り入浴施設です。近くの地熱発電所から流れる熱水を利用した温泉は、微かなエメラルドグリーンに染まった白濁した天然露天温泉で、面積約5,000㎡という世界最大の大きさです。

　ケイ素や塩分などミネラルが豊富なお湯は、地熱発電の結果、熱い地下水が地表に湧き出し溜まったもので、日本でいう天然温泉とは異なりますが、皮膚病に効果があることなどで知られ、豊富な湯量があり、48時間で完全に入れ替わるといいます。

　1999年に開業し、溶岩の岩と壁、黒い砂浜、広大な乳白色の潟湖という地形に溶け込むように建つブルーラグーンは、2つのホテルも経営しています。

　スイートルーム中心でミシュラン獲得レストランもある「リトリートホテル」と、ツインルーム、ダブルルームで構成された「シリカホテル」です。いずれのホテルとも、各部屋は大きなガラス窓からブルーラグーンならでの奇観を眺めてくつろぐことができます。

もっと知りたい！　日帰りの場合、ごつごつとした溶岩入口を抜けて施設のエントランスを入ると、すぐレセプションがあります。事前予約（必須）のときに発行されたバーコード付き利用券と引き換えに、ロッカールームの鍵となるリストバンドを受け取ります。施設内の精算は、リストバンドから退館時に一括精算されます。日本と同じですが、スパは水着着用なのでご注意を。

アーコサンティ

341

所在地 アメリカ合衆国　アリゾナ州フェニックス
設計 パオロ・ソレリ

建築とエコロジーの可能性を探求し続ける実験都市

　アリゾナ州の工業都市フェニックスの北方約110kmの砂漠に、1970年に建設が開始され、いまも建設中の実験都市アーコサンティがあります。ミラノ出身の建築家パオロ・ソレリ（1919〜2013年）が提唱する「アーコロジー」に基づいて、地球への影響を最小限に抑えた都市環境の実現を実証しようとするプロジェクトです。

　アーコロジーとは、アーキテクチャー（建築）とエコロジー（生態系）のふたつの言葉からなる造語です。ソレリは都市を立体的にして居住地域を限定し、本来なら市街地になるはずであった平面の土地を耕作地として生産と消費を自己完結させ、人口爆発や環境劣化を解決すべきだと考えました。

　小高い山のなかに点在する建物は、すべてソレリのデザインと構想に基づき、共感した学生や若い建築家のボランティアによって50年にわたり建設が続いてきました。しかし最終的には全体構想のほんの一部しか完成しておらず、現在も100名ほどの若者がここで生活し、資金難と闘いながら建設活動を続けています。

もっと知りたい！　アーコサンティは、年間で5万人ほどの観光客が訪れ、ガイドツアーや体験宿泊なども行なわれています。ビジターセンター、移住棟のほかに、シアターやレストラン、プールやイベント広場があり、ソーラーや風力発電の施設も備えられています。建物のデザインは、円形やドーム型の1970年代のSF的な雰囲気であふれています。

ハットルグリムス教会

342

| 所在地 | アイスランド共和国　レイキャビック |
| 設計 | グヴォン・サムエルソン |

約40年かけて完成した、伝統美を持つ現代建築の教会

アイスランドでもっとも高い主塔を持つ教会は、レイキャビックにそびえるコンクリート造のハットルグリムス教会で、その高さは74.5mに達します。大聖堂の設計者はアイスランドの建築家グヴォン・サムエルソン（1887〜1950年）。彼が大聖堂設計の依頼を1937年に受けたものの、完成はサムエルソン没後の1986年という長期プロジェクトとなりました。

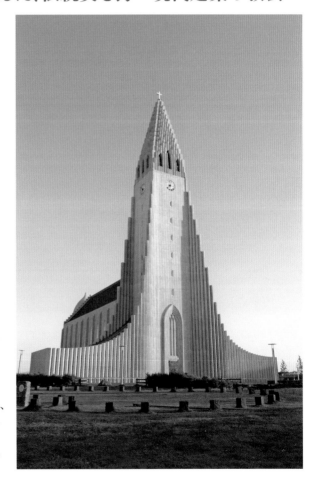

1948年には最初の礼拝用のチャペルが完成しましたが、サムエルソン自身はその頃に亡くなっています。しかし建設は続けられ、1986年、プロテスタントデザインのシンプルさ、有名なスバルティフォスの滝の柱状節理にインスパイアされた壮大な主塔が完成しました。

建物全体が垂直に伸びるコンクリートのブロックで構成され、教会内部の壁にも反射して主祭壇に向かう身廊に太陽光を取り入れる効果を出しています。身廊にしっかりと明るさや空間を持たせる設計は、ネオゴシック様式の教会のようでもあります。

切り立った火山のようなハットルグリムス教会の尖塔は、20世紀前半から発展した北欧表現主義の名作のひとつとされます。

もっと知りたい！　丘の上にあるうえに、74.5mの主塔を持つハットルグリムス教会は、アイスランドで最も高い建物です。建築期間は41年間で、17世紀アイスランドの著名な讃美歌詩人であり、牧師であるハトルグリームル・ピェートゥルソン（1614〜1674年）にちなんで教会名が付けられました。アイスランドの偉大な航海者レイフ・エリクソン（970〜1020年）の像もあります。

ボストン市庁舎

343

| 所在地 | アメリカ合衆国　マサチューセッツ州ボストン |
| 設計 | マイケル・マッキンネル、ゲルハルト・カルマン |

コンクリートを巧みに扱った記念碑的な建造物

　1865年にフランス第二帝政様式で建てられた旧市庁舎に代わり、9階建ての全面コンクリート造の現在のボストン市庁舎が開業したのは1968年です。打ち放しコンクリートで荒々しく表現された塑像のような外観を特徴とするブルータリズム様式の代表例とされています。

　建築現場で造型する「現場打ちコンクリート」と、工場で製造した部材を組み立てる「プレキャストコンクリート」を半分ずつ用い、柱の部分を除くと構造内のすべてのコンクリートに、粗い岩が混合されています。また、上部に向けて広がっていく構造に対応するため、セメントの成分を調整してより軽いコンクリートにしています。

　市庁舎のもっともせり出した中間部分には、市長や市議会議員の部屋、議会議事堂があり、市民と市政とのつながりを象徴するためのデザインです。地面部分にはウェールズで採掘したレンガタイルで整えられ、全体に巨大なオブジェのような印象を与えます。

　独特すぎる外観は、建築の専門家からは高く評価される一方、批判的な意見が絶えない建造物です。

もっと知りたい！　1962年のボストン市庁舎の国際的な設計コンペで優勝したのは、まだコロンビア大学の大学院生だったマイケル・マッキンネル（1935〜2020年）と教授のゲルハルト・カルマン（1915〜2012年）による設計案でした。ふたりが共同で会社を設立した直後であり、以後、大学校舎や裁判所、図書館など公共性の高い建築を数多く手がけました。

衛武営国家芸術文化中心
ウェイ ウー イン

344

所在地 台湾　高雄市
設計 メカノー

台湾南部の高雄にある世界最大級の舞台芸術センター

　南部にある台湾最大の都市・高雄に2018年に完成した衛武営国家芸術文化中心は、舞台芸術用大型コンサートホールを中心とする世界最大級の舞台芸術センターです。台湾最大規模のインフラ事業として、オランダの建築家フランシーヌ・ホウベン（1955年〜）の設計事務所メカノーがデザインを担いました。

　中華民国軍第八軍団の駐屯地だった衛武営都会公園の北東にあり、9.9万㎡の敷地に、2,236席のオペラハウスや1,981席のコンサートホール、1,210席の劇場、434席のリサイタルホール、さらに屋外劇場が入り、台湾の芸術文化の発信地としての役割を担っています。

　地元の造船業や高雄に多いガジュマルの木の樹冠にインスピレーションを受けたという外観は、波打つような巨大なキャノピー（屋根やそれに類する構造物）を持ち、そのなめらかな曲線が、周囲の森林環境と融合しています。屋外劇場は、キャノピーが地面と合流する大きな斜面に形成されるなど、オランダ構造主義の流れを汲む建築家のひとりであるホウベンらしい、有機的なフォルムが美しい巨大建築です。

もっと知りたい！　台湾の亜熱帯気候を念頭に設計された衛武営国家芸術文化中心は、風が広場を自由に吹き抜けられるオープンさ、内部と外部が隔てなくつながるシームレス（継ぎ目のない）構造によって、市民の誰もが自由にアクセスできる建築になっています。周辺の都市公園と商業施設の三位一体の都市開発プロジェクトの中心的存在です。

トゥーゲントハット邸

345

所在地 チェコ共和国　モラヴィア地方ブルノ
設計 ミース・ファン・デル・ローエ

流動的な室内空間を生み出したモダニズム建築の記念碑

　産業革命以降の技術革新は建築にも大きな変化を迫り、従来の建築様式にとらわれないムーブメントとして、1880年代後半からモダニズム建築が世界に広がります。1928年に実業家トゥーゲントハット夫妻の依頼によってこの邸宅を手がけたのは、ドイツ出身のモダニズム建築の巨匠、ミース・ファン・デル・ローエ（1889〜1969年）です。

　ミースは翌1929年まで設計し、1929年から翌年にかけて完成させました。邸宅はブルノ近郊に位置し、かつては市街を見渡せた傾斜地にあります。通りに面した上階部分に入口および寝室、庭に面した下階部分に居室、食堂、書斎が配置された2階建ての住宅です。

　ミースは、この邸宅の設計を通じて、モダニズム建築の重要概念のひとつである「自由な平面」の概念を発達させ「均質空間」を唱え、室内の空間から壁を取り払い、機能に結び付けられた空間（食堂、書斎、サロンなど）を流動的な設計としました。

　モダニズム建築の傑作と称えられたトゥーゲントハット邸は、現在では邸内に展示室もあり、ブルノ市当局が管理し、一般公開されています。

もっと知りたい！ 邸宅完成後、所有者であるトゥーゲントハット一家は、ユダヤ系であったことからナチス・ドイツの迫害を恐れ、スイスへ移住しました。第二次世界大戦中はナチスの占領下で、戦後はロシアの占領下で邸宅は荒らされます。1955年に、チェコスロバキアの国有となり、1963年に歴史的文化財の指定を受け、2001年、世界遺産に登録されました。

ラ・コルーニャ人間科学館

346

所在地 スペイン王国　ガリシア州ラ・コルーニャ

設計 磯崎新

日本人建築家による帆を張ったような海辺の科学館

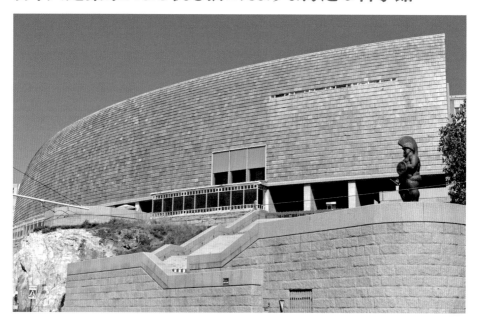

　海岸に面して帆を張るような曲線のファサードを持つラ・コルーニャ人間科学館は、世界的な日本人建築家・磯崎 新（いそざきあらた）（1931年～）が設計し、1995年に開館しました。

　磯崎新はポストモダン建築を推し進めた建築家として知られ、合理的で機能主義的なモダニズム建築に対し、装飾性や高いデザイン性を追求しています。

　その磯崎自身が、自らの設計で「1番好きなもの」として挙げているのが、このラ・コルーニャ人間科学館です。

　帆の部分はこの地方で採掘されるスレート（粘板岩）で覆われ、PC板（プレストレスト・コンクリート）で造られています。逆に反対側の市街地に面したファサードには御影石を用いて屏風のような外観が強調されています。

　本来のエントランスは海岸と反対側で、内部は人体をテーマとするスペイン初のインタラクティブ（双方向、体験型）な科学博物館になっています。展示スペースは天井が高く、ファサードの曲面に沿って展示を見学するようになっています。

もっと知りたい！　磯崎新は大分県大分市の出身で、東京大学工学部を経て丹下健三研究室に入り、若くして1960年代の「東京計画1960」の一翼を担いました。1963年には丹下研究室から独立し、1960年の大分医師会館をスタートに、世界的な評価を受ける建築家になります。2019年にはプリツカー賞を受賞しました。

シェラトン
湖州市温泉リゾート

347

所在地 中華人民共和国　江蘇省・浙江省太湖
設計 MADアーキテクツ

湖上に半円を描いてそびえる「スパリゾートホテル」

　中国中東部にある太湖は、蘇州などの観光名所が面するリゾート地です。そのほとりに2013年、大きな指輪を湖上に立てたような巨大なホテル、シェラトン湖州市温泉リゾートが開業しました。

　建物の片方を湖岸に、もう一方を湖のなかに築いたチューブ状のシェラトン湖州市温泉リゾートは、建築家事務所MADアーキテクツによる設計で、建材をねじまげて円くしたのではなく、平面のフロアを積み重ねて輪形が形成されています。75エーカーの敷地に計画された約100mの高さ、全幅116mのこのホテルの投資総額は約15億ドルといいます。

　湖に映り込む姿が美しく、湖面に写り込んだ姿を見ると楕円形の姿を現わします。夜の景色はことのほか絶景で、多数のLEDを利用して金や銀、青や紫などさまざまな色に彩られます。

　客室もデラックス仕様。エグゼクティブルーム、スイートが44室、ヴィラ39室を含む全321室がテラス付きで、ホームリビング、大型ワークデスクと椅子、シェラトン特製のスイート・スリーパーベッドを配置しています。

もっと知りたい！　ホテル内には、中華料理、西洋料理、和食などのレストラン6か所、ラウンジ・バー2か所を備え、ビジネスセンター、24時間制ルームサービス、屋外プール、屋内温水プール、フィットネスセンターなどのあらゆる設備が充実しています。指輪を垂直に建てたような奇抜すぎる概観とともに、超一流のサービスのホテルとして人気を得ています。

東京スカイツリー

348

所在地　日本　東京都墨田区

設計　日建設計

五重塔の知恵を生かした耐震設計による世界一の電波塔

　2012年5月に開業した電波塔として世界一高い634mの東京スカリツリー。1958年にも東京タワー（高さ333m）を手がけた日建設計は、約50年経て倍近い高さの建築に挑むにあたり、とくに耐震構造について最新の技術を駆使しています。

　まず600m上空にはどんな風が吹くのか、気象観測気球を飛ばして風速分布や風の乱れを調べました。さらに地盤調査も、通常は行なわない地下3km程度までの深い地層構造を調べ、地震時にどのように揺れるかをより細かくシミュレーションしました。高層建築ほど、地震や強風時の揺れで基礎部分に大きな力がかかります。そのため、「スパイクの靴底」のように複数の基礎の杭を用い、木の根のように地中に張り巡らせました。またスカイツリーには、意外な伝統技術が使われています。タワーの中心は鉄筋コンクリートの「心柱」（円筒）で、周囲の鉄骨造の塔体と構造的に分離した制振システムを採用していますが、これは日本の五重塔にも共通するものです。古来、大地震に対してひとつの倒壊例もないことから、そのカギとして「心柱」の存在が注目されていましたが、最新鋭の建築にも採り入れられているのは興味深いところです。

もっと知りたい！　塔体の構造は東京タワーでも用いられた「トラス構造」で、各部材を三角形状に接合していった構造体骨組みです。東京スカイツリーでは、「高強度鋼管」という標準的な鉄骨よりも約2倍の強度のものを使用しています。タワー足元の鋼管は、直径2.3m、厚さ10cmという巨大なものになりました。

キルナ教会

349

| 所在地 | スウェーデン王国　ラップランド州キルナ |
| 設計 | グスタフ・ウィックマン |

「スウェーデンでもっとも美しい建物」に選ばれた木造教会

　近代や現代の建築というと、コンクリート造の建物を想像しがちですが、じつは木造の近代建築も存在します。そのひとつがスウェーデン東北部にあるキルナ教会。2001年に文化省が主催する「スウェーデンでもっとも美しい建物」に選ばれた名建築です。設計を担当したのは、建築家グスタフ・ウィックマン（1818〜1916年）です。地元の先住民族である「ラップ人の小屋のような教会を」という要望に添って、1909年から1912年にかけてスウェーデン最大の木造建築が完成しました。

　薄い石造りの基礎に載った壁は外側にやや傾斜し、雪を避けるために急勾配になった屋根と接続します。外観はレンガ色の塗装が施され、内部は暗い色の木材の梁や垂木を複雑に組み合わせてデザインされています。

　また、20世紀初頭の鉱山景気に沸くキルナでは、当時最高の芸術家たちが教会建設に集められ、祭壇背後の装飾画、十字架と屋根の隅に建つ金箔を貼った青銅像など、優れた美術作品が残りました。教会の祭壇画は、スウェーデン王族ネルケ公爵エウシェン王子の作です。

オーストラリア国会議事堂

350

所在地 オーストラリア連邦　キャンベラ
設計 ミッチェル／ジョゴラアーキテクツ

旧議事堂の背後の丘に埋め込まれたような国会議事堂

　オーストラリアの旧国会議事堂は、当初から「暫定的に」という連邦議会の決定で建設されましたが、結局1927年から61年にわたり使用されました。その背後にある広大なキャピタルヒルに床面積25haの巨大な国会議事堂が完成したのは1988年です。

　首都キャンベラの中心に位置し、丘の頂上の真下に議事堂が埋まったような設計は、4方向から屋根に向かって上がれる芝生を植えたスロープになっており、頂上には縦6.4m×横12.8mの国旗が掲げられた220mの旗竿である巨大な尖塔が立っています。

　敷地全体に広がる建物の部屋数は4,500室で、正面入口である旧議事堂からみると、左右に長いシンメトリーなブーメラン型のコンクリート形状の外観になっています。上院・下院ともにガイドツアーで見学ができ、レストランやショップもあります。

　設計は、アメリカのエフロン・B・ミッチェル、ロマルド・ジョゴラというふたりの建築家による設計事務所ミッチェル／ジョゴラアーキテクツです。オーストラリア政府が実施した設計コンペで28か国329件のなかから選ばれ、7年がかりで完成しました。

もっと知りたい！　国会議事堂の奥にあるグレートホール（大広間）には、オーストラリアの画家アーサー・ボイドのユーカリの林を描いた絵画を基にした20m×9mの大タペストリーが飾られています。また、正面入口には、アボリジニのアーティストによるモザイク画があります。

デ・クローク

351

所在地　ベルギー王国　オースト＝フランデレン州ゲント
設計　RCRアーキテクツ、クセー・アンド・ゴリス

蛇行する川の埠頭跡に生まれた鉄骨造のメディア・センター

　ベルギー第3の都市ゲントは、中世後半に商都として大いに繁栄し、市内を貫くマインクスケルデ川は水運の要でした。川が大きく蛇行する地点「クローク」は、商品輸送の埠頭として栄えましたが、都市の繁栄が停滞すると長く荒廃したままでした。2010年、ゲント市は当地に市立図書館建設の設計コンペを行ない、地域のランドマークになる建築を構想します。

　デ・クローク設計のコンペは、ゲントを拠点とするクセー・アンド・ゴリスとスペインのRCRアーキテクツのチームが優勝し、2017年にゲント大学の研究施設や見晴らしの良いカフェもある巨大メディア・センターが完成します。

　川向きのファサード側の基壇から見上げると、上階に行くほど建物がせり出してくる外観は、巨大なモニュメントのような奇抜さのなかに、鉄骨フレームとガラスを中心とするシンプルな素材で造られています。鉄骨はすべて川から搬入され、工場で加工された部材を現場で加工するプレハブ工法で組み立てられました。周囲には広場や歩行者用通路をめぐらして利便性を加え、さびれた埠頭跡は市民が気軽に足を運べる人気スポットに変貌したのです。

もっと知りたい！　デ・クロークは地上7階、地下1階の建造物で、蛇行する川にせり出した特殊な立地を生かし、最上階に図書館を利用する市民のためにスタディ・ルームを設けました。館内の階段は大きな吹き抜け空間に設けられ、建物全体のつながりを利用者に視覚的にも感じてもらえるよう工夫しています。

ロンシャン礼拝堂

352

所在地 フランス共和国　オート＝ソーヌ県ロンシャン
設計 ル・コルビュジエ

ル・コルビュジエが晩年に手がけたモダニズム建築の教会

　古代から太陽神の神殿が建てられたりしてきた神聖なロンシャンの丘に、20世紀最大のモダニズム建築の巨匠ル・コルビュジエ（1887〜1965年）へ礼拝堂建築の依頼が来たのは、1950年のことです。正式名称は、ノートルダム＝デュ＝オー礼拝堂といいます。

「お好きなように」という依頼を受け、伝統的な宗教建築からは想像もつかないモダン・アートのような礼拝堂を設計しました。曲線で全体を造形しながら縦線や窓枠には直線を多用し、壁面に凹凸があえて残るデザインになっています。

　不規則な大きさの「小窓」は緩い勾配のある南側壁面に多く散りばめられ、色付きガラスがはめられています。逆に窓があまりない東側には、壁を建物内部側に彎曲させることで、屋外の祭壇と説教壇が室内にあるような雰囲気を作っています。

　内部に入ると、大小の無数のステンドグラスを通して個性的な光が明るさと陰影をつくり、敬虔な感情を呼び起こされる幻想的で厳粛な空間が広がっています。コンクリート造の素材をむき出しで用いるなど、1950年代にブームとなったブルータリズムの作品です。

もっと知りたい！　ル・コルビュジエ63歳のときの作品であるロンシャン礼拝堂は、これまでの都会的で知的なル・コルビュジエ建築とは異質とも評されます。しかし、2016年の世界遺産「ル・コルビュジエの建築作品—近代建築運動への顕著な貢献—」では、日本の国立西洋美術館本館を含め、7か国にまたがるコルビュジエ作品のひとつとして登録されています。

ポップカルチャー博物館（MoPOP）

353

所在地 アメリカ合衆国　ワシントン州シアトル
設計 フランク・ゲーリー

POPカルチャーを体現する、外観も内部もうねるような建築

　シアトルのダウンタウンの北にあるシアトル・センターは、1962年に開かれた21世紀をテーマにした世界大博覧会の跡地にできた総合公園です。その一角に、海がうねっているような外観とカラフルな色使いのアートな建築が建っています。

　設計者は、「建築とアートを融合させた」脱構築主義の先駆者で、カナダ系アメリカ人の建築家フランク・ゲーリー（1929年〜）です。2000年のオープン当初はポップス＆ロック・ミュージックの博物館でしたが、2016年11月に音楽以外のアメリカのポップカルチャー展示も加え、「MoPOPポップカルチャー博物館」としてリニューアルオープンしています。

　うねり立つような複数のヴォリュームが連なり、生物のような有機的な形状のステンレススチールの外皮が未来的でダイナミックな外観を形成しています。

　外観の印象とおり、内部もぐにゃぐにゃと壁が波打ったまさに脱構築主義（デコンストラクション）建築そのもので、アメリカの音楽やポップカルチャーの精神を視覚的に体現しているようです。

　もっと知りたい！　フランク・ゲーリーには、ビルバオ・グッゲンハイム美術館やパリのルイ・ヴィトン財団美術館のような代表的な建築物があります。しかし、MoPOPポップカルチャー博物館は、ロサンゼルスで美術を学びながら若き日を過ごしたゲーリーが、その建物の性格から、アメリカの自由さや大衆性をより大胆に表現した作品と考えられます。

432パーク・アベニュー

354

所在地	アメリカ合衆国　ニューヨーク州ニューヨーク
設計	ラファエル・ヴィニオリ

地上426mの富裕層向け超高層コンドミニアム

　ニューヨーク市のマンハッタン区ミッドタウンの一等地、パークアベニューから56丁目、57丁目にかけて建つ432パークアベニューは、97階建ての高さ426m。エンパイアステートビルをしのぎ、西洋で最も高い居住用ビルとして2015年に竣工・発売されました。

　遠望すると細長い鉛筆のように見えますが、夜になると一部のフロアがライトアップされ、縦横3mの窓がグリッド状に横に整然と連なってマンハッタンを照らします。

　97階で104戸ですから、一部を除いて各階1住戸と計算できます。いわば高級コンドミニアムで、物件の価格は1戸あたり21億円から150億円といわれています。各階には閉鎖性があり、自身が外に出かけるとき以外は、まったくプライベートな暮らしができます。

　設計者のラファエル・ヴィニオリ（1944年〜）は、1996年築の東京国際フォーラムのデザインで知られています。432パークアベニューは外壁が細かなメッシュ状ですが、これはウィーン分離派の建築家ヨーゼフ・ホフマン（1870〜1956年）がデザインした金属製のごみ箱に着想を得たとのことです。

もっと知りたい！　432パークアベニューは、ほとんどのフロアプランは3または4ベッドルームと4バスルームです。766.91㎡までのフルフロアの住宅には、6ベッドルームと7バスルームを含むプランがあります。フルフロアにはライブラリーとパウダールームがあり、まさに究極のラグジュアリー居室です。2015年の発売時、最上96階のペントハウスは約108億円でした。

ヘリタンス・カンダラマ

355

| 所在地 | スリランカ民主社会主義共和国　セントラル州ダンブッラ |
| 設計 | ジェフリー・バワ |

建物に気付かないほど、密林と調和したホテル

　スリランカ・コロンボ出身の建築家ジェフリー・バワ（1919〜2003年）は、祖国のスリランカを中心にアジアン・リゾートホテルを多く手がけ、その建築により「トロピカル・モダニズムの第一人者」と称されます。

　そんなバワが唯一、内陸部につくり、かつ最高傑作として世界的に評価されているのが、1994年築の「ヘリタンス・カンダラマ」です。

　ホテルに入ると、まずフロントの左の岩の壁が眼に入ります。フロントに岩を設置したのではなく、岩壁の横にフロントを設置したのです。自然を取り込むのではなく、自然に溶け込むというバワの建築思想が体感できます。全長1kmというホテルのいたるところは緑のツタで覆われていますが、バワは未来のツタの生長も見越してデザインしています。

　この地にホテルを建設するにあたっては、環境汚染や自然破壊の理由から地元住民の反対が強かったといいます。ゴミを少なくする、汚水は浄化して湖に流す、スタッフは地元採用に努めるなど、多くの課題を克服して開業したエコロジー建築の先駆的存在です。

　もっと知りたい！　ヘリタンス・カンダラマは、アクセスの不便な密林の奥にあるイメージですが、スリランカの世界遺産シギリヤロック、ダンブッラ石窟寺院、アヌラーダプラ、ポロンナルワなどに日帰りできる位置にあります。山の中腹の岩肌に寄り添うように建てられ、目の前にはカンダラマ湖が広がるヘリタンス・カンダラマは、ホテルそのものが観光名所といえます。

ウォルト・ディズニー・コンサートホール

356

所在地 アメリカ合衆国　カリフォルニア州ロサンゼルス
設計 フランク・ゲーリー

強い日差しを味方につけたアルミニウムパネルの波

　建築とアートを融合させた巨匠フランク・ゲーリー（1929年〜）の傑作のひとつとして称えられる、2003年オープンのウォルト・ディズニー・コンサートホール。ステンレス鋼の大波が打ち寄せるような建造物のコンサートホールは、ロサンゼルス中心街の1街区を占めた巨大な建築です。

　敷地の斜めに直方体の建造物が立つ周りを、巨大なステンレス鋼パネルが幾重にも覆う構造になっており、設計者のフランク・ゲーリーは、壮大な屋外広告として設計を成功させたといいます。コンサートホールの造型は、「目でも音響を味わえるように」という挑戦的なデザインと、水平と垂直を一切排除し、脱構築主義建築の闊達な曲線美の造型と多彩な色づかいで全体が構築されています。

　ゲーリーは、四角い建物の多いロザンゼルスで同じような主張のない建物を設計するのを嫌い、ほかに類のないコンサートホールの形状を考えた末、カリフォルニアの強い日差しを浴びて輝くこのデザインを生み出したのです。

もっと知りたい！　1987年、ウォルト・ディズニーの妻であったリリアン・ディズニーが、ロサンゼルスの人々の文化・芸術の向上に資することからホールの建設を決定。ディズニー家はこのプロジェクトに総額で1億ドル以上を拠出したといいます。2003年10月23日、ロサンゼルス・フィルハーモニックによるガラコンサートにより、こけら落とし公演が行なわれました。

ドバイ・モール

357

所在地 アラブ首長国連邦　ドバイ首長国ドバイ
設計 DPアーキテクツ

世界一高いビルの足下を固める世界最大のショッピングモール

　ドバイ観光の目玉になっている高さ828mの世界一高いビルのブルジュ・ハリファには、メトロのドバイ・モール駅が最寄りです。この駅と動く歩道があるメトロリンク（連絡通路）を介して15分ほどの距離で繋がるのが、2008年に世界最大のショッピングモールとして大々的にオープンしたドバイ・モールです。

　総面積約111.5万㎡は東京ドーム23個分の敷地であり、駐車場は1万4,000台を収容というキャパシティです。屋内フロアは約55万㎡、地下1階から地上3階の各フロアに一流百貨店から、各種の専門店、ブランドブティック、レストラン、カフェなど多様な店舗が約1,200入っています。日本の紀伊國屋書店や無印良品なども出店しています。

　1階には大きなスケートリンクがあり、3階までの開放的な吹き抜け空間があります。1階から3階にとどく巨大な水槽のドバイ・アクアリウムでは、たくさんの魚が泳ぐのを無料で見ることができます。巨大さだけではなく、日本のショッピングモールにはないエンターテインメント性へのこだわりが随所に見られる施設です。

もっと知りたい！ モール内で、もうひとつギネス認定記録を誇るのはドバイ・アクアリウムの水槽です。幅32.88m、高さ8.3m、水槽のガラスの厚さ75cm・重量約245tの規模が、世界最大級の水槽として認定されました。その巨大水槽には、約85種類の海洋生物が飼育されています。モールの外は無料ですが、ドーム型の水槽を全方位から観覧できる内部は有料です。

ラルブル・ブラン

358

所在地 フランス共和国　エロー県モンペリエ
設計 藤本壮介

突き出たバルコニーが無数に伸びる白亜の集合住宅

　フランス南部の地中海に近い古都モンペリエ。あまり高い建物がないレズ川沿いに、思わず二度見してしまいそうな奇観の白い巨塔がそびえています。

　この奇想の建物——白い木を意味する「ラルブル・ブラン」が建設されたのは2019年。日本の建築家・藤本壮介（1971年〜）とフランスの若手建築家たちによるプロジェクトでした。ラルブル・ブランは高層集合住宅で、各戸のバルコニーが多方向に突き出たデザインが一度見たら忘れない印象を与えます。藤本らは3Dモデルを使ってシミュレーションを繰り返し、大木のような形状で、居住者と一般市民の共用エリアを持つタワーマンション構想をまとめました。こうして生まれたラルブル・ブランの高さは約54mで、地下3階・地上17階建て、延べ面積1万225㎡で113戸の住戸で構成されます。地下の3層はすべて駐車場にあてられ、地上1・2階はバーやレストラン、アートギャラリー、屋上には一般市民も利用できるバーがあります。各階の平面図を見ると、各住戸のバルコニーはすべて長方形の長辺を突き出す形でデザインされており、部屋の広さに対してバルコニーも室内の一環のようにゆとりをもって活用できます。

もっと知りたい！ モンペリエ市議会からの指名コンペにより、依頼を受けたニコラ・レン、ディミトリ・ルーセル、マナール・ラクディの3人が、藤本に参加協力を依頼し、東京でラルブル・ブランの設計が練られました。

オール・ソウルズ教会

359

所在地 イギリス　ロンドン

設計 ジョン・ナッシュ

さまざまな建築様式を折衷した「絵のような景観」

18世紀の後半から19世紀初期にかけて、イギリスの建築界で高まりを見せたのが、「ピクチャレスク」運動です。非対称性・多様性・折衷主義を重視する建築がもてはやされ、イタリア風、中国風、インド風など、さまざまな様式を組み合わせた「絵のような景観」を演出する非対称の建築が次々に生まれました。

そうしたピクチャレスクを代表するのが、イギリス王ジョージ4世の時代に活躍した建築家、都市計画家ジョン・ナッシュ（1752～1835年）によって1824年建設されたオール・ソウルズ教会です。ロンドン中心部を南北に貫く、リージェント・ストリートの北端に立つ教会で、円形の列柱廊とその上に立つ高い尖塔が特徴。前者は古典主義様式建築です。

この教会は1813年、ナッシュが61歳のときに2kmにわたるリージェント・ストリートの街路計画の責任者になった際に建てられたものです。

ストリートの両脇はルネサンス様式を思わせるテラスハウスが並び、1826年、ナッシュ設計による建築がさまざまな建築様式を持ち込んで立ち並ぶという壮観な街並みが誕生することとなりました。

もっと知りたい！ ジョン・ナッシュは1783年に31歳でいったん破産し、離婚を経験するなど波乱の建築家人生を歩みますが、1795年以降に再起を期してロンドンに戻ります。1798年、ジョージ4世の愛人と噂のある女性と結婚し、1811年に王室所有地エステートの開発を依頼されるなど、大きな都市開発を手掛ける大物建築家として後半生を歩みました。

ヘイダル・アリエフ
文化センター

360

所在地　アゼルバイジャン共和国　バクー
設計　ザハ・ハディド

もはや過去のものとなった「アンビルド」の名

　　2012年にアゼルバイジャン共和国の首都バクーに建てられたヘイダル・アリエフ文化セン
ターは、産油国として急速に発展を遂げた同国の発展の象徴として建設されました。第3代大統
領ヘイダル・アリエフから施設名がとられています。

　　設計はイラクの首都バグダード出身の建築家ザハ・ハディド（1950〜2016年）です。アヴァ
ンギャルド芸術に影響を受けた「脱構築主義」を代表するハディドは、コンペで通っても奇抜
すぎて実現に至らなかった建築が多いことから、「アンビルド（建築されない）の女王」ともい
われました。2012年に東京2020オリンピック・パラリンピックに向けた新国立競技場のコンペ
で優勝しながら、2520億円の建築コスト問題から白紙になった件は記憶に新しいところです。

　　ヘイダル・アリエフ文化センターは、豊かなオイルマネーを背景に巨大で大胆な造形によっ
て実現しました。床から壁へ、そして天井へと曲面がうねって巻き上がるような外観、建物を
囲む広大な人工芝の先から遠望すると、変形した白い巻き貝のような印象です。ザハ建築なら
では生き物のような動的なデザインが、見る者を圧倒します。

もっと知りたい！　　内部に入ると、外観同様、曲線が際立った近未来的空間というイメージであり、アゼルバイジャンの伝統衣
装や遺跡からの発掘品、バクーを代表する建築物のミニチュア、アゼルバイジャン内外から集めた人形など、3フロアにわたる展示
を見学できます。館内にはヘイダル・アリエフ元大統領の個人史を紹介するミュージアムも開設されています。

ブルジュ・アル・タワー

361

所在地　アラブ首長国連邦　ドバイ首長国ドバイ
設計　アトキンス

帆船が帆を張ったような「7つ星」の超高層ホテル

　高さは328mというドバイ屈指の高層ホテル、ブルジュ・アル・タワーは、超高層である上に特異な外観から世界中で話題を集めてきました。アラビアの伝統的なダウ船が帆を張った様子を模したもので、建物の影がリゾート海岸にかからないように配慮されています。

　ドバイの伝統的な帆船の形態を採り入れながら、最先端の高層ホテルを設計したのは、アトキンス社の建築家トム・ライトです。1999年に開業して以来、ドバイのランドマークとして世界的に知られています。

　ブルジュ・アル・タワーで目を見張るのは、エントランスホールの高さ180mというアトリウムです。また、全202の客室すべてが2階建てのメゾネットタイプのスイートで、宿泊料は最低ひとり1泊15万〜250万という設定です（部屋の広さは170㎡〜780㎡）。建物上部の高さ210mの位置に円状のヘリパッドが設置されており、ここからもチェックインやチェックアウトが可能という、まるで映画のような世界。ホテルの上部、右側に突き出している長方形の部分は27階の展望レストランがあるなど、世界のセレブ向けの究極の工夫が凝らされています。

もっと知りたい！　アラブ首長国連邦は、首都があるアブダビ、ドバイなど7つの首長国からなる連邦国家です。アブダビが石油で得た外貨を運用して発展したのに対し、ドバイは観光や金融業の都市として成長しました。21世紀に入ると高層ホテルが次々建設され、1999年に竣工段階でドバイ1のホテルだったブルジュ・アル・タワーは、2021年現在、4位の高さに後退しました。

チバウ文化センター

362

所在地　フランス領ニューカレドニア　政庁ヌメア
設計　レンゾ・ピアノ

先住民族の文化をハイテク技術で表現した建築群

　南西太平洋メラネシアに位置するフランスの特別自治体ニューカレドニアには、先住民族「カナック」が暮らしています。チバウ文化センターは、その伝統文化を伝える博物館としてハイテク建築の巨匠レンゾ・ピアノ（1937年〜）の設計により、1998年にオープンしました。

　敷地内には「カーズ」と呼ばれる巻貝のような形のカナックの伝統家屋を模した建物が、大小10棟建っています。未完成のような形状にはカナック発展の願いが込められています。

　「カーズ」は籠状に組まれた集成材を鋼鉄の心棒で補強した枠組みを、何層にも重ねて作られ、日照や風などの気象条件に応じて可動する構造となっています。カナックの伝統建築を模しながら、構造設計は地震とサイクロンに耐えられる最新の建築です。

　ハイテク建築は、1970年代に出現した建築様式で、ハイテクによって生み出された材料や技術を建築物に意匠として取り込むもの。チバウ文化センターの主な構造材は、ステンレス鋼とイロコ材で、ガーナ語で「燃えない木」の意味であるアフリカ産のイロコ材は腐食しにくく、海に囲まれたチバウ文化センターの立地には最適な建材です。

もっと知りたい！　チバウ文化センターの名称は、ニューカレドニアの独立運動の指導者ジャン＝マリー・チバウを記念して付けられました。チバウは1988年にフランス政府と「マティニョン合意」に署名し、原住民のカナックへの経済援助を明文化する代わりに、今後10年間は独立を求めないと取り決めましたが、過激な独立支持派はこの内容に納得せず、翌年暗殺されました。

シドニー・オペラハウス

363

所在地 オーストラリア連邦　ニューサウスウェールズ州シドニー
設計 ヨーン・ウツソン

オーストラリアの象徴になった独創的な音楽ホール

　オーストラリアのシンボルともいえるシドニー・オペラハウスは、20世紀を代表する表現主義の近代建築物です。何枚もの貝殻を建てたような形状は、まるでたくさんの帆を張った船がシドニー湾に浮かんでいるかのようです。

　ポート・ジャクソン湾に突き出たベネロング・ポイントの突端に建つシドニー・オペラハウスの面積は1.8ha、総面積は4.5ha。建物の高さは183m、最も広いところで幅120mに達し、海面下25mまでコンクリート製の杭が基礎として打ち込まれています。

　1957年、デンマーク出身の建築家ヨーン・ウツソン（1918～2008年）が州政府によるシドニー・オペラハウスの設計コンペに優勝したとき、ウツソンはまだ無名の若手建築家に過ぎませんでした。高く評価された設計案でしたが、その独創的な形状と構造設計の困難さなどにより工事は大幅に遅れ、着工は1959年でしたが、完成は1973年までかかりました。

　2007年には、建築物の独創性と卓越した構造技術が称えられ、「人類の創造的資質を示す傑作」として世界遺産に登録されました。

> **もっと知りたい！** ウツソンは2003年にプリツカー賞を受賞し、シドニー・オペラハウスはその代表作となっています。しかし、とくに屋根の部分の構造設計に時間がかかり、1965年には政権党が交代するなどして予算面の承認が下りず、ウツソンはプロジェクトから撤退してしまいます。内装のデザインは、代打として入った地元建築家が担当しました。

ロイズ・オブ・ロンドン

364

所在地 イギリス　ロンドン
設計 リチャード・ロジャース

メカニカルな未来的デザインが映える保険市場のビル

　　1686年に歴史を発する世界最古の保険市場ロイズ・オブ・ロンドンの建物が、伝統的な石造建築から未来の化学工場のようなメカニカルで巨大な外観のハイテク建築になったのは、その300年後の1986年です。

　　設計を担当したのは、建築家としての功績から一代貴族を許されたリチャード・ロジャース（1933年〜）。メインの建物の周りを6つのサーバント・タワーが囲む構造で、それぞれのタワーに空調や電気設備が収められています。

　　この設計は外観上のデザインの独創性以上に、役割ごとに建物が分かれており、設備の交換やグレードアップなど、ビルのメンテナンスを容易にしている点が注目されます。

　　「ザ・ルーム」と呼ばれる保険取引所は1階にあり、高さ60mのアトリウムになっている回廊から見下ろすことができます。そのアトリウムには、半円筒のヴォールトから自然光が降り注ぐ設計になっています。1階に設置された有名な「ロイズの鐘」は、海難事故が起こったときに打ち鳴らされるもので、タイタニック号沈没のときも鳴らされた歴史を持っています。

もっと知りたい！　建物の中も外もメタリックでパイプが多く、まさに工場のようですが、とりわけ外観で目を引くのは外階段です。螺旋を描いた階段をステンレス・パネルが取り巻いて覆っているので、電動ドリルの刃のようになっています。内部は、壁がほとんどないオープンオフィスになっています。将来の業務拡大に備え、オフィスの形態を自在に変えられるようにするためです。

中国国家大劇院

| 所在地 | 中華人民共和国　北京 |
| 設計 | ポール・アンドリュー |

365

「表面張力」で盛り上がった水滴のような国立劇場

　2007年に建設された中国国家大劇院は、総面積が約16.5万㎡で人民大会堂の西側に位置し、建物面積10.5万㎡という巨大な国立劇場です。卵を横にして半分にしたようなドーム型の施設で、卵型の壁面は、三菱ケミカル製TCM（チタン複合板）が用いられています。

　国家大劇院の高さは約46mで人民大会堂より低くなっていますが、実は地下も32.5mあり、10階建てのビルに相当する北京で最も地下深い建物になっています。内部は4つの劇場で構成され、真ん中の歌劇院、東の音楽庁、西の戯劇場、南の小劇場で構成されます。

　周りは人工湖に囲まれて、湖面に写り込んだ姿はまさに卵で、水面から表面張力で盛り上がった巨大な水滴のようでもあります。面積は3.55万㎡、深さ40mで、寒い北京でも一年中氷が張らないよう、管理されています。

　設計は、フランスの建築家ポール・アンドリュー（1938～2018年）で、1960年代後半からパリのシャルル・ド・ゴール国際空港（CDG）ターミナルビルのプロジェクトを手掛けた大物建築家です。

> もっと知りたい！　4つの施設のうち、歌劇院は2,416席あり、ここでは主にオペラ、バレエ、舞踊劇などが上演されます。音楽庁は2,017席で、主にシンフォニー、クラシック音楽などのコンサート会場となります。また、戯劇場は1,040席で、新劇、京劇、地方劇、民族舞踊の上演に利用されます。小劇場は556席で、室内音楽、小型の独奏、小型の新劇、現代舞踊などの会場です。

ポンピドゥー・センター

366

所在地 フランス共和国　パリ
設計 リチャード・ロジャース、レンゾ・ピアノ、ピーターライス

パリの中心部を変えたハイテク建築の複合文化施設

　ポンピドゥー・センターは、正式名称をジョルジュ・ポンピドゥー国立芸術文化センターといい、パリ4区にある総合文化施設です。現代芸術の愛好家でもあったジョルジュ・ポンピドゥー大統領は、1969年に首都パリの中心部に造形芸術、デザイン、音楽、映画関連の施設と図書館を含む近現代芸術拠点を設ける構想を発表。1977年にヴァレリー・ジスカール・デスタン大統領によりポンピドゥー・センターの落成式が行なわれました。設計は建築家リチャード・ロジャース（1933年〜）とイタリアの建築家レンゾ・ピアノ（1937年〜）、構造技術者ピーターライス（1935〜1992年）の共作です。

　その外観は鉄パイプが足場のように格子状に組まれた奥はガラス張りの壁面、外側に大蛇が進むようにガラスの筒に囲まれたエスカレーターが上層階に伸びた特徴的なものでした。機械やエアコンシステムも外に出すことで、内部空間を広くとるよう工夫しています。

　このようにハイテクによって生まれた構造体や設備を意匠として大胆に露出し、技術を表現として打ち出したような建築のスタイルをハイテク建築といいます。

もっと知りたい！　ポンピドゥー・センターは、ハイテク建築のさきがけであると同時に、世界を驚嘆させた最高傑作といわれています。全体は、公共情報図書館（1階から3階）、国立近代美術館・産業創造センター（4階から6階）、映画館、多目的ホール、会議室、アトリエ・ブランクーシ、カンディンスキー図書館、国立音響音楽研究所で構成されています。

さくいん

国別さくいん

建築家別さくいん

磯 達雄 いそ・たつお

建築ジャーナリスト。日経BP社で「日経アーキテクチュ
ア」誌の編集部に勤務。1999年に退社した後は、編集事
務所を共同主宰しながら、建築専門誌、一般誌で建築に
関する記事を執筆している。主な著書に『昭和モダン建
築巡礼』『ポストモダン建築巡礼』『菊竹清訓巡礼』
『プレモダン建築巡礼』などがある。桑沢デザイン研究
所・武蔵野美術大学非常勤講師。

★ 主な参考文献 （順不同）

・『世界の建築家解剖図鑑』大井隆弘、市川紘司、吉本憲生、和田隆介（エクスナレッジ）

・『110のキーワードで学ぶ23　世界で一番やさしい建築入門』小平恵一（エクスナレッジ）

・『死ぬまでに見たい世界の名建築1001』マーク・アーヴィング編（エクスナレッジ）

・『世界5000年の名建築』中川武監修（エクスナレッジ）

・『イラスト解剖図鑑 世界の遺跡と名建築』ジョン・ズコウスキー、ロビー・ポリー／山本想太郎日本語版監修／
　山本想太郎、鈴木圭介、神田由布子訳（東京書籍）

・『カラー版 図説 建築の歴史：西洋・日本・近代』西田雅嗣、矢ヶ崎善太郎（学芸出版社）

・『わかる！ 都市と建築のデザイン』安達和男（オーム社）

・『小さな家—1923』ル・コルビュジエ、森田一敏（集文社）

・『"イズム"で読みとく建築』ジェレミー・メルヴィン／藤野優哉訳（新樹社）

・『ゼロからはじめる建築の［歴史］入門』原口秀昭（彰国社）